机构基金投资的
理论与实践

西筹研究◎编著

中国金融出版社

责任编辑：黄海清

责任校对：李俊英

责任印制：张也男

图书在版编目（CIP）数据

机构基金投资的理论与实践/西筹研究编著. —北京：中国金融出版社，2021.5

ISBN 978-7-5220-1105-9

Ⅰ.①机… Ⅱ.①西… Ⅲ.①机构投资者—基金—投资—研究 Ⅳ.①F830.91

中国版本图书馆CIP数据核字（2021）第083428号

机构基金投资的理论与实践

JIGOU JIJIN TOUZI DE LILUN YU SHIJIAN

出版

发行　中国金融出版社

社址　北京市丰台区益泽路2号

市场开发部　（010）66024766，63805472，63439533（传真）

网上书店　www.cfph.cn

　　　　　（010）66024766，63372837（传真）

读者服务部　（010）66070833，62568380

邮编　100071

经销　新华书店

印刷　北京侨友印刷有限公司

尺寸　169毫米 × 239毫米

印张　18.25

字数　310千

版次　2021年6月第1版

印次　2021年6月第1次印刷

定价　72.00元

ISBN 978-7-5220-1105-9

如出现印装错误本社负责调换　联系电话（010）63263947

FOF，即基金中的基金，是指投资标的是基金的产品。2016 年 9 月 23 日，证监会发布《公开募集证券投资基金运作指引第 2 号——基金中基金指引》。该指引的发布，标志着公募 FOF 进入实质性操作阶段。一年以后的 2017 年 9 月，第一批公募 FOF 正式获批。公募 FOF 作为一种新的资产管理工具，正式登上历史舞台。2018 年 3 月，证监会发布了《养老目标证券投资基金指引（试行）》，明确指出我国养老目标基金应该采用 FOF 的形式管理，从而为养老金与 FOF 的全面对接指引了方向。2018 年 4 月，《关于规范金融机构资产管理业务的指导意见》发布，明确提出金融机构应该打破刚性兑付，FOF 作为刚性兑付产品的潜在替代品正面临更广泛的需求。2019 年 10 月，证监会发布《关于做好公开募集证券投资基金投资顾问业务试点工作的通知》，宣告基金投资顾问业务试点正式推出。

政策的指引，叠加最近一年公募基金的爆发式增长[1]，推动了基金研究、投资需求的快速增长。但与之矛盾的是，国内机构基金投研的经验、人才储备相对缺乏。正因如此，作为国内较早开展基金研究业务，并最早开发多资产管理系统的机构，我们萌生了出版这本书的念头。我们团队的核心成员曾供职于全国社会保障基金理事会（国内最早从事委托投资的机构）、平安资管（国内最早开展基金委外业务的机构之一）、富达基金（Fidelity Investments，美国 FOF 基金管理三巨头之一）、嘉信理财（Charles Schwab，美国最大的个人金融服务提供商）等境内外知名金融机构，拥有丰富的基金投资和多资产组合管

---

[1]　截至 2020 年 12 月 31 日，我国公募基金资产管理规模合计为 19.89 万亿元，较 2019 年末增长 34.70%。

理经验，累计管理多资产组合规模逾 700 亿美元。我们觉得这是最合适的人在做最合适的事情。

机构基金投资的痛点

公募 FOF 自 2017 年 10 月第一只产品正式发行，到目前已 3 年有余。银行资管、保险委外、企业年金等机构虽然开展委托投资业务稍早，但总体上在国内，基金投资依然是一项非常年轻的业务。在与机构客户交流的过程中，我们发现机构在开展基金投资业务中常面临投研体系不成熟、人员培养成本高、系统化程度低、数据赋能弱四大痛点。

1. 投研体系不成熟

投研体系不成熟是机构基金投资业务中最核心的问题。除了保险资管基金部拥有相对较长时间的基金投资经验外，大多数机构的基金研究 / 投资部门成立于 2017 年之后，部分买方投顾、银行理财子公司的基金团队成立时间甚至更短。团队的投研体系基本依赖核心人员的个人经验，而拥有成熟经验的核心人员极度稀缺，因此大多数机构的基金投研体系仍然处于摸索阶段，成熟度较低。

2. 人员培养成本高

人员培养成本高是投研体系不成熟衍生的问题。与股票投研、债券投研等在高校就有比较成熟的培训体系相比，高校对学生在基金投研方面的培养几乎是空白。又由于机构自身投研体系不成熟，新入职人员的培养需要依靠内部传带、外部培训、同业交流等多种途径。这种人员培养模式不仅周期长、成本高，而且由于内部传带、外部培训和同业交流往往并不统一，培养的效果很难达到预期，甚至可能造成投研体系的进一步混乱。

3. 系统化程度低

根据我们所接触到的机构客户的反馈，基金投研部门对系统化的需求非常迫切，但系统建设的进度却严重滞后。原因至少有三点：第一，业务部门需求不明确，由于投研体系不成熟，业务部门的投研流程无法准确描述；第二，市场上能够提供基金分析模块，并集成化为高质量系统的供应商非常稀缺；第三，机构内部系统建设流程冗长，响应效率较低。

4. 数据赋能弱

由于系统化建设依赖于成熟的自身体系、外部优质的供应商，以及内部流程的配合，无法在短期内赋能业务，因此很多机构会试图寻求在基金数据上的赋能。但较为遗憾的是，目前市场上绝大多数基金数据供应商都只是基础数据供应商，无法提供有研究价值的"信息"，更别提有商业价值的"结论"。

本书的意义

在本书中，我们把我们认为基金投资中最重要的东西，尽可能体系化地呈现给读者。如果读者能够通过阅读本书更快地形成自身的基金投研体系，哪怕只是一些启发，那么我们的工作就是值得的。

此外，针对基金投研人员培养成本高的痛点，我们设计、开发了特许基金投资分析师培训课程（Chartered Fund Investment Analyst, CFIA）；针对系统化程度低的痛点，我们开发了一系列基金分析模块，并集成为况客 QT-CIO 多资产管理系统；针对数据赋能弱的痛点，我们开发了西筹基金数据库体系，全面覆盖基金原始数据、有研究价值的"信息"和有商业价值的"结论"。总而言之，我们希望通过自身努力，帮助机构更好、更快、更有效地开展基金研究和基金投资业务，并最终更好地服务终端消费者，实现老百姓长期财富的保值增值。这是我们的愿景，也是我们愿意为之奋斗的事业。

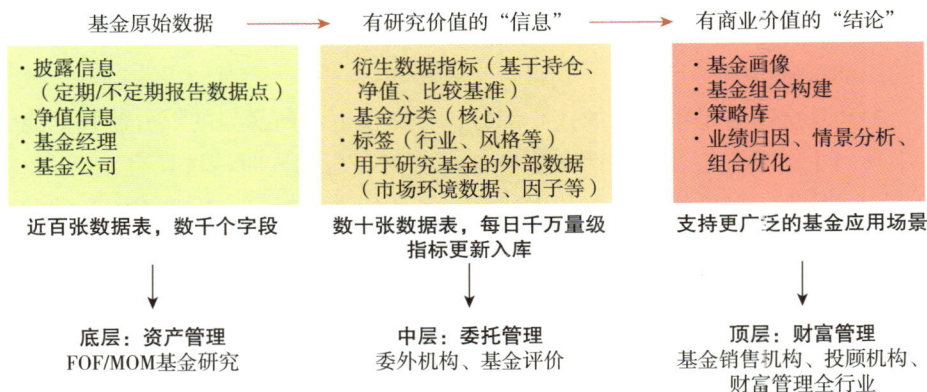

基金原始数据 →	有研究价值的"信息" →	有商业价值的"结论"
· 披露信息 　（定期/不定期报告数据点） · 净值信息 · 基金经理 · 基金公司	· 衍生数据指标（基于持仓、 　净值、比较基准） · 基金分类（核心） · 标签（行业、风格等） · 用于研究基金的外部数据 　（市场环境数据、因子等）	· 基金画像 · 基金组合构建 · 策略库 · 业绩归因、情景分析、 　组合优化
近百张数据表，数千个字段	数十张数据表，每日千万量级 指标更新入库	支持更广泛的基金应用场景
↓	↓	↓
底层：资产管理 FOF/MOM基金研究	中层：委托管理 委外机构、基金评价	顶层：财富管理 基金销售机构、投顾机构、 财富管理全行业

图 1　西筹基金数据库体系

本书的不同

尽管国内基金投资发展的时间不长，但在国外相关领域却有许多优秀卓越的书籍。本书与那些经典书籍的最大不同之处在于，我们的许多观点、经验来自与国内机构投资者打交道过程中的交流和实践。从某种意义上说，本书更像一本国内机构基金投资的操作手册，是国外先进基金投资理论中国化的一次积极探索。此外，我们在 2018 年曾经出版过一本类似的书籍——《FOF 投资的量化分析》，与前作相比，本书更侧重于基金投资理论在国内市场的实践与应用。为此，我们在本书的不少章节中增加了对实际案例的讨论，并提供了更多的阅读材料，以表达我们对于理论落地到实践的思考和探索，希望这些思考和探索能够对境内机构基金投资者的实际工作有所帮助。

核心观点

我们的核心观点是，机构基金投资的方法论体系可以遵循"核心—卫星"逻辑，从而实现自上而下资产配置和自下而上基金优选的有机结合。资产配置方面，在明确投资目标、风险容忍度及投资范围后，基于长期资本市场假设，选择并运用资产配置量化模型，确定战略资产配置比例，并结合短期市场状况所得的战术资产配置观点，得出最终的目标资产配置比例。基金优选方面，将市场上的全部产品分为两类：一类是兼具 Alpha 收益和 Beta 收益的主动产品池，由初选后的长名单产品池通过评价模型进一步筛选所得，可根据不同配置需求形成行业池、风格池、灵活配置池等多个产品池；另一类则是工具化产品池，该池中的产品工具化属性强，因此需要具有稳定特征，如 ETF 或风格极为稳定的主动型基金。

主动基金组合是策略中的核心部分，多样化主动产品池的划分使我们能够从中择出主动基金组合，在达到初步 Beta 配置目标的同时精选具有 Alpha 收益的基金。然而，基金组合投资的方式注定了我们无法对组合中各类资产的配置比例得到百分之百的控制，只要我们试图获得基金的 Alpha 收益，便必须容许基金经理拥有一定的自主权。卫星部分工具化产品池的意义在于，在主动基金组合的配置比例发生偏离时，作为 Beta 补充配置使组合整体回归最终的目标资产配置比例，从而实现"Beta 精确配置 + Alpha 精选"的效果。

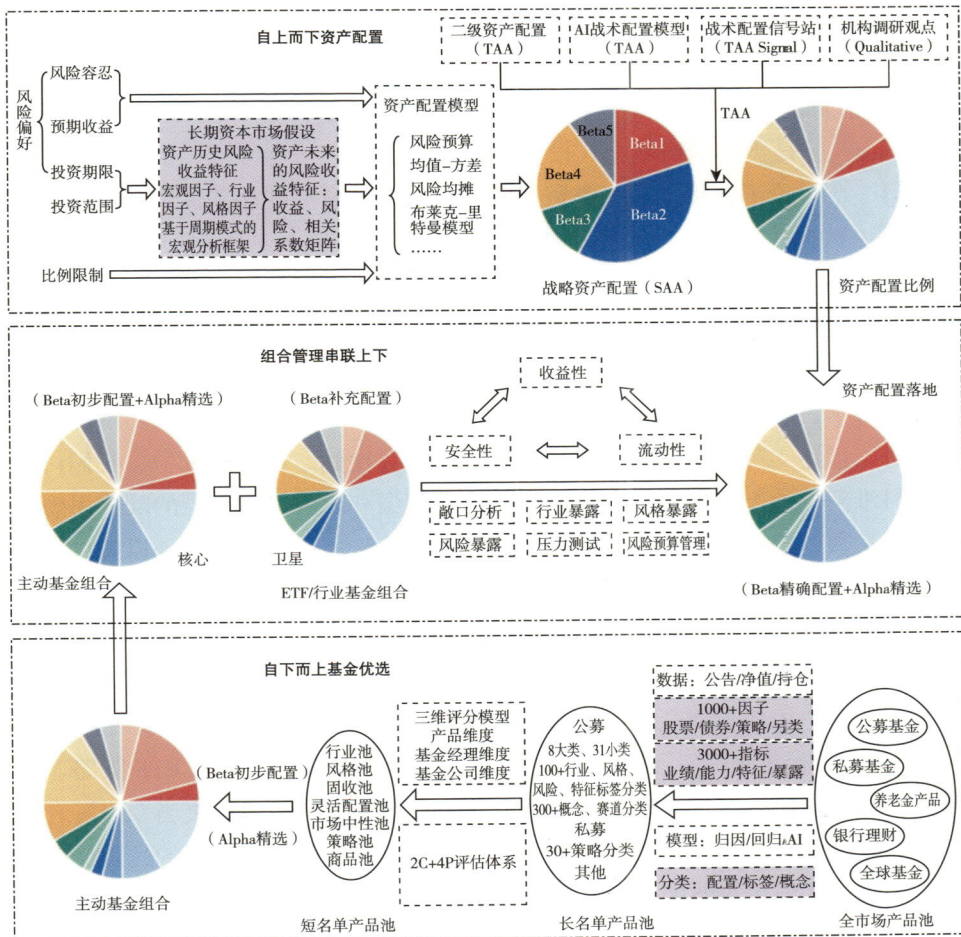

图2　基金投资方法论体系

本书内容提要

本书分为三篇和一个附录，共12章（不包括附录）。其中，第1~4章为资产配置篇，第5~10章为基金评价与筛选·理论篇，第11~12章为基金评价与筛选·实践篇。

第1章从对战略资产配置的讨论开始。我们认为战略资产配置是机构基金投资中最重要的环节，是实现目标收益的基础。进一步，我们梳理了战略资产配置的流程，从确定资金性质及投资范围，到大类资产长期风险收益特征研究，再到运用资产配置模型得出配置比例以及制定再平衡规则。在本章的最后，我们以阅读材料的形式介绍了一家位于波士顿的资产管理公司 HighVista Strategies，它是美国捐赠基金式投资管理的先驱。

第 2 章讨论了三种预测大类资产收益、风险和资产间相关性的分析框架，包括历史数据法、美林时钟法和基于周期模式的（Regime-based）分析框架。我们介绍了三种分析框架的基本逻辑、实际应用中存在的问题及适用的条件，并详细讨论了 Regime-based 分析框架在境内长期资本市场假设上的具体应用案例。

在科学、合理地对各类资产的收益、风险和资产间的相关性作出预测后，我们可以运用多种量化模型得出最终的资产配置比例。在第 3 章中，我们讨论了马科维茨均值方差模型、布莱克 – 里特曼模型和风险平价模型的配置思想、输入的参数、输出的结果、优缺点以及实现的算法。此外，我们还以阅读材料的形式简单介绍了先锋基金目标日期基金的方法论。

在第 4 章中，我们把注意力转向了战术资产配置，讨论了战术资产配置的重要性并梳理了执行战术资产配置的流程。在此基础上，我们详细讨论了一种基于周期理论的战术资产配置策略。在本章的阅读材料中，我们介绍了一种在 2008 年国际金融危机后逐渐兴起的战术资产配置策略——战术 ETF 策略。这种策略能够在提供下行保护的同时最大化上行潜力，有效地解决当今投资者面临的两大最紧迫的问题：熊市中的下行保护以及在低利率环境下的收入创造，它是战略资产配置策略的有益补充。

第 5~10 章为基金评价与筛选·理论篇，在这一篇中，我们围绕基金评价与筛选中所应用的分析工具、技术展开讨论。在第 5 章中，我们从对几个容易混淆的基金净值概念的讨论开始，着重介绍了基金业绩分析、风险分析、风险调整收益分析和基准相关分析所关注的指标。在这一章的最后，我们以阅读材料的形式提供了一个计算实例，比较了时间加权收益率和金额加权收益率，进一步说明了明确指标口径的重要性。

第 6 章主要讨论了如何分析基金的投资风格。我们在介绍基金投资风格基本原理的基础上，阐述了基于收益率回归和基于持仓打分两种风格分析方法，并分析了两种方法的优缺点以及相应的适用条件。在本章的阅读材料中，我们介绍了债券基金的风格分析方法，包括债券因子体系的构建和具体模型的设定，并提供了一个公募债券基金分析的实例。

在第 7 章和第 8 章中，我们重点讨论了基金的业绩归因问题。业绩归因是一种将投资组合的收益 / 超额收益量化为投资决策流程中的主动决定的技术，能够帮助基金管理人和基金投资者全面理解基金收益及收益的来源。其中，第 7 章讨论了股票基金的业绩归因问题。在这一章中，我们重点介绍了股票基金业绩归因的 Brinson 模型，并在阅读材料中介绍了基于收益率回归的两种择时选股分析模型。第 8 章讨论了债券基金的业绩归因问题，我们重点介绍了债券组合业绩归因的 Campisi 模型和收益率曲线骑乘模型。此外，在第 8 章的阅读材料中，我们简单介绍了混合型基金的业绩归因方法。

以上章节的定量分析是基于基金历史数据的评估，并不能保证基金未来的表现，因此在第 9 章中，我们运用定性分析的方法对候选管理人进行评估，评估的核心是一只基金在未来重现其过往投资业绩的能力，以及侦投资增值的能力。这个评估过程就是基金的尽职调查。在这一章中，我们介绍了传统的 "2C+4P" 尽职调查体系，这个体系主要从公司基本面（Company Fundamentals）、人员情况（Person）、投资理念（Philosophy）、投资流程（Process）、投资业绩（Performance）、客户服务（Customer Service）六个维度来全面衡量管理人的公司治理水平和资产管理能力。除此之外，我们还讨论了如何对管理人的风险控制和 IT 系统进行尽调。

在第 10 章中，我们讨论了如何综合评估众多定量分析指标和定性分析结果。我们在简单阐述海外专业评级机构晨星（Morningstar）的基金评级体系的基础上，详细介绍了况客 QT-CIO 系统[①]支持的用户自定义基金评级的逻辑。在本章的阅读材料中，我们介绍了基金绩效考核评价体系的设计思路，并提供了一个考核评价方案实例。

第 11~12 章为基金评价与筛选·实践篇。在第 11 章中，我们讨论了私募基金的评价与筛选，从私募管理人评价的特点、投前与投后的流程、基于净值的投资能力评价及基于持仓的业绩归因等方面进行了贴近实操的论述。第 12 章讨论了养老金产品的评价与筛选，内容包括养老金产品市场简介、养老金与公募基金的对比分析、权益类养老金产品评价框架、固收类养老金评价框架等方面。

在本书的结尾，我们总结了我们认为的基金投资中最重要的 50 个问题，

---

① 况客 QT-CIO 系统是况客科技研发的多资产投资管理系统。

并附上我们对这些问题的理解。这些问题包括"基金数据 10 问""分析工具 10 问""公募基金 10 问""私募 & 养老金 10 问""综合 & 其他 10 问"。

关于遗憾

2018 年我们在编写本书前作时，提到了两点遗憾：一是关于资产配置如何落地到组合管理；二是业绩归因如何扩展到多资产组合。在本书的对应章节中，我们围绕这两个问题展开了不少有益的讨论，多少弥补了之前的遗憾。但和 3 年前一样的是，我们依然做不到尽善尽美。所以，照例，我们在序中留下关于本书的遗憾，希望能够在未来的某一天得以弥补。

第一点遗憾有关自上而下资产配置和自下而上基金优选的有机结合。这是我们关于基金投资的核心观点，在贯穿本书的各个章节中都有所体现。但是，在这种有机结合的具体操作上，还有很多工作需要我们进一步研究与探索。第二点遗憾关于公募基金评价与筛选的实践。我们在本书的第 3 篇中讨论了私募基金和养老金产品的评价和筛选，却并未提及更受关注的公募基金。原因是，公募基金根据所投底层资产以及对应配置比例的不同，可以细分为非常多的类型，而每一种类型所适合的投资者、投资目标以及投资场景都有显著区别。我们无法通过一个比较统一的框架去描述公募基金的评价和筛选。我猜我们会专门在一本类似《公募基金的评价和筛选》的书中，专门阐述我们关于这一命题的思考和实践。

关于读者

本书适合从事基金研究、基金投资，以及 FOF、MOM 等委托投资相关业务，包括银行资管 / 理财子公司、保险资管、保险委外、年金投资、养老金投资、公募 FOF、私募 FOF、券商资管等的相关人士阅读。此外，对于资产管理、财富管理相关的教育工作者和未来有志于从事资产管理、财富管理行业的学生来说，本书也是不错的教材或者参考资料。

在这本书里，你们会看到我们从多年实践中总结的观点和经验，以及在过去与境内外机构客户打交道的过程中从他们身上学到的东西。我们试图不断创新以达到可以从全局上来把握基金投资这一重要命题的水平。这样做的最终目的是为大家提供一系列可操作性强的方法来优化你们的基金投资组合。尽管我们在本书中加入了一些关于模型、算法以及算法优化的讨论，但这可能并不适合大多数人（仅适合从事建模、系统开发等相关工作的读者），因此我们在本书中尽可能地只使用简单的数学来说明问题。

致谢

在本书的撰写，以及西筹金融科技、况客科技业务开展过程中，我们有幸汲取了许多客户的智慧和见解，他们来自许多境内外卓越的金融机构，特此表示感谢！

此外，我们还要感谢况客科技、西筹金融科技的全体同事，没有你们夜以继日的开发、不断反馈的机构需求、精益求精的产品设计和全面有力的后勤保障，就没有本书的顺利出版，特此表示感谢！

最重要的是，我们要感谢况客科技、西筹金融科技所有同事的家人，我们占用了不少与你们团聚的宝贵时间，你们给予了我们最大的支持，请接受我们最诚挚的感谢！

感谢中国金融出版社黄海清主任及其同事认真细致的编审工作，并提出了大量建设性的宝贵意见。当然不足和错误之处由我们负责。

西筹研究

2021 年 5 月 18 日

目　录

资产配置篇

第 1 章　战略资产配置

资产配置策略是在约定的规则下实现投资目标的兵法，主要由两个部分组成：战略资产配置（Strategic Asset Allocation，SAA）和战术资产配置（Tactical Asset Allocation，TAA）。战略资产配置负责确定资产组合的长期配置比例，并制定相应的规则（比如再平衡）保证配置比例的稳定，以期获得长期稳定的投资回报。战术资产配置则根据短期市场状况，对资产配置比例在一定范围内进行调整，以获取超过基准收益的超额回报。战略资产配置是资产配置策略的基础，而战术资产配置则是对战略资产配置的补充。

战略资产配置，有时也被称为政策资产配置（Policy Asset Allocation），是指在投资限制下，按照投资目标和风险容忍度，将资金分配到固定收益类资产（比如债券）、权益类资产（比如股票）、现金以及另类投资（大宗商品、私募股权等）等大类资产上的过程。战略资产配置的结果通常是一系列大类资产的目标配置比例以及各配置比例的浮动区间。

战略资产配置是在一个较长时期内以追求长期回报为目标的资产配置，时间跨度一般是 3~5 年，甚至更长。它的基础假设是各大类资产的风险和收益长期内收敛到其均值水平，因此只需关注资产的长期平均收益和风险，并在此基础上确定配置比例，无须根据市场的短期波动作出调整。

本章各小节将对战略资产配置的重要性、流程以及战略资产配置的再平衡策略等内容作具体介绍。

1.1　战略资产配置的重要性

资产组合的投资业绩可以分解为战略资产配置贡献、时机选择贡献和证券选择贡献，后两者属于战术资产配置范畴。大多数学术研究表明战略资产配置是资产组合收益最重要的来源。Brinson、Hood 和 Beebower（1986）使用 91 家美国养老基金数据，以养老基金的实际收益率为被解释变量、战略资产配置的基准收益率为解释变量进行时间序列回归分析，用回归方程的 R^2 解释战略资产配置对基金收益率随时间变化的贡献程度。他们的结论是战略资产配置可以解释约 90% 的基金收益随时间的波动。这说明，在美国资本市场上养老基金的投资者以被动投资（坚持战略配置基准，不作主动调整）为主，积极投资的程度较低。Ibbotson 和 Kaplan（2000）在 Brinson 等人研究的基础上，使用截面数据回归的 R^2 衡量不同基金收益差异中战略资产配置的贡献。他们的结论是战略资产配置可以解释约 40% 的基金之间的收益差异，余下的约 60% 归因于其他因素（时机选择和证券选择等）。Xiong、Ibbotson、Idzorek 和 Chen（2010）在排除市场自身波动后，认为战略资产配置和主动管理的战术资产配置同等重要。

从定性的角度分析，战略资产配置是获得市场平均收益的保证。所有被动投资者将获得市场平均收益，所有积极投资者的平均收益也是市场平均收益，但是除去积极投资的成本（交易、税务、时间等成本），积极投资者的真实平均收益将低于被动投资者。由此可见，不管是否进行积极投资去争取超额收益，科学合理的战略资产配置都是实现目标收益率的基础。

1.2　战略资产配置的流程

战略资产配置的目标是确定大类资产的长期配置比例，其流程一般包括：

（1）确定投资目标（预期收益）、风险容忍度以及投资期限；

（2）明确投资范围，确定可投资的大类资产类别；

（3）分析并预测各资产类别在投资期限内的收益、风险和相关性；

（4）选择并运用资产配置量化模型，确定大类资产配置比例。

图 1.1 为战略资产配置流程。资金性质伴随资金而来，投资范围和投资期限决定了风险收益长期研究的对象和时间区间，长期研究得出资产未来的风险收益及相关系数，结合预期收益（风险容忍度）和比例限制作为资产配置模型的输入参数，资产配置模型将输出各大类资产的战略资产配置目标比例。

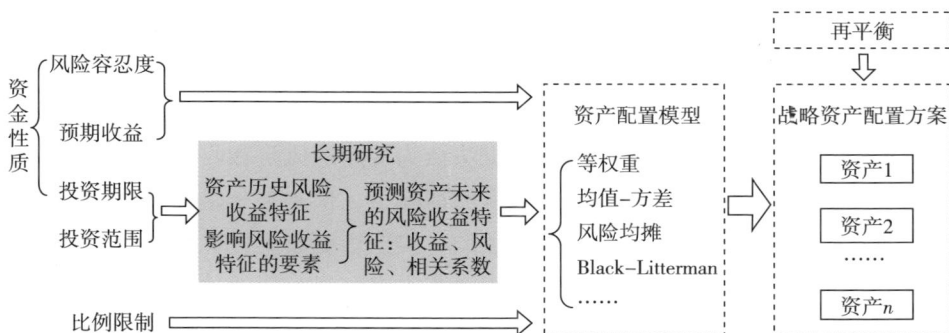

图 1.1　战略资产配置流程

1.2.1　资金性质及投资范围

投资目标、风险容忍度和投资期限由资金本身的性质决定，比如资金本身的风险厌恶程度、是否具有负债约束（在未来是否有支付要求）等。比如，养老基金一般具有较高的风险厌恶程度和一定的负债约束，因此养老基金的风险容忍度较低，预期收益也较低。同时，资本市场环境、受托人的投资管理能力也是影响投资目标和风险容忍度的重要因素。在成熟的资本市场上，当拥有经验丰富的受托人时，可以适当提高风险容忍度以换取较高的预期收益；而在不成熟的资本市场上，当受托人的投资管理能力又较弱时，投资人则需降低风险容忍度，以避免在极端情况下遭遇重大损失。

明确投资范围，确定投资的大类资产类别。理论上，可投资的大类资产类别越多越好，因为多样化可以分散投资风险，在给定的风险容忍度下获取更高的预期收益。但是过多的资产类别会导致投资管理的困难；而且配置于某类资产的比例需要足够大才能凸显其风险收益特征，从而达到分散投资风险的目的。因此，在实际资产配置中，资产类别不宜过多（一般为5~10种），并且应该尽量选择风险收益特征差异大、相关性低的资产，比如债券和股票、公开市场资产和非公开市场资产、流动性资产和非流动性资产、国内资产和国外资产等。

1.2.2　风险收益长期研究

在确定了投资的大类资产类别后，需要对各大类资产的收益、风险和资产间的相关性作出尽可能准确的分析。这是战略资产配置中最重要也最具有技术含量的一步。预测的各资产的收益、风险和资产间的相关性也被称为资本市场假设，将作为下一步资产配置量化模型的输入参数，决定了最终资产配置比例的科学性和合理性。

最传统也最简单的预测各类资产未来风险收益的方法是历史数据法。与战略资产配置的基本假设一样，历史数据法认为资产的风险和收益长期内收敛到均值。因此，在拥有足够长的历史数据的情况下，预测未来足够长时期资产的风险收益时，历史数据法是无偏且一致的。根据历史数据计算得到的风险收益指标以及各资产间的相关性可直接作为对于未来资产表现的预测。现实未必如此美好，历史数据可能不够长（尤其在国内，很多大类资产指数发布不足10年），需要预测的未来也不够长（可能是3~5年），在这种情况下，历史数据法的可靠性大大降低。

除了历史数据法，常用的分析方法还有美林时钟法。美林时钟法能弥补历史数据法在预测资产未来中短期表现时可靠性低的缺陷。它通过对经济增长和通胀两个指标的分析，将经济周期划分为衰退、复苏、过热、滞胀四个阶段；然后计算每个阶段各资产的风险收益指标和资产间的相关性，并统计每个阶段的出现概率（或者结合宏观研究得到未来每个阶段出现的概率）；最后将计算得到的风险收益指标对各阶段概率进行加权，作为预期的风险收益指标。

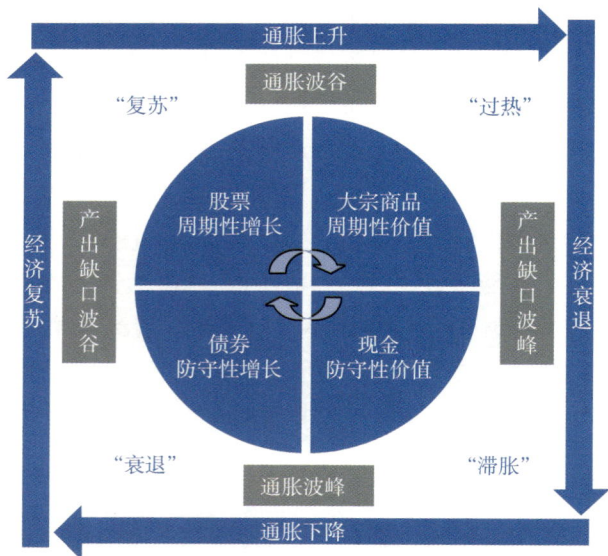

图 1.2　美林时钟框架

美林时钟法将历史时间序列划分成特定的四种状态，除此之外，还可以自定义状态划分的规则，我们称为基于周期模式的（Regime-based）分析框架。状态划分的原则是在不同的状态下，各个资产的风险收益表现可以有较大的波动，但在同一个状态下，各个资产都有相对稳定的表现。分析的思路与美林时钟法类似，计算出不同状态下各资产的风险收益指标，结合宏观分析得出的不同状态出现的概率，加权得到预期的风险收益指标。

1.2.3　资产配置模型

在科学、合理地预测出各类资产的收益、风险和资产间的相关性后，我们可以运用多种量化模型得出最终的资产配置比例。常用的模型包括马科维茨的均值方差模型、布莱克－里特曼（Black-Litterman）模型以及风险平价模型。其中均值方差模型对输入参数的敏感性很高，输入参数的微小变化就有可能导致输出配置比例的较大变化。因此，上述对收益、风险和相关性的分析预测更显关键。为了尽可能保证结果的稳健性，在利用均值方差模型计算资产配置比例时，Michaud（2008）提出了样本重组（Resample）的方法，利用原始资产收益率样本数据模拟生成多组符合多元正态分布的新样本，进而使用多组数据计算资产组合的有效边界。Black-Litterman 模型在均值方差模型的基础上，允许用户加入个人的主观观点；风险平价模型则是对各类资产总体风险的配置。关于资产配置模型的详细介绍请参阅第 3 章"资产配置模型"。

1.3　再平衡

战略资产配置确定了长期内不同大类资产的目标配置比例，它应保持一定的稳定性和持续性，不应该频繁调整。但是在按照战略资产配置比例构建资产组合后，由于不同资产的实际收益率有明显差异，经过一段时间后，收益率高的资产在资产组合中所占的比例上升，收益率低的资产在资产组合中所占的比例下降。资产组合中各类资产的实际比例会逐渐偏离战略资产配置的目标比例，可能导致整个资产组合的风险暴露超过风险容忍度。图 1.3 为战略资产配置为 50% 沪深 300+50% 中债综合指数的资产组合在没有再平衡的情况下，实际资产配置比例随时间的变化。由图 1.3 可知，资产组合的实际配置比例很快偏离了战略资产配置比例，沪深 300 的实际占比在 2008 年甚至超过了 75%。

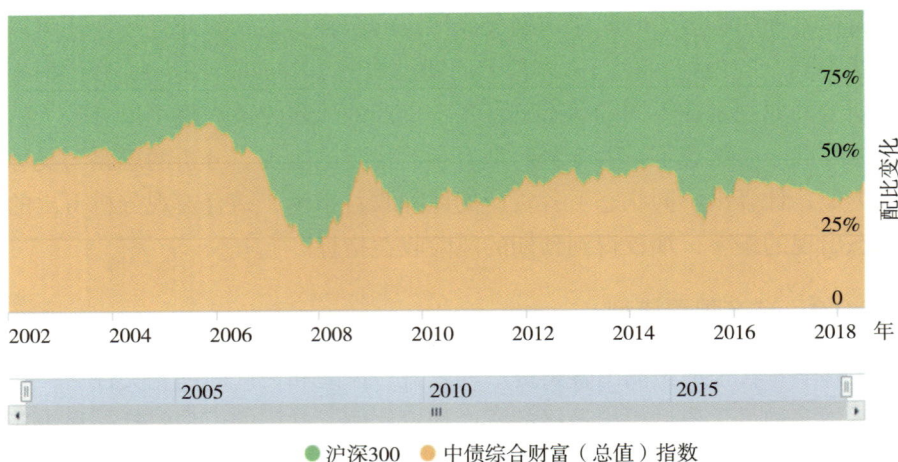

图 1.3　50% 沪深 300+50% 中债综合指数——无再平衡

　　资产配置再平衡就是在资产组合实际比例偏离战略资产配置目标比例时，卖出占比偏高的资产，用所得收益买入占比偏低的资产，以使各资产所占比例回到目标比重的过程。图 1.4 为同一资产组合（50% 沪深 300+50% 中债综合指数）按月再平衡时，实际资产配置比例随时间的变化情况：实际资产配置比例在战略资产配置比例（50/50）附近小幅波动。因此，再平衡是战略资产配置的重要组成部分，是战略资产配置稳定性和持续性的保证。

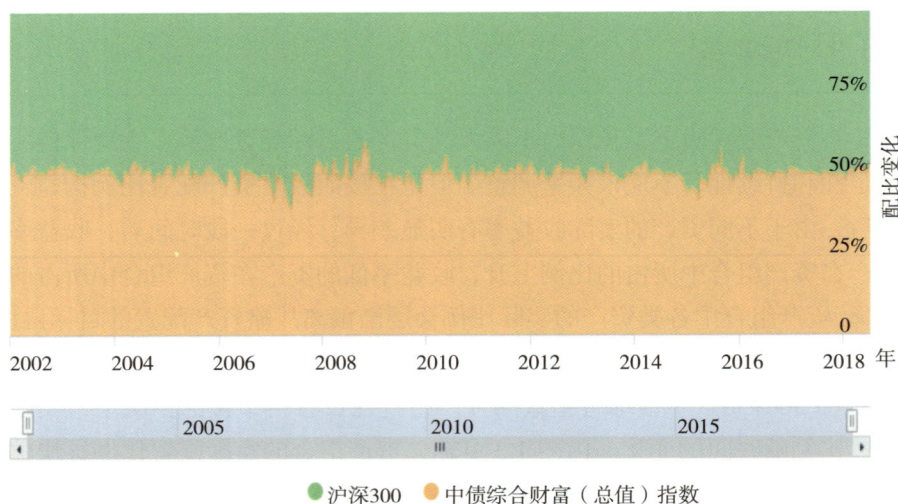

图 1.4　50% 沪深 300+50% 中债综合指数——月再平衡

1.3.1 再平衡的优缺点

与战略资产配置一样,再平衡的理论基础也是资产收益率在长期内遵从"均值回归"的模式。因此,坚持战略资产配置比例是实现长期投资目标的最优策略。从风险角度看,收益率高的资产往往风险暴露也高,当其在资产组合中所占比例上升时,整个资产组合的风险暴露也相应增大,再平衡可以降低将资金过度集中于高收益、高风险资产所带来的额外风险。

但是再平衡策略一般是建立在对历史数据分析的基础上,忽略了造成市场波动的内在原因,在长期牛市或者长期熊市时将不是最优。此外,再平衡调整所带来的交易、税务、时间成本也不容忽视。因此,是否进行再平衡、如何进行再平衡,需要根据不同的市场环境、不同的资产组合,具体问题具体分析。

1.3.2 再平衡策略

常用的再平衡策略主要有按照时间频率再平衡、按照波动区间再平衡以及既按时间频率又按波动区间的再平衡。按照时间频率再平衡是指设定一个时间间隔,比如年、季度或者月,定期进行资产配置再平衡。按照波动区间再平衡是指在战略资产配置目标比例基础上设定一个浮动区间,当资产比例超出浮动区间时,进行资产配置再平衡。

对于是否进行再平衡,采用何种策略进行再平衡,一般是由各个机构的制度决定。学术界对于最优再平衡策略的研究比较系统,对于业界实践有较大的借鉴意义。研究者通常的做法是假定一个战略资产配置比例,运用历史数据,计算比较不同时间频率、不同浮动区间下的资产组合收益,从而得出最优的再平衡频率(最优再平衡频率为正无穷则不进行再平衡)和最优的浮动区间(最优的浮动区间为100%则不进行再平衡)。

1.3.3 再平衡的例子

我们以50%沪深300+50%中债综合指数的资产组合为例,构建了无再平衡、年度再平衡、月度再平衡、周度再平衡等不同时间频率再平衡策略下的模拟组合。图1.5至图1.7展示了不同再平衡策略下,模拟组合的净值曲线以及风险收益特征。通过对比,不难发现,对于50%沪深300+50%中债综合指数的投资组合而言,无论是收益率还是波动性、最大回撤,年度再平衡策略都是最优的(优于月度再平衡、周再平衡和无再平衡)。但是需要注意的是,这仅仅是特定组合基于历史数据的结果,不能就此推广到该组合的未来或者别的组合，任何组合任何时期的最优再平衡策略都需要具体问题具体分析。

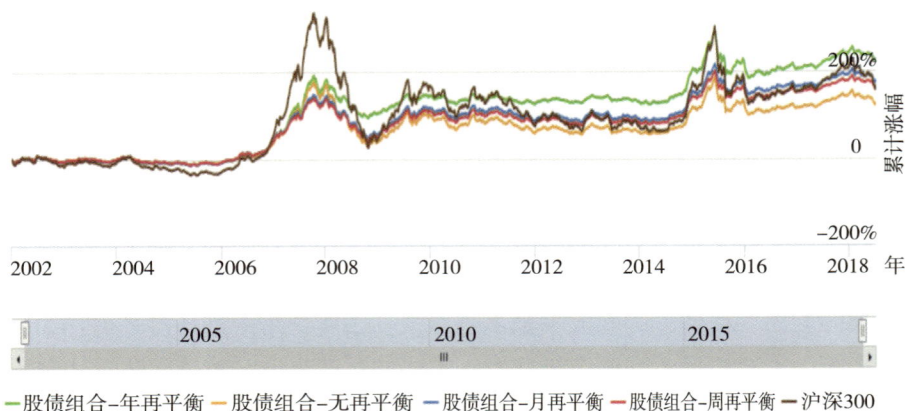

图 1.5　股债组合不同再平衡策略净值曲线对比

● 报表日期：2002-01-04~2017-09-16

股债 50/50 组合不同再平衡策略风险收益对比				
名称	累计收益	年化收益	波动性	最大回撤
股债 50/50 组合 – 无再平衡	134.55%	5.58%	15.94%	−55.27%
股债 50/50 组合 – 再平衡 – 周	170.90%	6.56%	13.22%	−43.31%
股债 50/50 组合 – 再平衡 – 月	184.36%	6.89%	13.25%	−42.35%
股债 50/50 组合 – 再平衡 – 年	262.13%	8.55%	13.33%	−34.15%

图 1.6　股债组合不同再平衡策略风险收益对比

● 业绩概览（2001-12-31—2018-07-09）

	项目	股债组合–年再平衡	股债组合–无再平衡	股债组合–月再平衡	股债组合–周再平衡	沪深300
收益	期间收益	224.23%	124.01%	176.43%	163.51%	162.77%
	年化收益	7.38%	5.01%	6.35%	6.04%	6.02%
	年化超额收益	1.36%	−1.02%	0.33%	0.02%	0.00%
	12 个月滚动收益均值	10.98%	9.17%	9.47%	8.98%	18.14%
	12 个月滚动收益最低	−33.07%	−53.62%	−40.75%	−41.77%	−70.75%
	12 个月滚动收益最高	151.82%	141.33%	109.86%	104.58%	297.70%
风险	波动性	12.56%	15.70%	13.03%	13.01%	26.46%
	下行风险	8.99%	11.41%	9.24%	9.20%	18.87%
	最大回撤	−35.18%	−55.27%	−42.35%	−43.31%	−72.30%
	最大回撤时间段	20071016~20081027	20071016~20081104	20071016~20081104	20071016~20081104	20071016~20081104
风险调整	Sharpe	0.5877	0.3187	0.4872	0.4645	0.2277
	Sortino	0.8211	0.4388	0.6872	0.6566	0.3193
相关性	相关系数	94.53%	98.54%	99.49%	99.70%	100.00%
	Beta	0.4559	0.5940	0.4978	0.4979	1.0000

图 1.7　股债组合不同再平衡策略详细风险收益对比

1.4　参考文献

戴维·达斯特. 资产配置的艺术：所有市场的原则和投资策略 [M]. 段娟，史文韬，译. 北京：中国人民大学出版社，2014.

尤拉姆·拉斯汀. 资产配置投资实践 [M]. 孙静，郑志勇，李韵，译. 北京：电子工业出版社，2016.

武建力. 机构投资者之战略配置 VS 战术配置 [R]. 北京：中国社保基金理事会，2015.

熊军. 资产配置系列研究之三：养老基金战略资产配置 [R]. 北京：中国社保基金理事会，2009.

Brinson, G. P., Hood, L. R., & Beebower, G. L.. Determinants of Portfolio Performance. *Financial Analysts Journal*，1986，42（4）：39–44.

Ibbotson, R. G., & Kaplan, P. D.. Does asset allocation policy explain 40, 90, or 100 percent of performance?. *Financial Analysts Journal*，2000，56（1）：26–33.

Michaud, R. O.. *Efficient asset management：a practical guide to stock portfolio optimization and asset allocation*. Oxford University Press，2008.

Xiong, J. X., Ibbotson, R. G., Idzorek, T. M., & Chen, P.. The equal importance of asset allocation and active management. *Financial Analysts Journal*，2010，66（2）：22–30.

Buetow Jr, G. W., Sellers, R., Trotter, D., Hunt, E., & Whipple Jr, W. A.. The benefits of rebalancing. *The Journal of Portfolio Management*，2002，28（2）：23–32.

Dichtl, H., Drobetz, W., & Wambach, M.. Testing rebalancing strategies for stock-bond portfolios across different asset allocations. *Applied Economics*，2016，48（9）：772–788.

Harjoto, M. A., & Jones, F. J.. Rebalancing strategy for stocks and bonds asset allocation. *The Journal of Wealth Management*，2006，9（1）：37–44.

Jaconetti, C. M., Kinniry, F. M., & Zilbering, Y.. Best practices for portfolio rebalancing. *Vanguard Research*，2010，July.

【阅读材料】像哈佛一样投资

Andrew Bary，巴伦周刊 2012 年 9 月 15 日，欧阳明清译

译者注：本文介绍位于波士顿的高瞻策略公司（HighVista Strategies）。它是美国捐赠基金式投资管理的先驱，服务那些想模仿哈佛和耶鲁的投资方式的机构和高净值人士。公司的主要创始人 André Perold 曾是哈佛商学院教授，固定比例投资组合保险策略（CPPI）的奠基人。他提出的执行差损概念（Implementation Shortfall）正式确立了分析投资交易成本的理论框架。Perold 在哈佛执教 30 年，曾任商学院资深副院长和金融教授会主席，被《商业周刊》评为哈佛商学院最杰出的教授。HighVista 投资组合的核心由另类投资构成，然后加指数型产品使整个投资组合达到一个特定的风险水平。模型动态调整流动性高的指数型资产的比例来维持固定的风险水平。

《巴伦周刊》每周五在美国出版，是众多投资者的周末必读。它的许多编辑来自《华尔街日报》，继承了这个日报的很多风格。但它基本上不涉及政治话题，而集中探讨市场走势和投资管理。《巴伦周刊》对宏观经济把握精准，重视探讨基金的经验得失和管理理念，为读者提供了简洁可靠的投资指导。

译者欧阳明清博士现任况客科技 CO-CEO。他在 2005 年 HighVista 创立之时加盟 Perold 领导的投研团队，参与设计和实施这种独特的全球资产配置策略。

现在可能是给你的投资组合提供常春藤教育的时候了。哈佛、耶鲁等一些大型的多元化捐赠基金在过去的 20 年中轻松地跑赢了股市。现在富人也可以使用类似的投资风格了。

哈佛和耶鲁没有来自外部的资金，但包括 HighVista Strategies、麦凯龙资产管理公司（Makena Capital Management）和摩根湾资产管理公司（Morgan Creek Capital Management）在内的一批机构提供的服务让个人也能够投资于像捐赠基金那样的机构所用的基金。

这种策略有时被称为"箱内捐赠"，吸引了越来越多个人投资者的兴趣，他们希望对冲基金和私募股权等另类投资在一个全球多元化的投资组合中占据重要地位。这些基金还投资世界各地的股票和债券的二级市场。

该领域的人倾向于保持低调，但我们有机会深度了解位于波士顿的 HighVista。该团队的领头人是 60 岁的 André Perold，哈佛商学院的前任教授。与 Perold 及其合作伙伴 Brian Chu、Jesse Barnes 和 Raphael Schorr 的讨论让我们知道了这些公司如何在控制风险的同时寻求在广泛的资产类别中取得高回报。

HighVista 管理 36 亿美元的资产，业绩良好。据接近该公司的人士称，从 2005 年 10 月成立至 2012 年 6 月 30 日，收费后的总回报率为 43.1%，年收益

率为 5.5％。相比之下，60％股票和 40％债券的传统组合为 38.5％，标普 500 指数为 27.8％。HighVista 的业绩好于大多数常春藤基金，它们的波动性远低于 60/40 股票和债券组合。

HighVista 及其竞争对手寻找愿意作出长期承诺的耐心且富有的投资者。HighVista 有 500 万美元的最低投资额和两年锁定期。Morgan Creek 最低投资额只有 5 万美元。HighVista 与分销商没有任何关系，而 Makena 用了北方信托，Morgan Creek 用了美林证券。即便如此，个人投资者一直在找上门，注入了 40％的公司管理资产。

捐赠基金式的投资不能保证在未来几年继续保持良好状态并击败股票和债券组合，但许多投资者不希望仅仅获得标准的股票/债券配置。

HighVista 有时落后于标普 500 指数，就像 2012 年上半年股票走强的时候，因为像大多数捐赠基金一样，它在美国股票上的比率很低，约为 16％。HighVista 在 2012 年前 6 个月上涨 2.3％，其中 60/40 股票/债券组合的收益率为 2.8％，标准普尔 500 指数的涨幅为 9.5％。但就长期而言，它的优势已经显现。

HighVista 是哈佛和耶鲁捐赠基金的简化版本，它们倾向于在任何时候都充分投资，并采用激进的以股票为主导的资产组合。在金融危机期间，它们受到重创，2009 年 6 月结束的财政年度哈佛捐赠额下降 27％。一位熟悉内情的人称，2008 年 HighVista 只下滑 16.8％，而标普 500 指数下跌 37％。

"我们希望与哈佛和耶鲁一样广泛多元化，但我们意识到我们的客户不能冒哈佛或耶鲁的风险，"Perold 说。他指出，投资组合很难从巨大的损失中恢复过来——一个投资者的组合下降 33％需要 50％的回报才能恢复，而另一个损失 10％的投资者则只需要 11％。

HighVista 的方法很简单，但不容易执行——找到最好的基金经理，控制风险。"第一项任务：不损失大量资金，"Perold 说，"第二项任务：在不损失大量资金的前提下获得最高回报。"

HighVista 寻找各种领域内最顶尖的经理人，然后用指数型产品填补投资组合，以达到所希望的资产配置。Perold 说，"有优势的人才适合用主动策略，否则你应该用指数。"

占 HighVista 投资组合 56％的核心由另类投资构成，主要包括对冲基金和私募股权。他们根据对风险环境的评估，动态调整另外 44％的投资组合（主要是现金、全球股票指数和债券）。预测的风险越大，现金持有量就越大。截至 2012 年 6 月末，该公司持有 8％的现金，比 2011 年底的 22％有所下降。由于担心欧洲的现状，HighVista 一直低配欧洲股票。HighVista 似乎吸引了一大批了解其策略的懂行的投资者群体。

"回报非常好。"公共政策和教育机构 Aspen Institute 的董事长 Robert Steel 说道。该公司 2007 年开始在 HighVista 投资，目前大约有 5000 万美元的投资。"利用优秀的外部基金是他们成功的重要因素，他们的风险管理也同样重要，很难想象投资会出现（比现在）更加动荡的时期了。"Steel 曾担任高盛公司的高管，现在是纽约负责经济发展的副市长。

Perold 在哈佛商学院度过了 30 年，在那里他是一位受欢迎的教授，在投资管理方面做了大量的工作。他于 2005 年帮助创建了 HighVista，同时还在商学院工作，然后于 2011 年从哈佛退休，专注于 HighVista。

Perold 花了很多时间研究风险。典型的资产管理者维持固定或接近静态的资产配置，但 HighVista 试图通过调整资产比重来维持投资组合中的固定风险水平。它通过追踪 VIX 来观察市场风险，VIX 是衡量期权市场对标普 500 指数未来波动性评估的指标。

VIX 走高表明未来市场动荡，这时 HighVista 倾向于减少其股票风险。当 VIX 下跌时，他们倾向于上调其股票配置，同时保持其核心另类投资组合不变。VIX 在金融危机期间突破了 70%，现在接近 15%，接近 5 年区间的低端。

HighVista 成立于 2005 年，由波士顿投资公司 Highfields Capital 的创始人 Jonathon Jacobson 和 Richard Grubman 提供种子资金和支持。那时 Jack Meyer 刚从哈佛管理公司总裁位置上离任，他在那里的 15 年给人印象深刻。该公司负责管理哈佛的捐赠基金。Jacobson 在 1998 年创立 Highfields 之前一直是那里的明星经理，哈佛管理公司是 Highfields 的原始投资者。

Jacobson 说，"Jack 会出去在会议上发言，当人们听到哈佛的做法，他们问：'我怎么能够和你们一样管钱？'Jack 会答：'你做不到。'"Jacobson 接着说，"我们的客户一直在问我们如何处理 Highfields 管理以外的资金，突然间我们发现有这个巨大的机会为个人和小型捐赠基金建立哈佛管理公司翻版。"

HighVista 用了约 75 家外部投资机构，包括 Convexity Capital Management、Berkshire Partners 和 Xander Group。由 Jack Meyer 领导的 Convexity 专注于固定收益市场。Berkshire 参与私募股权，Xander 投资新兴市场。他们对量化对冲基金不感兴趣。

约 2.5% 的投资组合属于所谓的"灾难债券"，一种针对飓风、地震和其他灾难的保险。Perold 认为，多元化的灾难债券组合可以提供与全球市场无关的高回报。

　　HighVista 还从大学和其他获得药物公司支持开发新疗法的机构购买了药物专利。HighVista 每年 1.5％ 的管理费相对较高。这是除了外部经理收取的费用之外的第二层收费。Perold 的回应是："我们只有一个产品和一种收入。要么我们提供费后强劲的回报，要么我们没有生意。"

　　投资者可以每年向投顾支付 1％ 或更高的费用取得包括对冲基金和其他另类投资的资产配置，但这样的资产配置可能比较粗糙。HighVista 的费用也许是取得一个高于通胀的良好长期回报的小小代价。

　　你的孩子可能上不了哈佛，但你可以像哈佛一样投资。谁知道呢，或许你会战胜那些穿绯红色（哈佛校色）衣服的人。

第 2 章　长期资本市场假设

　　对各大类资产的收益、风险和资产间的相关性作出分析预测，是战略资产配置中最重要、最具有挑战性的一步，我们把它称为战略资产配置的长期资本市场假设。预测的各大类资产的收益、风险和资产间的相关性将作为下一步资产配置量化模型的输入参数，决定了最终资产配置比例的科学性和合理性。在第 1 章，我们简单介绍过三种得到长期资本市场假设的方法：历史数据法、美林时钟法和 Regime-based 分析框架。

　　历史数据法是最传统也是最简单的预测各类资产未来风险收益的方法，投资者直接用历史数据计算得到的风险收益指标以及各资产间的相关性作为对于未来资产表现的预测。美林时钟法则通过对经济增长和通胀两个指标的分析，将经济周期划分为衰退、复苏、过热、滞胀四个阶段；然后计算每个阶段下各资产的风险收益指标和资产间的相关性，并统计每个阶段出现的概率（或者结合宏观研究得到未来每个阶段出现的概率）；最后将计算得到的风险收益指标对各阶段概率进行加权，作为预期的风险收益指标。

　　Regime-based 分析框架是在美林时钟法基础上的延伸和扩展：投资者根据自主选择的宏观经济指标和划分规则，将过去的历史时期划分为不同的经济状态，然后计算每个经济状态下各个资产的风险收益指标（收益率和波动性）以及资产间的相关性；结合宏观研究，预测未来一段时间每个经济状态出现的概率，并以此为权重，对每个经济状态下资产的风险收益指标进行加权，作为资产预期风险收益指标的估计值。

　　本章将具体介绍三个分析框架的基本逻辑、实际应用中存在的问题、适用的条件，以及 Regime-based 分析框架在境内长期资本市场假设上的具体应用案例。

2.1 历史数据法分析框架

资产配置在实践中的重要性远远低于其在理论上的重要性。原因之一，在于对大类资产的风险收益预测的困难。历史数据法假设资产的风险和收益在长期将收敛到均值，即资产的风险和收益都是平稳的时间序列。因此理论上，根据足够长时期的资产表现历史数据，预测资产未来足够长时期的风险收益，历史数据法得到的结果应是无偏且一致的（注：当样本量足够大的时候，样本均值是总体均值无偏且一致的估计量）。

但在实际应用中，历史数据法存在至少三个问题。首先，很多大类资产的历史数据年限并不长，尤其在国内市场，个别描述资产历史表现的指数发布时间甚至不足 10 年。表 2.1 列举了国内市场上主要指数的发布年限。数据年限最长的为上证综指，有 30 年；而数据年限最短的科创 50 指数仅发布不足 2 年。

表 2.1 国内主要指数发布年限（截至 2021 年 3 月 31 日）

指数名称	起始日期	数据年限
沪深 300	2002-01-04	19
上证综指	1991-07-15	30
创业板指	2010-06-01	11
中小板指	2005-06-07	16
巨潮风格指数	2002-12-31	18
中债综合指数	2002-01-04	19
中债国债指数	2002-01-04	19
中债信用债指数	2007-01-04	14
南华综合指数	2004-06-01	17
中国大宗商品指数	2006-05-27	15
科创 50 指数	2019-12-31	1

数据年限不足带来的问题是，样本均值的方差变大（样本均值的方差与样本量成反比），样本均值有可能偏离总体均值的真实值很远。或者说，在历史数据的时间序列内，观察不到资产的收益率和风险的长期均值。图 2.1 和图 2.2 分别展示了标普 500 指数和上证综指历史收益率和波动性与数据年限的关系。图中纵轴为相应指数的收益率和波动性，横轴为以当前时间点为基准，往前推的数据年限（数据年限 10 表示，利用过去 10 年的历史数据计算相关指标）。由图 2.1 和图 2.2 可知，利用历史数据估算时，标普 500 指数的收益率和波动性在数据年限大于 20 年之后逐渐趋于稳定，上证综指的收益率和波动性在数

据年限大于 10 年之后逐渐趋于稳定。因此，我们粗略地认为要用历史数据法预测资产未来风险收益，至少需要 10 年的历史数据。

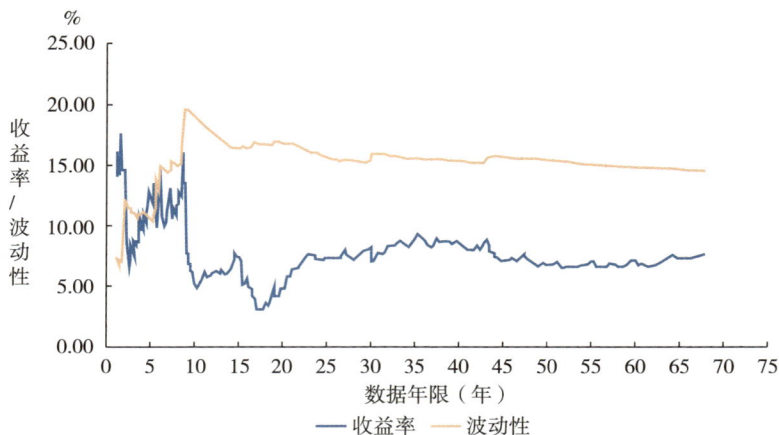

图 2.1　数据年限与资产收益率和波动性：标普 500 指数

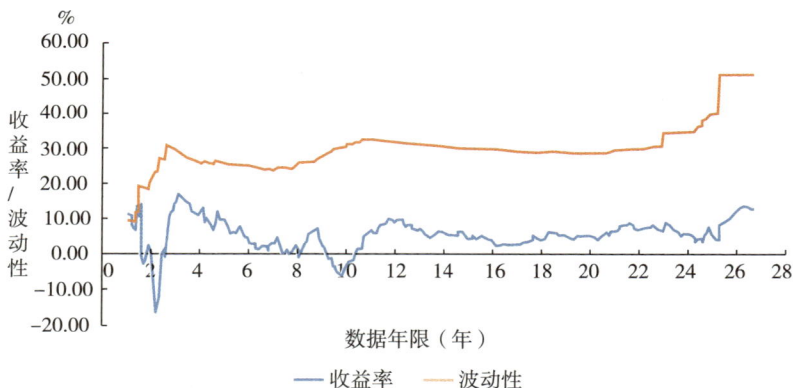

图 2.2　数据年限与资产收益率和波动性：上证指数

但是历史并不能代表未来，就算拥有足够长的历史数据，用历史平均收益（风险）预测未来收益（风险）都很可能失效。这就是历史数据法的第二个问题，也是最致命的问题：风险和收益在长期收敛到均值的假设可能不成立。图 2.3 和图 2.4 分别展示了标普 500 指数和上证综指同一时点过去 10 年的年化收益率和未来 10 年的年化收益率。由图 2.3 和图 2.4 可知，无论是标普 500 指数还是上证综指，用过去 10 年的年化收益率预测未来 10 年的年化收益率都是不可靠的。更进一步，我们用未来 10 年年化收益率序列对过去 10 年年化收益率序列作回归，标普 500 指数的 R^2 仅为 0.035，上证综指的 R^2 略大，也仅为 0.140，这说明过去 10 年年化收益率对未来 10 年年化收益率的解释程度非常低。出现这种情况的原因可能是均值回归的收敛速度慢，10 年的数据年限还是不够（如果 10 年都不够，历史数据法在国内市场的应用价值就很有限了），也可能是均值回归的假设根本就不成立，资产收益率在长期有可能是波动的。

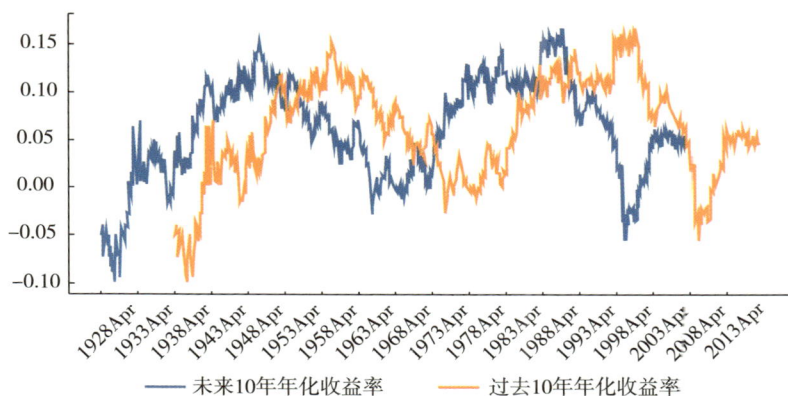

图 2.3　过去 10 年收益和未来 10 年收益：标普 500 指数

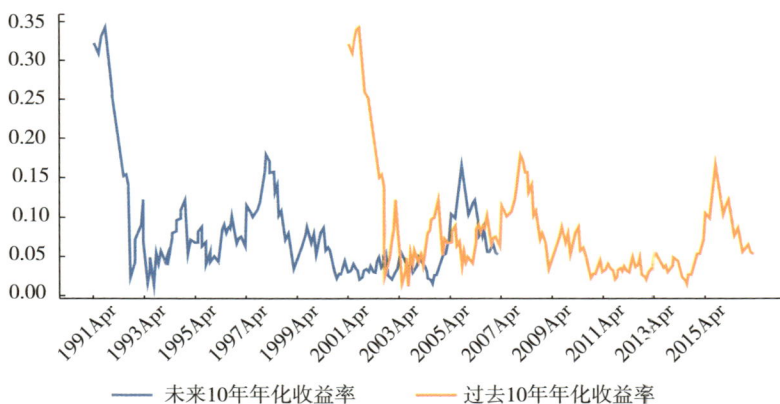

图 2.4　过去 10 年收益和未来 10 年收益：上证综指

历史数据法的第三个问题是，在实际应用中，投资者的投资年限可能不长，这就要求资产的风险和收益以更快的速度收敛到均值，从而进一步限制了历史数据法的应用。我们用上证综指过去 10 年年化收益率预测未来 5 年年化收益率，如图 2.5 所示，预测的效果也很一般。简单线性回归的 R^2 为 0.170（比用过去 10 年预测未来 10 年的解释程度还略高，其实说明了都不可靠）。

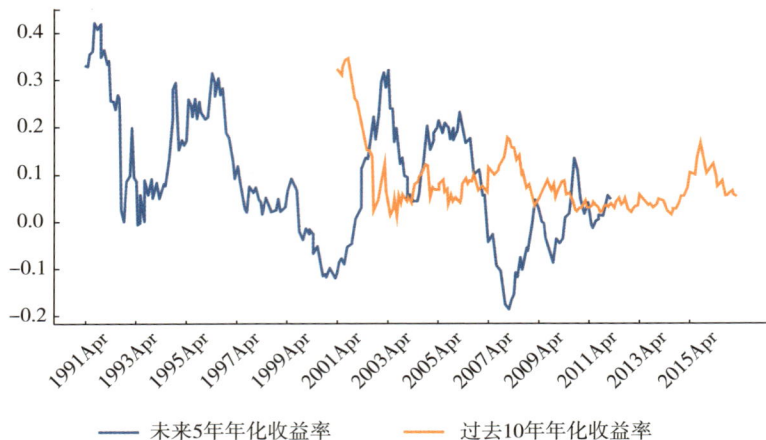

图 2.5　过去 10 年收益和未来 5 年收益：上证综指

　　尽管在预测资产收益率时，历史数据法表现得并不可靠，但是在预测资产未来波动性时，历史数据法则差强人意。图 2.6 和图 2.7 分别展示了标普 500 指数和上证综指同一时点过去 10 年的年化波动性和未来 10 年的年化波动性。由图 2.6 和图 2.7 可知，标普 500 指数在 1950 年之后 10 年年化波动性在 15% 上下浮动，上证综指则在 2009 年之后 10 年年化波动性在 30% 上下浮动。因此，我们粗略地认为资产历史 10 年年化波动性可以作为未来 10 年年化波动性的预测。

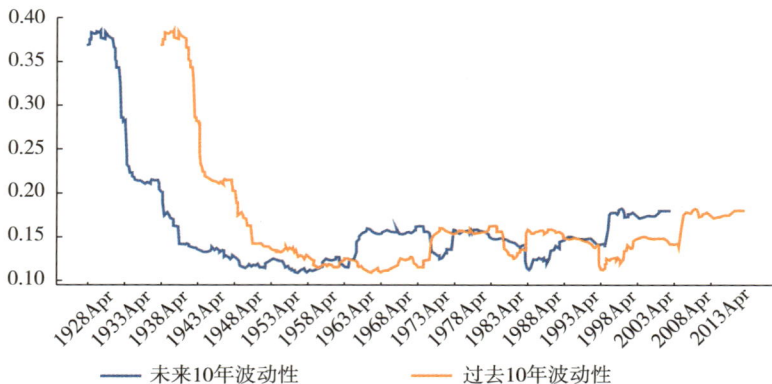

图 2.6　过去 10 年波动性和未来 10 年波动性：标普 500 指数

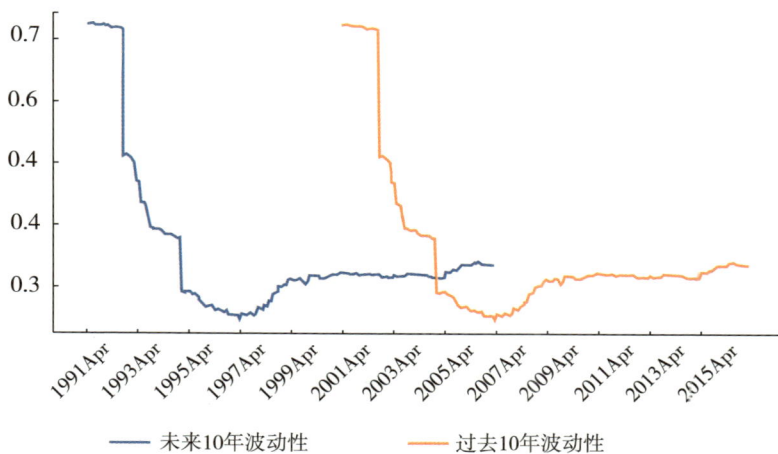

图 2.7 过去 10 年波动性和未来 10 年波动性：上证综指

以上关于历史数据法的分析都是基于股票市场，有研究认为，历史数据法在债券市场的有效性要显著高于股票市场。例如，10 年期美国国债收益率对未来 10 年美国国债收益率的解释程度达到了 92%（R^2 等于 0.92）。国内市场债券指数数据年限过短，暂时不作分析。

综上所述，历史数据法在预测股票市场预期收益率时并不可靠，但是在预测股票市场预期波动性时则差强人意；从国外发达市场经验看，历史数据法在预测债券市场预期收益率和波动性时效果较好，但是在国内债券市场的表现则有待进一步检验。

2.2　美林时钟分析框架

美林时钟分析框架最早由美林证券提出，它通过对经济增长和通胀两个指标的分析，将经济周期划分为衰退、复苏、过热、滞胀四个阶段；然后计算每个阶段各资产的风险收益指标和资产间的相关性，结合宏观研究得到未来每个阶段出现的概率；最后将计算得到的风险收益指标对各阶段概率进行加权，作为预期的风险收益指标。美林时钟法在历史数据年限不足的情况下同样无能为力，但由于其对历史时间序列作了精细化的处理，并结合了对未来经济状态的预测，美林时钟法不再依赖均值回归的简单假设，同时对于预测的未来时间长度也没有限制。接下来我们将简单讨论美林时钟分析框架对经济状态的划分以及这种划分方式在国内市场的有效性，对未来各状态出现概率的预测我们留给宏观研究，这里暂且不议。

图 2.8　美林时钟经济状态划分

2.2.1　经典美林时钟状态划分

美林时钟法是资产配置领域的经典理论，它通过对经济增长和通胀两个指标的分析，将经济周期划分为衰退、复苏、过热、滞胀四个阶段，并依次推荐投资债券、股票、大宗商品和现金。图 2.9 为美林时钟投资框架。

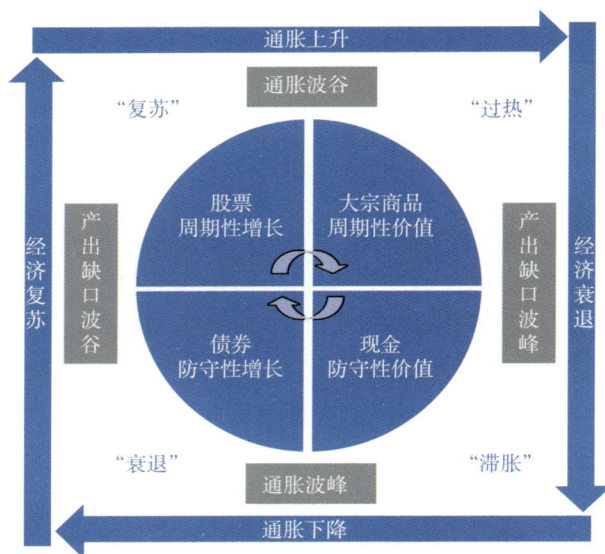

图 2.9　美林时钟投资框架

经典的美林时钟状态划分具体如下：

（1）衰退期：经济下行，产出缺口减少、通胀下行；货币政策趋松，债券的表现最突出，依次推荐投资债券 > 现金 > 股票 > 大宗商品。

（2）复苏期：经济上行，产出缺口增加，通胀下行；经济转好，企业盈利改善，股票获得超额收益，依次推荐投资股票 > 债券 > 现金 > 大宗商品。

（3）过热期：经济上行，产出缺口增加，通胀上行；通胀上行增加了现金的持有成本，加息的可能性降低了债券的吸引力，商品将受益于通胀的上行，依次推荐投资大宗商品 > 股票 > 现金 / 债券。

（4）滞胀期：经济下行，产出缺口减少，通胀上行；经济下行对企业盈利形成拖累，对股票构成负面影响，债券的吸引力提升，依次推荐投资现金 > 债券 > 大宗商品 / 股票。

2.2.2　美林时钟法在国内市场的有效性

美林时钟法对经济状态的划分在国内市场是否有效是我们关注的重点。这里我们采用中国的 GDP 产出缺口和 CPI 数据分别表征经济增长和通胀，考查 2006 年 6 月到 2017 年 8 月之间的经济状态。图 2.10 为所考查时间区间的状态划分，图 2.11 为每个状态下不同资产的风险收益表现。从图 2.10 可以看出，所考查的时间区间内，国内经济经历了 1 次衰退、1 次复苏、4 次过热和 4 次滞胀。各个时期不同资产的收益率表现如下：

（1）衰退期，债券（8.71%）> 股票（−15.4%）> 商品（−38.27%）；

（2）复苏期，股票（10.56%）> 债券（0.98%）> 商品（−2.03%）；

（3）过热期，股票（37.01%）> 商品（9.61%）> 债券（2.63%）；

（4）滞胀期，商品（6.75%）> 债券（3.43%）> 股票（−0.23%）。

在衰退期和复苏期，各个资产的表现完全符合美林时钟法的预测；在过热期，商品和债券的表现符合预期，股票的表现则受益于 2007 年的牛市，明显高于预期；在滞胀期，股票和债券的表现符合预期，商品的收益率则高于预期。因此，从总体上看，我们认为美林时钟法对经济状态的划分在国内市场是有效的。

图 2.10　所考查时间区间的状态划分

资产	状态	收益率	波动性
沪深300	复苏	10.56%	19.24%
	过热	37.01%	30.87%
	滞胀	-0.23%	25.68%
	衰退	-15.4%	47.97%
	期望		
中债综合财富(总值)指数	复苏	0.98%	1.39%
	过热	2.63%	1.16%
	滞胀	3.43%	2.1%
	衰退	8.71%	4.17%
	期望		
中国大宗商品价格指数:总指数	复苏	-2.03%	8.35%
	过热	9.61%	9.92%
	滞胀	6.75%	8.88%
	衰退	-38.27%	14.95%
	期望		

图 2.11　各个状态下不同资产的风险收益表现

2.3　Regime-based 分析框架

　　美林时钟法根据增长和通胀两个指标将经济划分了四种状态，Regime-based 分析框架则是在美林时钟法基础上的延伸和扩展：投资者根据自主选择的宏观经济指标和划分规则，将过去的历史时期划分为不同的经济状态，然后计算每个经济状态下各个资产的风险收益指标（收益率和波动性）以及资产间的相关性；结合宏观研究，预测未来一段时间每个经济状态出现的概率，并以此为权重，对每个经济状态下资产的风险收益指标进行加权，作为资产预期风险收益指标的估计值。

由于对历史时间序列作了精细化处理，Regime-based 分析框架对历史数据年限的要求相对较低；同时由于不再依赖均值回归的简单假设，并结合了对未来经济状态的预测，Regime-based 分析框架对于资金投资年限的长度也没有了限制。但是要做好 Regime-based 分析框架依然不是一件容易的事情，除了要能够准确地预测未来的经济状态之外，对历史时期的状态划分是否合理也至关重要。我们认为，完美的状态划分需要同时满足两个条件：第一是每个状态都有明确清晰的经济学含义，便于宏观团队对未来各状态出现的概率进行预测；第二是在每个状态下，各大类资产都各自有相对稳定的风险收益表现，否则划分状态将失去意义。

我们将在接下来的小节里介绍一个 Regime-based 分析框架的应用案例，即利用 Regime-based 分析框架的基本思想构建历史时间序列划分规则——西筹宏观经济场景划分规则，进而结合对所划分经济状态在未来 3~5 年出现概率的判断，给出中长期境内资本市场假设。

2.3.1　西筹宏观经济场景划分规则

西筹宏观经济场景划分规则是美林时钟资产配置模型的延伸和扩展：首先，我们基于对经济增长和货币条件的分析，将经济周期和货币周期相结合，把历史时间序列划分为宽松、紧缩、复苏、过热、滞胀、衰退六种状态，并计算每种状态下大类资产的风险收益特征（收益率和波动性）以及资产间的相关性；然后，我们结合宏观研究和判断，预测未来一段时间每种状态出现的概率，并以此为权重，对每种状态下大类资产的风险收益指标进行算术加权，最终得出大类资产预期风险收益特征的估计值。

美林时钟法是资产配置领域最经典的理论之一，它通过研究经济增长与通货膨胀的水平和变化情况，将经济周期划分为衰退、复苏、过热、滞胀四个阶段，并依次推荐投资债券、股票、商品和现金。其基本逻辑在于经济周期决定金融资产价格的走势，这个逻辑在 2008 年金融危机之前在美国是有效的。但是在 2008 年金融危机之后，美联储启动了量化宽松政策，经济周期和金融资产价格之间的联系变得不稳定，货币周期（货币政策的宽松与否）则开始扮演越来越重要的角色。这种金融资产价格由经济周期和货币周期共同驱动的逻辑在国内市场表现得更为明显。与美联储货币政策以经济增长和通货膨胀两大因素为目标不同，中国央行的货币政策决策系统是一个多目标制的决策体系。除了经济增长和通货膨胀以外，金融稳定和国际收支平衡也是央行货币政策的目标。因此，在国内，货币政策经常会以非经济增长和通货膨胀为目标进行调整，从而绕开经济周期的逻辑，直接影响金融资产的价格。我们认为这是美林时钟法在中国市场有效率较低的原因之一。基于此，西筹宏观经济场景划分规则在美林时钟经济周期的基础上，增加了货币周期的分析维度。我们通过研究短期利率的水平和变化情况，将货币周期划分为紧缩、中性、宽松三种状态。在货币紧缩状态下，市场流动性非常匮乏，风险偏好快速下降，股票和商品的价格大幅下跌，表现显著低于债券和现金；在货币宽松状态下，市场流动性充裕，风险偏好快速上升，股票和商品的价格大幅上涨，表现显著优于债券和现金。在以上两种货币周期状态下，金融资产表现的相对优劣与经济周期处于哪个阶段无关，货币周期取代了经济周期，成为金融资产价格变动的主要驱动因素。在货币中性状态下，市场流动性既不非常匮乏，也不过分充裕，货币周期对于资产价格的影响则主要通过传统的美林时钟渠道传递。基于此，我们通过对短期利率、经济增长和通货膨胀三个宏观经济指标的分析，将经济周期和货币周期相结合，把历史时间序列划分为紧缩、宽松、中性—衰退、中性—复苏、中性—过热、中性—滞胀六种状态。

我们选择 3 个月期国债收益率 6 个月移动平均与 3 年移动平均之差作为衡量短期利率变动的宏观指标，以观察货币周期的变动。如图 2.12 所示，自 2008 年以来，每隔 3 年，我们会经历一轮完整的货币周期，每一轮货币周期都经历了货币紧缩—货币宽松政策—货币宽松—货币紧缩政策—货币紧缩的过程。西筹宏观经济场景划分规则中，我们把市场流动性极度匮乏或者极度充裕的时期定义为紧缩或者宽松，其余时期定义为货币中性。在考查时期内，我们观察到了 5 次宽松和 4 次紧缩。表 2.2 统计了近 5 轮货币周期由紧缩转向宽松时的外部环境和央行的货币政策。

缩放 1W 1M 3M 1Y YTD All　　　　从 2005-09-05 到 2020-11-30

—— MA3个月减MA3年：3个月期国债收益率

图 2.12　西筹宏观经济场景划分规则—货币周期

表 2.2　　　　　　　　　　　　　近 5 轮货币宽松政策

时间	外部环境	货币宽松政策
2008—2009 年	次贷危机	降息 5 次降准 3 次，存款基准利率下调 1.64%，法定存款准备金率下调 1.5%
2011—2012 年	欧债危机	降息 2 次降准 3 次，存款基准利率下调 0.5%，法定存款准备金率下调 1.5%
2014—2015 年	—	降起 6 次降准 5 次，存款基准利率下调 1.5%，法定存款准备金率下调 3%
2018 年	中美经贸摩擦	降准 4 次，法定存款准备金率下调 2%
2020 年	新冠肺炎疫情冲击	降准 3 次（其中全面降准 1 次，定向降准 2 次），法定存款准备金率下调 0.5%，普惠金融定向降准 0.5%~1%，中小银行定向降准 1%，超额准备金利率下调 0.37%

　　美林时钟法利用 GDP 和 CPI 作为衡量经济增长和通货膨胀变动的宏观指标，以观察经济周期的变动。但是自 2011 年以来，我国经济增长总体呈现下行趋势，GDP 作为描述经济增长的指标变得非常不敏感。为了更好地观察经济增长的变动，我们构建了西筹宏观经济运行指数（XMCI）。我们遴选了一系列反映工业产出、景气度、内需、外需等多部门的宏观经济指标，依据对总产出水平影响程度的不同，采用加权平均并进行 HP 滤波处理。与其他经济同步指标相比，西筹宏观经济运行指数有效剔除了趋势性因素的影响，能够更好地反映经济增长周期性的变化。如图 2.13 所示，在 2011 年之前，XMCI 与 GDP 保持高度一致的走势；2011 年之后，GDP 的波动非常小，而 XMCI 依然

呈现出可识别的波动。

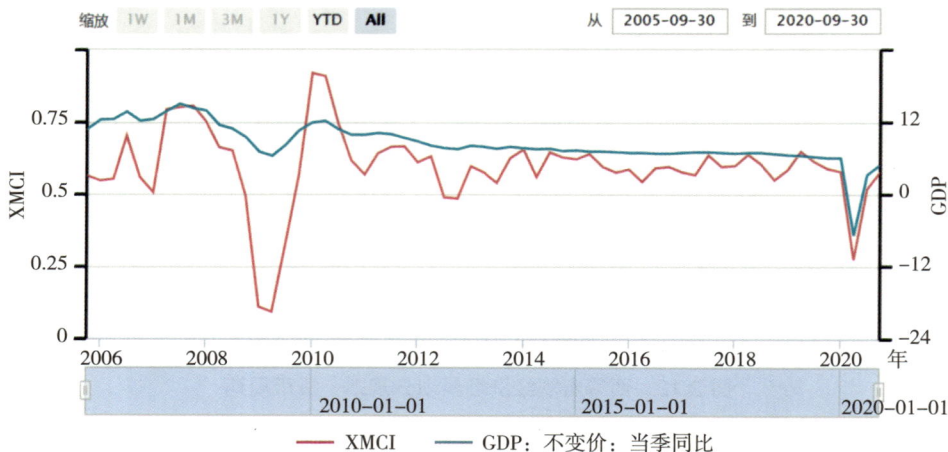

图 2.13　西筹宏观经济场景划分规则—经济增长：XMCI 和 GDP

我们选择 CPI 作为衡量通货膨胀的宏观经济指标。如图 2.14 所示，自 2005 年以来，我们经历了 8 个通胀上行期和 9 个通胀下行期。2012 年以来，CPI 当月同比一直在 1%~3% 的范围内小幅波动；2019 年，在猪肉供给的冲击下，CPI 快速上行；2020 年以来，受新冠肺炎疫情影响，CPI 出现加速下行趋势。

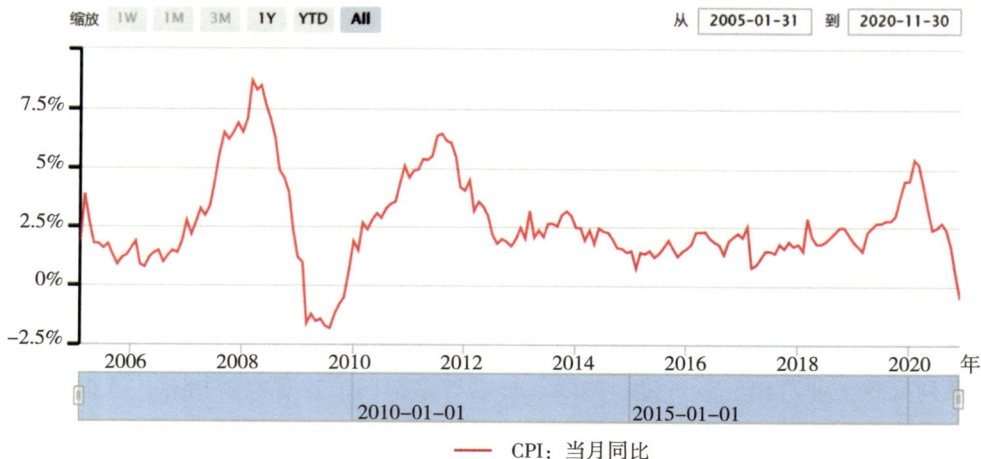

图 2.14　西筹宏观经济场景划分规则—通货膨胀：CPI

综上所述，我们通过对短期利率、经济增长和通货膨胀三个宏观经济指标的分析，进而将经济周期和货币周期相结合，可以把历史时间序列划分为紧缩、宽松、中性—衰退、中性—复苏、中性—过热、中性—滞胀六种状态。2005年1月到2020年11月，我们观察到国内经济经历了4次紧缩、4次宽松、5次中性—衰退、3次中性—复苏、6次中性—过热和10次中性—滞胀。

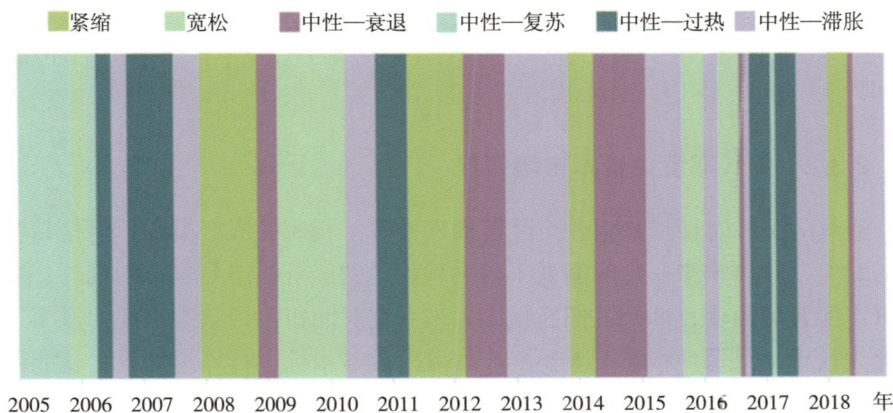

图 2.15　西筹宏观经济场景划分规则—周期划分

表 2.3 统计了每种状态出现的总时长以及各个状态下股票、债券、商品、现金的收益表现。在紧缩和宽松状态下，各类资产的收益表现基本符合预期；在中性—衰退、中性—过热、中性—滞胀状态下，资产轮动也基本符合美林时钟的假设；在中性—复苏期，大类资产的表现却与假设不符，可能的原因是在我们考查的时间范围内复苏的样本量比较小，国内经济在 2005 年经历过一次复苏之后，仅在 2017 年有过非常短暂的一次复苏。但是总体来看，西筹宏观经济场景划分规则对历史时间序列的状态划分在国内市场是有效的。

表 2.3　西筹宏观经济场景划分规则各个状态下资产的收益表现

状态名	总持续时间	年化收益			
		股票	债券	商品	现金
紧缩	25 个月	−20.16%	6.48%	−11.63%	3.97%
宽松	18 个月	40.91%	4.40%	35.72%	1.97%
中性—衰退	20 个月	4.09%	7.65%	−9.55%	4.01%

续表

状态名	总持续时间	年化收益			
		股票	债券	商品	现金
中性—复苏	12 个月	3.61%	8.43%	7.69%	2.37%
中性—过热	21 个月	16.90%	−1.66%	13.31%	2.79%
中性—滞胀	40 个月	−8.37%	3.58%	0.51%	3.33%

注：（1）股票、债券、商品、现金对应的市场指数分别为沪深 300、中债综合财富指数、南华商品指数和中证货基指数；（2）为了避免市场非理性因素的干扰，我们剔除了月度收益大于 10% 和小于 −10% 的月份。

2.3.2　中长期境内资本市场假设

经典的美林时钟理论在各个经济周期推荐了相应的资产类别，但是站在当前的时点，预测未来一定时间处于哪一种确定的经济状态是非常困难的。从战略资产配置的角度，如果我们能预测未来一定时间每一种状态出现的概率，并以此为权重，对每种状态下大类资产的风险收益指标进行算术加权，就能得到各大类资产的预期收益、波动性和资产之间的相关性。

相比于简单地根据历史数据计算得到的资产收益率和波动性，西筹宏观经济场景划分规则不依赖均值回归的假设，并且能够融入宏观研究对于经济周期和货币周期的判断观点。但是，西筹宏观经济场景划分规则的分析结果也不可避免地依赖我们对历史时间序列的划分以及对未来经济周期和货币周期状态的判断，而这两项任务又恰恰比较主观且困难重重。经验告诉我们，模型最终的结果强烈依赖某一个主观判断，是一件危险的事情。与此同时，虽然简单地根据历史数据计算战略资产配置所需的各类资产的风险收益指标并不合理，但是历史数据依然非常有价值，它告诉我们历史上每一类资产平均的回报和风险。因此，我们认为将历史数据与西筹宏观经济场景划分规则结合起来是一个更为合理的选择。我们以历史数据为基础，然后根据西筹宏观经济场景划分规则的结果对历史数据加以调整，这样既利用了历史数据中各类资产的历史平均回报和风险的信息，又融入了宏观研究对未来经济周期和货币周期状态的判断，同时避免了最终结果对于主观判断的过度敏感。因此，接下来我们将依据以上的方法论，给出国内 16 类资产未来 3~5 年的资本市场假设。我们将国内金融机构可投资的境内资产划分为权益、固定收益、不动产、另类投资、流动性资产等六大类，共十六小类，具体的资产分类和计算各类资产风险收益特征使用的市场指数如表 2.4 所示。

表 2.4　　　　　　中长期境内资本市场假设资产分类及对应市场指数

资产大类	资产类型	对应市场指数	指数代码
权益	主板	沪深 300	000300.SH
	中小板	中证 500	000905.SH
	创业板	创业板指	399006.SZ
	未上市股权	中证 500+ 流动性溢价	N/A
固定收益	中期国债	中债—3~5 年期国债指数	CBA 04601
	长期国债	中债—7~10 年期国债指数	CBA 06501
	金融债	中债—金融债券总指数	CBA 01201
	企业债 AAA	中债—企业债 AAA 指数	CBA 04201
	企业债 AA+	中债—企业债 AA+ 指数	CBA 04101
不动产其他另类	房地产	商品房销售单价	N/A
	非标债权	AA+ 企业债 + 流动性溢价	N/A
	黄金	沪金近月	AU 00.SHF
	商品	南华商品指数	NH 0100.NHF
流动性	货币基金	中证货币基金指数	H11025.CSI
	活期存款	活期存款利率	N/A
	回购利率	7 天国债回购利率	GC007

我们将在历史数据的基础上，结合西筹宏观经济场景划分规则，对国内各类资产进行资本市场假设。在选择合适的历史数据考查时段时，需要进行权衡。我们认为选择尽可能长的历史数据时间段有利有弊：有利的方面在于，从较长的历史数据时间序列中，我们可以更全面地考查资产类别的风险收益特征以及资产类别之间的相互关系；有弊的方面在于，如果考查的时间段过长，数据将包含与当前市场结构完全不同的时期的信息。针对国内市场的特点，我们选择自 2008 年金融危机之后的历史数据作为进一步分析的基础。表 2.5 统计了 14 种资产类别自 2008 年以来的收益率和波动性。

表2.5　14种资产类别自2008年以来的收益率和波动性

收益率

资产大类	资产类型	今年以来	三年以来	五年以来	十年以来	2009年	2010年	2011年	2012年	2013年	2014年	2015年	2016年	2017年	2018年	2019年
权益	主板	23.17%	7.37%	6.81%	4.68%	96.71%	-12.51%	-25.01%	7.53%	-7.65%	51.66%	5.58%	-11.25%	21.78%	-25.31%	36.07%
	中小板	21.97%	0.30%	-3.12%	2.15%	131.27%	10.07%	-33.83%	0.28%	16.89%	39.01%	43.12%	-17.73%	-0.20%	-33.32%	26.38%
	创业板	51.45%	14.12%	-0.31%	8.33%	N/A	13.77%	-35.88%	-2.14%	82.73%	12.83%	84.41%	-27.64%	-10.67%	-28.65%	43.79%
固定收益	中期国债	2.02%	4.37%	3.18%	3.69%	-0.98%	0.90%	5.68%	2.69%	-1.10%	7.94%	6.78%	2.02%	-0.05%	6.98%	3.99%
	长期国债	1.87%	5.00%	3.05%	4.05%	-3.31%	1.64%	7.06%	2.66%	-3.54%	11.43%	9.03%	1.85%	-2.94%	8.67%	4.40%
	金融债	2.77%	5.85%	3.80%	4.26%	0.02%	2.31%	4.77%	2.16%	-1.60%	11.86%	7.96%	0.49%	-0.69%	10.32%	4.74%
	AAA企业债	2.53%	5.37%	3.95%	5.07%	-0.52%	3.94%	5.00%	5.23%	0.49%	11.44%	10.59%	1.44%	0.75%	8.76%	4.92%
	AA+企业债	3.38%	5.87%	4.66%	5.76%	0.60%	4.59%	3.94%	7.92%	2.03%	11.25%	10.73%	2.23%	2.20%	8.17%	6.06%
不动产	房地产	7.36%	7.70%	7.67%	6.82%	23.19%	7.51%	6.45%	8.10%	7.71%	1.38%	7.42%	10.06%	5.57%	10.70%	6.56%
另类	黄金	7.89%	10.47%	11.31%	2.41%	27.69%	23.05%	7.41%	4.71%	-28.03%	2.06%	-7.71%	18.83%	3.76%	3.58%	24.16%
	商品	0.71%	2.99%	13.40%	0.49%	60.68%	12.04%	-16.96%	4.21%	-12.37%	-16.54%	-14.52%	51.17%	7.85%	-5.83%	15.58%
流动性	货币基金	2.08%	2.88%	3.01%	3.46%	1.42%	1.82%	3.55%	3.96%	3.95%	4.60%	3.62%	2.60%	3.84%	3.75%	2.66%
	回购利率	2.27%	2.89%	2.98%	3.13%	1.21%	1.95%	2.97%	3.11%	3.89%	3.93%	2.36%	2.47%	4.00%	3.40%	2.72%
	活期存款	0.35%	0.35%	0.35%	0.37%	0.36%	0.36%	0.47%	0.42%	0.35%	0.35%	0.35%	0.35%	0.35%	0.35%	0.35%

波动性

资产大类	资产类型	今年以来	三年以来	五年以来	十年以来	2009年	2010年	2011年	2012年	2013年	2014年	2015年	2016年	2017年	2018年	2019年
权益	主板	23.33%	21.32%	19.94%	22.83%	32.53%	25.04%	20.58%	20.36%	22.13%	19.18%	39.27%	22.14%	10.11%	21.34%	19.77%
	中小板	26.26%	24.31%	24.15%	26.48%	35.65%	28.58%	24.19%	24.42%	22.95%	19.56%	44.55%	30.18%	14.74%	24.06%	23.29%
	创业板	31.63%	28.24%	27.70%	30.93%	N/A	36.37%	27.34%	27.91%	31.52%	25.03%	50.46%	33.86%	16.49%	27.85%	26.00%
固定收益	中期国债	2.14%	1.51%	1.42%	1.49%	1.75%	1.58%	1.64%	1.43%	1.84%	1.47%	1.23%	1.27%	1.25%	1.24%	1.04%
	长期国债	3.21%	2.42%	2.40%	2.53%	2.93%	3.18%	2.57%	1.60%	2.64%	3.13%	2.90%	2.28%	2.33%	2.11%	1.91%
	金融债	2.28%	1.74%	1.70%	1.66%	1.20%	1.16%	1.35%	0.93%	1.48%	2.31%	1.62%	1.79%	1.37%	1.72%	1.12%
	AAA企业债	1.25%	0.99%	1.20%	1.50%	1.89%	1.62%	2.07%	1.37%	1.40%	2.05%	1.60%	1.69%	1.08%	1.02%	0.65%
	AA+企业债	0.94%	0.76%	0.96%	1.21%	1.96%	1.45%	1.63%	1.01%	1.28%	1.80%	1.16%	1.40%	0.89%	0.77%	0.51%
不动产	房地产	0.26%	1.05%	1.60%	1.80%	N/A	N/A	N/A	0.77%	0.70%	0.77%	1.76%	0.81%	1.48%	0.76%	1.28%
另类	黄金	19.92%	15.41%	15.54%	17.71%	26.43%	25.46%	25.53%	16.02%	19.98%	14.87%	17.79%	18.84%	11.71%	9.11%	16.20%
	商品	16.05%	12.53%	14.90%	13.58%	19.30%	16.69%	15.81%	10.50%	10.19%	9.42%	13.35%	18.76%	16.93%	11.33%	9.34%
流动性	货币基金	0.12%	0.15%	0.15%	0.18%	0.06%	0.08%	0.17%	0.20%	0.21%	0.06%	0.16%	0.13%	0.18%	0.18%	0.13%
	回购利率	0.14%	0.63%	0.67%	0.65%	0.40%	0.19%	0.35%	0.07%	0.28%	0.06%	0.49%	0.17%	0.45%	0.21%	0.22%
	活期存款	0.01%	0.01%	0.01%	0.01%	0.01%	0.01%	0.01%	0.01%	0.01%	0.01%	0.01%	0.01%	0.01%	0.01%	0.01%

注：未上市股权和非标债权没有相应的历史数据。

2020 年，受新冠肺炎疫情冲击，货币周期经历了短暂的宽松后快速收紧，我们预计 2021 年货币周期将运行在中性偏紧缩的区域内。未来 3~5 年，我们认为市场处于货币宽松的概率是 10%，处于货币紧缩的概率是 15%。在经济增长方面，经历 2020 年的"深 V"后，我们预计 2021 年上半年仍将维持较强的修复动力，下半年增速或逐步放缓重回正轨，但整体将延续当前的复苏趋势。受新冠肺炎疫情影响，2020 年以来 CPI 出现加速下行趋势。短期内，由于全球疫情演进仍存在不确定性，叠加基数效应、春节错位等因素，CPI 或将呈现较大波动，但中长期来看，国内经济运行总体平稳，总供求相对平衡，货币政策保持稳健，我们认为并不存在持续通胀或通缩的基础。综上所述，我们认为未来 3~5 年，西筹宏观经济场景划分规则定义的 6 种市场状态出现的概率如表 2.6 所示。我们将在历史数据的基础上，基于西筹宏观经济场景划分规则的假设，对 2021—2023 年国内各类资产进行资本市场假设。

表 2.6　　　　西筹宏观经济场景划分规则下 6 种市场状态的概率

状态名	概率
紧缩	15%
宽松	10%
中性—衰退	15%
中性—复苏	25%
中性—过热	20%
中性—滞胀	15%

固定收益类资产

固定收益类资产的收益是资本市场假设的基础。经历 2020 年初债券小牛市及快速回调后，当前市场交易心态较为谨慎。政策上，5 月央行开始通过新政策工具实现精准投放，主基调从"宽货币"逐步转向"宽信用"，预计 2021 年仍将维持"稳货币、宽信用、宽财政"的局面。基本面上，随着企业陆续复工复产，金融企业让利及减税降费政策也将逐步兑现，企业经营和财务状况有望边际改善。综合来看，债市难有趋势性机会，预计将保持窄幅震荡。结合西筹宏观经济场景划分规则的观点，相比于 2020 年长期资本市场假设，我们将未来 3~5 年中期国债的预期收益率调低至 3.00%，长期国债的预期收益率至 3.25%，金融债的预期收益率至 3.50%，企业债 AAA 的预期收益率至 4.25%，企业债 AA+ 的预期收益率至 4.75%；维持未来 3~5 年中期国债的预期波动为 2.25%，长期国债的预期波动为 3.00%，金融债的预期波动为 2.50%，企业债 AAA 的预期波动为 2.50%，企业债 AA+ 的预期波动为 2.75%。同时，基于非标债权相比于 AAA 企业债 90 个基点的流动性溢价和相同夏普比的假设，我们维持非标债权的预期收益率为 5.65%，预期波动为 3.00%。

表 2.7 固定收益类资产西筹观点

资产大类	资产类型	历史收益	历史波动	2020 年收益假设	2020 年波动假设	2021 年收益假设	2021 年波动假设
固定收益	中期国债	3.69%	1.49%	3.25%	2.25%	3.00%	2.25%
	长期国债	4.05%	2.53%	3.50%	3.00%	3.25%	3.00%
	金融债	4.26%	1.66%	3.75%	2.50%	3.50%	2.50%
	企业债 AAA	5.07%	1.50%	4.75%	2.50%	4.25%	2.50%
	企业债 AA+	5.76%	1.21%	5.25%	2.75%	4.75%	2.75%
	非标债权	N/A	N/A	5.65%	3.00%	5.65%	3.00%

注：收益假设和波动假设四舍五入至最近的 25 个基点。

权益类资产

权益资产方面，2021 年 A 股市场慢牛可期。在国内企业有序复工复产、估值水平相对全球股指处于低位、资本市场改革政策密集出台、增量资金活跃的背景下，2021 年 A 股市场的表现仍然值得期待。预计上证综指运行中枢会保持在 3300~3800 点，在不发生更剧烈的外部冲击的情况下，3300 点应该是比较有力的底部，乐观情形下，可能会突破 3800 点。结合西筹宏观经济场景划分规则的观点，我们进一步调高未来 3~5 年主板市场的预期收益率至

7.25%，中小板市场的预期收益率至 7.75%，创业板的预期收益率至 8.50%；维持主板的预期波动为 24.00%，中小板的预期波动为 27.00%，创业板的预期波动为 30.00%。基于未上市股权相比于中小板 90 个基点的流动性溢价和相同夏普比的假设，我们假设未上市股权的预期收益率为 8.65%，预期波动为 30.25%。

表 2.8　　　　　　　　　　权益类资产西筹观点

资产大类	资产类型	历史收益	历史波动	2020 年收益假设	2020 年波动假设	2021 年收益假设	2021 年波动假设
权益类	主板	4.68%	22.83%	7.00%	24.00%	7.25%	24.00%
	中小板	2.15%	26.48%	7.50%	27.00%	7.75%	27.00%
	创业板	8.33%	30.93%	6.00%	30.00%	8.50%	30.00%
	未上市股权	N/A	N/A	8.40%	30.25%	8.65%	30.25%

流动性资产

从过去 10 年的历史数据看，流动性资产的收益和风险都相对比较稳定。出于对债券市场的谨慎态度，并结合西筹宏观经济场景划分规则的观点，我们分别调低未来 3~5 年货币基金和回购利率的预期收益率至 2.75% 和 2.50%，维持活期存款的预期收益率为 0.35%；维持货币基金和回购利率的预期波动性为 0.20% 和 0.10%，维持活期存款的预期波动性为 0.01%。

表 2.9　　　　　　　　　　流动性资产西筹观点

资产大类	资产类型	历史收益	历史波动	2020 年收益假设	2020 年波动假设	2021 年收益假设	2021 年波动假设
流动性	货币基金	3.46%	0.17%	3.00%	0.20%	2.75%	0.20%
	回购利率	3.13%	0.09%	2.75%	0.10%	2.50%	0.10%
	活期存款	0.37%	0.01%	0.35%	0.01%	0.35%	0.01%

不动产及另类投资

房地产同时含有债券和股票的特征。租赁人按照合同定期支付的租金类似于债券的固定收益，而房地产的残留价值则类似于股票。在国内，最近 10 年房地产表现出收益类似股票、波动类似债券的特征。在"房住不炒"的指导方针下，我们认为房地产的风险收益特征相比于上年同期，将进一步向固定收益靠拢。由于除中国外的全球主要经济体宽松的货币政策导致趋势性通货膨胀的隐忧，叠加美元指数的下行趋势，黄金仍具配置价值。结合西筹宏观经济场景划分规则的观点，我们调低未来 3~5 年房地产的预期收益率至 5.50%，维持黄金预期收益率至 5.25%，维持商品预期收益率为 4.75%。

表 2.10 　　　　　　　　　　不动产及另类投资西筹观点

资产大类	资产类型	历史收益	历史波动	2020 年收益假设	2020 年波动假设	2021 年收益假设	2021 年波动假设
不动产另类	房地产	6.82%	1.80%	6.00%	2.25%	5.50%	2.25%
	黄金	2.41%	17.71%	5.25%	19.00%	5.25%	19.00%
	商品	0.49%	13.58%	4.75%	16.00%	4.75%	16.00%

相关系数矩阵假设

在长期资本市场假设中，相关系数矩阵是比较难确定的一组变量，相比于收益率和波动性，它缺乏直观性。但幸运的是，在应用资产配置量化模型时，相关系数矩阵假设不如收益率假设和波动性假设重要。与此同时，我们也观察到在我们设定的不同的西筹宏观经济场景划分规则市场状态下，资产间的相关性也有显著区别。这提示我们可以使用与收益假设和波动假设同样的方法论预测资产之间的相关系数矩阵。因此，与预测资产收益率和波动性一样，我们使用历史数据结合西筹宏观经济场景划分规则的方法，对资产的相关系数矩阵进行了假设，具体的相关系数矩阵假设详见表 2.11。

表 2.11

2021—2023 年西筹中长期内资本市场假设

资产大类	资产类型	收益(%)	波动(%)	主板	中小板	创业板	未上市股权	中期国债	长期国债	金融债	企业债AAA	企业债AA+	非标债权	黄金	商品	货币基金	活期存款	回购利率	房地产
权益	主板	7.25	24.00	1.00	—	—	—	—	—	—	—	—	—	—	—	—	—	—	—
	中小板	7.75	27.00	0.86	1.00	—	—	—	—	—	—	—	—	—	—	—	—	—	—
	创业板	8.50	30.00	0.68	0.88	1.00	—	—	—	—	—	—	—	—	—	—	—	—	—
	未上市股权	8.65	30.25	0.86	0.99	0.88	1.00	—	—	—	—	—	—	—	—	—	—	—	—
固收	中期国债	3.00	2.25	-0.01	-0.01	0.02	-0.01	1.00	—	—	—	—	—	—	—	—	—	—	—
	长期国债	3.25	3.00	-0.04	-0.03	-0.02	-0.03	0.74	1.00	—	—	—	—	—	—	—	—	—	—
	金融债	3.50	2.50	0.01	0.02	0.02	0.02	0.73	0.78	1.00	—	—	—	—	—	—	—	—	—
	企业债 AAA	4.25	2.50	0.01	0.01	0.01	0.01	0.61	0.60	0.75	1.00	—	—	—	—	—	—	—	—
	企业债 AA+	4.75	2.75	0.02	0.02	0.02	0.02	0.57	0.54	0.68	0.91	1.00	—	—	—	—	—	—	—
	非标债权	5.65	3.00	0.01	0.01	0.01	0.01	0.61	0.60	0.75	0.91	0.91	1.00	—	—	—	—	—	—
另类	黄金	5.25	19.00	0.01	0.01	0.01	-0.03	-0.03	-0.01	0.02	0.01	0.02	0.01	1.00	—	—	—	—	—
	商品	4.75	16.00	0.38	0.32	0.19	0.32	-0.08	-0.07	-0.05	-0.04	-0.03	-0.04	0.11	1.00	—	—	—	—
流动性	货币基金	2.75	0.20	0.01	0.03	0.04	0.03	0.09	0.02	0.07	0.15	0.12	0.12	0.02	-0.01	1.00	—	—	—
	活期存款	0.35	0.01	-0.03	-0.03	-0.02	-0.03	0.04	0.03	0.02	0.02	0.02	0.02	0.01	-0.03	0.04	1.00	—	—
	回购利率	2.50	0.10	-0.02	-0.03	-0.01	-0.03	0.01	-0.01	-0.02	-0.05	-0.04	-0.05	-0.03	-0.04	0.26	-0.01	1.00	—
不动产	房地产	5.50	2.25	0.24	0.16	0.11	0.16	-0.02	-0.05	-0.05	0.02	0.09	0.09	-0.10	0.25	-0.25	-0.14	-0.38	1.00

2.4　总结

本章介绍了三个资产风险收益研究的分析框架：历史数据法、美林时钟法和 Regime-based 分析框架。我们认为历史数据法在预测股票市场预期收益率时并不可靠，但是在预测股票市场预期波动性时则差强人意；从国外发达市场经验看，历史数据法在预测债券市场预期收益率和波动性时效果较好，但是在国内债券市场的表现则有待进一步检验。美林时钟法在国内市场基本上是有效的，但是其预测资产未来风险收益的效果取决于宏观研究对于未来状态的预测。Regime-based 分析框架则是一种开放式的研究思路，其对于资产未来风险收益预测的好坏取决于状态划分的好坏以及对于未来状态的预测。

2.5　参考文献

戴维·达斯特.资产配置的艺术：所有市场的原则和投资策略 [M].段娟，史文韬，译.北京：中国人民大学出版社，2014.

尤拉姆·拉斯汀.资产配置投资实践 [M].孙静，郑志勇，李韵，译.北京：电子工业出版社，2016.

第 3 章　资产配置模型

在科学、合理地预测出各类资产的收益、风险和资产间的相关性后，我们可以运用多种量化模型得出最终的资产配置比例。常用的量化模型包括马科维茨的均值方差模型、Black–Litterman 模型以及风险平价模型。马科维茨均值方差模型用收益率的标准差衡量风险，并通过给定预期收益率、最小化风险的方式构建投资组合的有效边界；Black–Litterman 模型在均值方差模型的基础上，允许用户加入个人的主观观点；风险平价模型则侧重于对各类资产总体风险的配置。本章将具体介绍三个模型的配置思想、输入的参数、输出的结果、优缺点和实现的算法。表 3.1 对三个模型的内容作了简单的总结和对比。

表 3.1　　　　　　　　　资产配置模型对比

资产配置模型	配置思路	所需参数	优点	缺点	适用条件
均值方差	给定预期收益，最小化预期风险；各资产边际风险贡献相等。	预期收益、方差、协方差。	计算简单，最大化风险调整后收益。	输出结果对于输入参数高度敏感，不稳健，集中配置于高收益资产。	预期收益预测把握较高的情况；资产配置分析的起点。
Black–Litterman	给定预期收益，最小化预期风险，加入主观观点。	预期收益、方差、协方差、市场组合权重、主观观点。	对预期收益率敏感度低，输出结果稳健，允许嵌入主观观点。	市场组合权重难以确定，主观观点难以确定，模型输入参数过多。	各资产总市值占比容易获得的情况；主观观点清晰可靠；资产配置分析的参考。
风险平价	各类资产风险总贡献相同。	预期方差、协方差。	输出结果稳健，分散配置到各个资产。	资产配置组合较保守，计算复杂。	市场多变、资产轮动无序且频繁的情况。

3.1 均值方差模型

马科维茨（1952）首次提出了现代投资组合理论（Modern Portfolio Theory, MPT），他用数学语言衡量了投资组合的预期收益和预期风险，并通过组合优化确定最佳风险收益下的资产配置比例，这个组合优化的过程就是均值方差模型。

在均值方差模型中，投资组合的预期收益等于组合中各类资产预期收益的加权平均值，即预期收益 $E(R_p)$ 表示为

$$E(R_p) = \sum_{i=1}^{N} E(R_i) w_i$$

其中，w_i 为资产 i 的权重，$E(R_i)$ 为资产 i 的预期收益，N 为组合中资产的数量。

投资组合的预期风险为预期收益的标准差，即预期风险 σ_P 表示为

$$\sigma_P = \sum_{i=1}^{N} \sum_{j=1}^{N} w_i w_j \sigma_{ij}$$

其中，σ_{ij} 为资产 i 和资产 j 的协方差，σ_i^2 为资产 t 的方差，σ_i 为资产 i 的标准差。

均值方差模型解决两个问题：一是给定预期收益，最小化预期风险；二是给定预期风险，最大化预期收益。这两个问题的答案是一一对应的，以第一个为例，用数学语言可描述为

$$\min \sum_{i=1}^{N} \sum_{j=1}^{N} w_i w_j \sigma_{ij}$$

$$s.t. \begin{cases} \sum_{i=1}^{N} E(R_i) w_i = E(R_p) \\ \sum_{i=1}^{N} w_i = 1, \ w_i > 0 \end{cases}$$

资产数量有限的均值方差模型可以简单地通过 Excel Solver 求解。在不允许卖空（$w_i>0$）的限制条件下，均值方差模型很可能没有解析解，此时可以使用二次优化算法（如 Matlab 中 quadprog 函数，Python 中 minimize 函数）求得模型数值解。均值方差模型的输出结果是一系列（预期收益、预期风险）组合以及对应的资产配置比例，它们共同组成一条有效前沿曲线，见图 3.1。

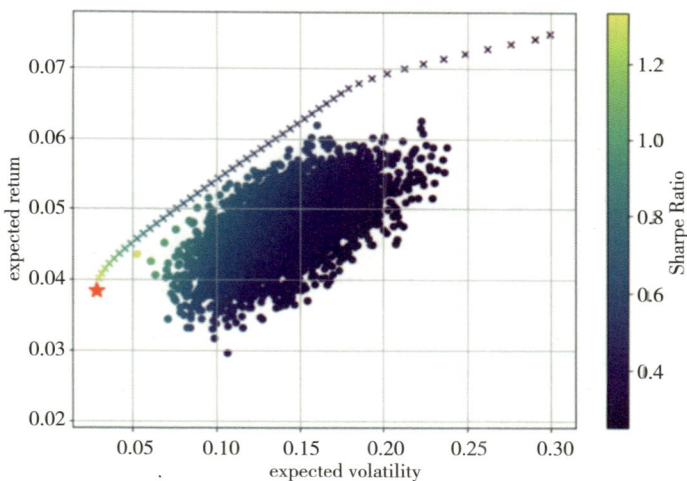

图 3.1　求解得到的有效前沿曲线

　　均值方差模型的优点在于求解过程相对比较简单，但缺陷也同样明显。其中最大的问题在于模型对于输入参数特别是预期收益率的敏感程度非常高，输入的预期收益率的微小变化就有可能导致输出配置比例的巨大变化。而对于预期收益率的估计恰好是长期资本市场假设中面临的最大挑战：以历史数据法为例，我们对于预期风险的估计相对有把握，对资产间相关性的估计把握略低，而对于预期收益率的估计则完全没有把握。为了尽可能保证均值方差模型输出结果的稳健性，Michaud（2008）试图通过再抽样方法（Resample），利用原始资产收益率样本数据模拟生成多组符合多元正态分布的新样本，进而使用多组数据计算资产组合的有效边界。Michaud 的方法确实可以提高模型的稳定性，但本质上并没有解决估计误差的问题，只是对有效边界进行了平滑处理。除此之外，均值方差模型得出的资产配置结果往往集中于几类预期收益率较高的资产——本质上同样是模型对于预期收益率参数过度敏感的"副产品"，这样的输出结果显然与现代投资组合理论分散投资的初衷是相悖的。

　　尽管均值方差模型存在种种局限性和不实用性，但作为现代投资组合理论发展过程中重要的经典理论，它依然是决定资产配置的有效方式，通常也是进一步分析资产配置的起点。

3.2　Black–Litterman 模型

均值方差模型最重要的输入参数是资产的预期收益率，并且模型对于预期收益率的变化敏感程度非常高。预期收益率的估计来源于历史收益率时间序列，但历史并不代表未来，只用历史收益率作为资产的未来收益率的估计，并以此来配置资产，很容易出现偏差，导致极端的配置权重。高盛的 Fischer Black 和 Robert Litterman 于 1990 年在传统的均值方差模型基础上，基于贝叶斯（Bayesian）理论提出了 Black–Litterman 模型。与均值方差模型相比，Black–Litterman 模型最重要的区别是在投资组合配置的过程中不但对历史收益率进行了总结，同时将投资者主观的观点和经验融入了模型。图 3.2 为 Black–Litterman 模型的计算过程图。

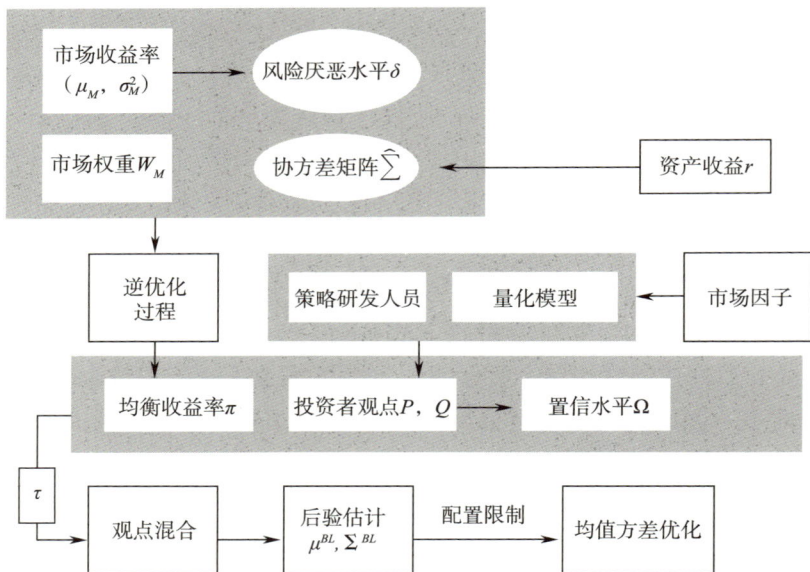

图 3.2　Black–Litterman 模型计算过程

Black–Litterman 模型的计算过程如下：

（1）计算市场均衡收益率。Black–Litterman 模型对于收益的先验估计从计算市场均衡收益率开始，市场均衡收益率需要通过逆优化的方法计算得到。关于市场均衡收益率 Ⅱ 的具体推导过程，此处不作过多论述，实践中通常将均衡模型简化为资本资产定价模型（Capital Asset Pricing Model, CAPM），市场组合即为 CAPM 市场投资组合。

$$\Pi = \delta \hat{\sum} w_M$$

其中，δ 为风险厌恶水平，通过市场组合收益率 μ_M 和市场组合方差 σ_M^2 计算得到，$\delta = \dfrac{\mu_M - r_f}{\sigma_M^2}$，实践中往往指定 δ 的值；r_f 为无风险收益率；$\hat{\sum}$ 为资产的协方差矩阵，由各资产的历史收益率时间序列 r 得到；W_M 为市场权重，为各资产的市值占市场组合总市值的比例。最终计算得到 Π 是一个 $N \times 1$ 的矩阵。

（2）输入投资者主观观点。投资者主观观点包括三个部分：P、Q 以及观点的置信水平 Ω。

其中，P 是一个 $k \times N$ 的投影矩阵，记录投资者对 N 个资产类别预期收益率的 k 个观点；Q 是一个 $k \times 1$ 的观点矩阵，记录 k 个观点的收益率数值。举个例子，如果投资者对三种资产有两个观点，第一个观点认为资产 1 的预期收益率为 5%（绝对观点），第二个观点认为资产 1 的预期收益率比资产 3 的预期收益率高 3%（相对观点），则这两个观点可以表示为

$$1 \times \mu_1 + 0 \times \mu_2 + 0 \times \mu_3 = 5\%$$

$$1 \times \mu_1 + 0 \times \mu_2 - 1 \times \mu_3 = 3\%$$

其中，μ_i 为资产 i 的预期收益率。用矩阵表示，则为

$$P\mu = Q$$

$$P = \begin{pmatrix} 1 & 0 & 0 \\ 1 & 0 & -1 \end{pmatrix}, Q = \begin{pmatrix} 0.05 \\ 0.03 \end{pmatrix}, \mu = \begin{pmatrix} \mu_1 \\ \mu_2 \\ \mu_3 \end{pmatrix}$$

而置信水平 Ω 是一个 $k \times k$ 的矩阵，其对角线元素表示投资者对其观点的确信度，其余元素为 0。Ω 的计算公式如下：

$$\Omega = \tau \left(P \hat{\sum} P' \right)$$

其中，标量 τ 是一个刻度因子，称为不确定性刻度，衡量投资者对主观观点相对于市场均衡收益率的信心水平，计算公式为 $\tau = \dfrac{1}{n-1}$，其中 n 为资产收益率 r 的时间序列观察值数量（根据中心极限定理，当观测值的数量趋近于无穷大时，得出的均衡收益率将越趋近于真值，不确定性也就越小）。

（3）计算后验估计。混合先验估计和主观观点，得到后验估计。Black–Litterman 模型假设资产的预期收益率是一个服从正态分布的随机变量，即

$$\mu \sim N\left(\pi, \sum{}_{\mu}\right)$$

其中，π 是我们在第一步中计算得到的市场均衡收益率，作为先验估计的预期收益率的均值；$\sum{}_{\mu}=\tau\sum$ 作为先验估计的预期收益率的方差。结合主观观点后，使用贝叶斯方法，得到后验的预期收益率均值及方差的估计分别为

$$\mu^{BL}=[(\tau\sum)^{-1}+P'\Omega^{-1}P]^{-1}[(\tau\sum)^{-1}\Pi+P'\Omega^{-1}Q]$$

$$\sum{}^{BL}=\sum+[(\tau\sum)^{-1}+P'\Omega^{-1}P]^{-1}$$

（4）求解有效前沿。以 μ^{BL} 作为资产预期收益率的估计，$\sum{}^{BL}$ 作为资产协方差的估计，输入均值方差模型，最终得到资产组合的有效前沿曲线及对应的资产配置比例。

Black-Litterman 模型提供了一个确定的资产预期收益率的框架，它以市场投资组合的实际占比为切入点，通过逆优化的方式计算得到各资产的预期收益。相比于均值方差模型，Black-Litterman 模型推导得出的预期收益率是稳健一致的。此外，模型还允许投资者加入个人主观观点，且主观观点无须对组合内所有资产都拥有观点，可以仅对一个或几个资产作出绝对或相对的判断，并涵盖了投资者主观观点的信心水平，实现投资者主观观点与市场潜在均衡收益的先验估计有机结合。

Black-Litterman 模型的主要缺陷在于其对市场组合的假设。它假设市场组合是一种涵盖了市场所有资产的组合，而且所有投资者可以自由投资于任何一种资产，显然这是不现实的。在实际操作中，也很难构建一个包含所有资产的市场投资组合，尤其是在国内市场，甚至很难构建一个包含投资范围内少数几种资产的投资组合并计算各资产的实际占比。因此，在实际操作中，往往使用等权重（或者由其他资产配置模型得出的配置权重）作为各资产市场权重的估计输入模型。这极大地限制了 Black-Litterman 模型的应用，很多时候，Black-Litterman 模型输出的资产配置比例仅作为资产配置分析的一个参考。

3.3 风险平价模型

均值方差模型和 Black-Litterman 模型都依赖预期收益率的输入，而预期收益率往往难以估计。相比之下，估计预期风险的可靠性要强很多。此外，均值方差模型和 Black-Litterman 模型的基本逻辑是在给定预期收益率的情况下最

小化风险，这个逻辑的不足之处在于其只考虑了组合的整体风险，而没有关注风险的构成，忽略了不同资产类别对组合风险贡献的差异。

基于此，磐安公司首席投资官钱恩平（Edward Qian）在 2005 年正式提出了著名的风险平价（Risk Parity）模型。其核心理念在于，通过平衡分配不同资产类别在组合风险中的贡献度，实现投资组合的风险结构化。通过风险平价配置，投资组合不会暴露在单一资产类别的风险敞口中，从而可以在风险平衡的基础上实现理想的投资收益。

风险平价模型的具体算法如下：

一个投资组合的组合风险 σ_p（以资产收益率的标准差度量）可表示为

$$\sigma_p = \sum_{i=1}^{N} \sum_{j=1}^{N} w_i w_j \sigma_{ij}$$

其中，N 为组合中资产类别的数量，w_i 为资产 i 的权重，σ_{ij} 为资产 i 和资产 j 的协方差，σ_i^2 为资产 i 的方差，σ_i 为资产 i 的标准差。定义单个资产一单位权重变化对组合风险的影响为该资产对组合的边际风险贡献 MRC（Marginal risk contribuions），那么资产 i 的边际风险贡献 MRC_i 可以表示为

$$MRC_i = \frac{\partial \sigma_p}{\partial w_i} = \frac{\sum_{i=1}^{N} w_i \sigma_{ij}}{\sigma_p} = \frac{cov(r_i, r_p)}{\sigma_p} = \frac{\sigma_{ip}}{\sigma_p}$$

定义单个资产对组合的总风险贡献 TRC（Total risk contributions）为该资产权重与边际风险贡献的乘积，即

$$TRC_i = w_i \times MRC_i = \frac{w_i \sigma_{ip}}{\sigma_p}$$

那么投资组合风险可以分解为各个资产总风险贡献的加总，即

$$\sigma_p^2 = \sum_{i=1}^{N} TRC_i$$

风险平价模型的原则在于单个资产对于组合的总风险贡献程度相同，也就是所有单个资产的 TRC 相等，即对于任意的 i 和 j，有

$$TRC_i = TRC_j$$

转化成最优化问题进行求解可以表示为

$$argmin \sum_{i=1}^{N} \sum_{j=1}^{N} (TRC_i - TRC_j)^2$$

$$s.t. \sum_{i=1}^{N} w_i = 1, 0 \leq w_i \leq 1$$

一般情况下，该优化问题可以通过非线性规划得到数值解。

在风险平价模型的实际应用方面，桥水基金1996年开发的全天候策略（All Weather Strategy）的核心思想即为风险平价。虽然2015年以来全天候策略表现欠佳，但它也是少数的在2008年金融危机期间表现优异的策略之一。有部分实证研究证明，其在市场多变、资产轮动无序且频繁的情况下，比均值方差模型更能提供稳定的组合收益。

风险平价模型的缺点在于得出的资产配置组合有时会过度集中于波动性较低的资产，从而降低了组合的整体收益。图3.3为使用风险平价模型配置沪深300、债券和商品三类资产的输出结果（选取的历史数据时间段与风险收益分析框架与均值方差模型相同），与使用均值方差模型的输出结果相比，风险平价模型的资产配置明显更侧重于波动性低的资产——债券，中债综合财富（总值）指数达到90.3%。此外，风险平价模型的求解过程也远比均值方差模型更为复杂，在少数情况下甚至很难得出最优解。在本章的附录中，我们介绍了两种风险平价模型的优化算法。

波动性　　　　4.05%

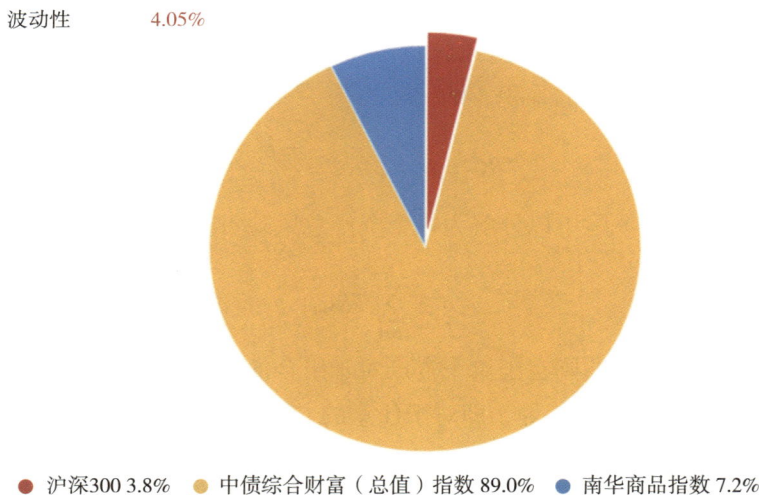

● 沪深300 3.8%　　● 中债综合财富（总值）指数 89.0%　　● 南华商品指数 7.2%

图 3.3　风险平价模型资产配置比例结果

3.4　附录：风险平价模型优化算法

风险平价模型的最优化过程是一个求解线性约束下的二次最小化问题，算法比较复杂。Chaves、Hsu、Li 和 Shakernia（2012）提供了两种迭代算法，通过变换后的线性优化，可以更快地收敛到最优解。

风险平价模型的思想是使得所有单个资产的 TRC 相等，即

$$TRC_i = TRC_j = \lambda$$

这个条件可以用矩阵表示为

$$\sum \cdot w = \lambda \cdot \frac{1}{w}$$

其中，$\sum$ 是资产收益率的协方差矩阵，w 是资产权重向量，令 w_i 是权重向量的第 i 个分量，$1/w$ 代表向量 $[1/w_1, 1/w_2, \cdots, 1/w_N]'$，$\lambda$ 是一个未知的常数。两边同时除以资产组合的方差，整理后可得 $w_i = \frac{\lambda}{\beta_i}$，由于 $\sum_{i=1}^{N} w_i = 1$，则有

$$w_i = \frac{1/\beta_i}{\sum_{j=1}^{N} 1/\beta_i}$$

其中，β_i 是 w_i 的函数，同时 w_i 也是 β_i 的函数。

3.4.1　幂法（Power Method）

幂法的思想是给权重向量 w 赋初值，并计算与之相应的 β，然后通过 β 重新计算，更新权重向量 w，如此循环，直到权重向量收敛。具体算法如下：

（1）由初始权重向量 $w^{(0)}$（等权重向量，或者风险平价模型的近似解，$1/\sigma$）开始迭代，设定停止阈值 ε；

（2）根据现有的投资组合权重向量 $w^{(n)}$，计算所有单个资产的 $\beta_i^{(n)}$；

（3）如果以下条件满足，则停止迭代，输出权重向量 $w^{(n)}$。

$$\sqrt{\frac{1}{N-1} \sum_{i=1}^{N} \left(w_i^{(n)} \cdot \beta_i^{(n)} - \frac{1}{N} \right)^2} < \varepsilon$$

如果条件不满足，则更新权重如下，并返回步骤（2）：

$$w_i^{(n+1)} = \frac{1/\beta_i^{(n)}}{\sum_{j=1}^{N} 1/\beta_i^{(n)}}$$

需要注意的是，当一个资产与其他所有的资产不相关，或者一组资产与另

一组资产不相关时，"幂法"会在两个不同的解当中循环，并且不会收敛。

3.4.2　牛顿算法（Newton's Method）

牛顿算法是求解具有非线性等式系统的：将系统写成一般形式 $F(y)=0$，然后对以上等式求解。我们使用泰勒展开式对系统在点 c 附近进行线性估计：

$$F(y) \approx F(c) + J(c)(y - c)$$

$J(c)$ 代表 $F(y)$ 在点 c 的 Jacobian 矩阵。令 $F(y)=0$，求解 y：

$$y = c - \left[J(c) \right]^{-1} \cdot F(c)$$

以上求解只是一个估计，但是对上式进行迭代，结果会逼近最优解：给定一个近似解 $y^{(n)}$，我们可以计算

$$y^{(n+1)} = y^{(n)} - \left[J(y^{(n)}) \right]^{-1} \cdot F(y^{(n)})$$

直到 y 收敛。

下面我们把风险平价模型写成非线性等式系统的形式，该系统含有 $N+1$ 个等式和 $N+1$（w 和 λ）个变量：

$$F(y) = F(\omega, \lambda) = \begin{bmatrix} \sum \cdot w - \lambda \cdot \dfrac{1}{w} \\ \sum_{i=1}^{N} w_i - 1 \end{bmatrix} = 0$$

Jacobian 矩阵为

$$J(y) = J(w, \lambda) = \begin{bmatrix} \sum + \lambda \cdot \operatorname{diag}\left(\dfrac{1}{w^2}\right) - \dfrac{1}{w} \\ I \qquad 0 \end{bmatrix}$$

其中，I 为 $1 \times N$ 的向量，向量的每个元素为 1，$\operatorname{diag}(1/w^2)$ 代表对角线元素为 $1/w^2$ 的对角矩阵。

迭代的具体算法如下：

（1）对权重向量 $w^{(0)}$ 赋初值（等权重或传统风险平价近似解，$1/\sigma$），对 $\lambda^{(0)}$ 赋初值（任何在 0 和 1 之间的值），并且定义停止迭代阈值 ε，令 $y^{(0)} = [w'^{(0)}, \lambda^{(0)}]'$；

（2）计算 $F(y^{(n)})$，$J(y^{(n)})$ 和 $y^{(n+1)}$；

（3）如果满足条件

$$\left\| y^{(n+1)} - y^{(n)} \right\| < \varepsilon$$

停止迭代，输出权重矩阵 w；如果不满足条件，则返回步骤（2）。

3.5　参考文献

Black，F.，& Litterman，R.. Global portfolio optimization. *Financial analysts journal*，1992，48（5）：28-43.

Chaves，D.，Hsu，J.，Li，F.，& Shakernia，O.. Efficient algorithms for computing risk parity portfolio weights. *The Journal of Investing*，2012，21（3）：150-163.

Markowitz，H.. Portfolio selection. *The journal of finance*，1952，7（1）：77-91.

Michaud，R. O.. *Efficient asset management：a practical guide to stock portfolio optimization and asset allocation*. Oxford University Press，2008.

【阅读材料】先锋基金的目标日期基金方法论

译者注：先锋基金是世界上最大的不收费基金家族，是目标日期基金投资最专业的机构之一。本译文为"Vanguard's approach to target-date funds"节选，旨在为国内机构开展目标日期养老金的构建提供借鉴。

目标日期基金（TDF）是为了帮助长期投资者实现他们的投资目标以及构建专业的资产多样化投资组合而设计的。先锋基金目标日期投资基金提供了高度透明化、低投资成本，并且广泛暴露于各类主要资产类型的投资组合。

在过去十年中，目标日期基金在雇主赞助和个人退休计划中的使用急剧扩张，原因很充分：TDF可以帮助投资者创造多样化的投资组合——这对实现退休准备至关重要，并同时在长期中简化投资过程。TDF还可以提供一个灵活的系统设置的投资选择，计划赞助商可以根据计划使用的策略来提高参与者组合的多样性、注册率和储蓄率。

TDF旨在解决许多退休投资者面临的一个特殊挑战：构建一个专业多元化的投资组合。正如学术研究和先锋研究表明的那样，许多投资者在投资或退休计划方面缺乏时间和兴趣。即使是一个积极管理资产的退休储蓄者，也可能会在投资组合上出错，或者无法有效地管理投资组合。TDF通过简化投资者的资产配置决策来解决这些挑战。在投资者决定使用TDF之后，投资组合结构和生命周期再平衡的决定将委托给基金的投资组合经理。

从根本上讲，TDF的设计构建基于两大战略性原则：第一是承受市场风险可以带来显著的潜在收益，即从长期来看股票具有显著的风险溢价；第二是年轻的投资者能够更好地承受风险。

1. 下滑路径构建方法

投资组合的资产配置——投资组合投资于多种资产类别（如股票、债券和现金等）的百分比，是一定时期内多元化投资组合的回报差异和长期业绩最重要的决定因素（Davis，Kinniry和Sheay，2007；Brinson，Hood Beebower，1986）。因此，先锋基金的TDF组合下滑路径，如图3.4所示，代表的是对多元化的资产类别进行的战略性资产配置，而不是战术资产配置。资产配置下滑路径是为那些保持着合理的储蓄率的典型投资人实现其退休投资目标而设计的，只要他们认同先锋基金在投资生命周期每个阶段为他们设置的风险水平。

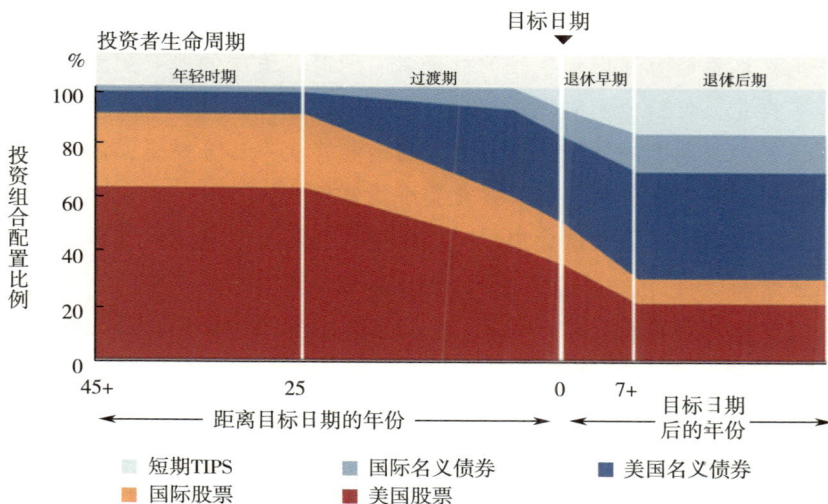

注：图中假设一只基金是为 65 岁退休的投资者设计的，因此 "45+" 指 20 岁左右的投资者。
（资料来源：先锋基金）

图 3.4 先锋目标日期基金的下滑路径

前文提到过，推动 TDF 构建的一个基本思想是相信年轻的投资者能够更好地承受风险——基于我们每个个体的总净资产由他或她目前的金融资产和未来的工作收入所构成的事实。对于年轻的个人来说，他们最终的退休财富大部分是以 "类似债券" 的未来收入或 "人力资本" 的形式存在的。因此，在年轻人的投资组合中配置大量的股票资产可以平衡并多样化对于工作有关的收入风险的暴露（Viceira，2001；科科、戈麦斯和 Maenhout，2005；Viceira，2001；Cocco、Gomes 和 Maenhout，2005）。在缺乏各种假设的前提下，尽管 "人力资本" 理论没有明确指出股票的配置比例应该如何降低，但它确实支持 "股票的配置比例应随着年龄的增长而下降，以更好地管理整个生命周期风险" 的观点。

先锋基金 TDF 保持了相当大的股票敞口（90%）直到 40 岁，因为在一个人资产积累的早期阶段，他的 "人力资本" 对其所拥有的小额金融资产保持着绝对优势。40 岁以后直到 72 岁，股票配置比例将持续下降，以弥补人力资本和金融资本之间的转移。为了满足退休人员在相当多年的退休生活中对资产多样化和增长潜力的需求，同时也有助于抵消通货膨胀，先锋基金 TDF 在投资者指定的退休年份依然提供了显著的股票敞口（50%）。随后，股票敞口在未来七年内逐渐减少到 30%，并一直保持不变。这种股票配置能够让大多数退休前和最近退休的人员在确实有必要的情况下，仍然有能力改变他们的退休计划——虽然这种能力远低于年轻的投资者。同时，适度的股票配置可以使其投资组合多样化，帮助他们实现长期增长的目标。此外，大多数退休人员在相对安全、通货膨胀调整的社会保障福利方面有相当大一部分财富，因此更需要在股票市场增加一些风险敞口去多样化整个财富组合。

在目标日期下降路径设计中，一个关键的问题是预期的参与者行为，特别是在退休时点的行为。参与者是否会在退休后立即开始提取资产？历史证据显示，只有少数参与者在退休初期就开始提取他们积累的资产，因此我们认为在TDF的设计中应该考虑到这一点。此外，我们认为，无论是在退休时还是在退休后，TDF投资组合的目标都应该平衡当前的收入和资本增长潜力。尽管在退休前后的具体股票配置仍然是投资者们辩论的一个问题，却很少有研究支持这样一种观点，即所有TDF都应设计成当参与者退休时，立即开始提取资产。

作为评估和确定适当的下降路径的一部分，我们利用一个专有的金融模拟工具——先锋资本市场模型来进行仿真，以评估不同的风险——回报场景，包括评估一系列的财富积累和退休收入充足性的情况。我们还使用复杂的建模技术在一些仅基于投资者偏好、资本市场、劳动收入模式假设的场景下，评估了下降路径方案。这些模型检验都证明了我们能满足长期投资者的需求。

最后，我们还分析了实际的先锋投资者行为数据，分析结果依然支持先锋基金关于在下降路径各个阶段中所设定的风险水平的建议。例如，我们审查了2010年对先锋基金TDF投资者的调查结果，分析他们的风险承受能力和其他关键的投资者特征和态度，以得出推荐的整体资产配置方案（Ameriks、Hamilton和Ren，2011）。调查结果显示，基于调查向调查对象推荐的平均股票配置与先锋基金TDF下降路径一致。

2. 下降路径的子资产配置：资产类别内的多样化

一旦确定了股票和债券在整个投资组合中的配置，重点就转向了次级资产的配置——如何在各种类型的股票和债券上进行配置。对于广泛多样化、平衡的投资组合，例如先锋基金TDF，在所有关键的次级资产类别中都有暴露，意味着投资者将始终能够从一些表现较好的资产中获益，同时也得忍受表现较弱资产所带来的负面影响。

股票敞口的大小以及敞口随着投资者年龄增长的变化是TDF风险中最为人熟知的组成部分，也是其长期业绩最重要的推动力。然而，在较短的时间内，业绩差异不仅可能源于投资组合的大类资产配置的差异，而且还可能源于投资组合配置到股票和债券中的次级资产类别的相对差异（Cole、Kinniry 和 Donaldson，2009）。对于计划发起人和投资者来说，了解次级资产类别之间的权衡也至关重要。

2.1 美国股票配置

先锋基金 TDF 投资组合中的美国股票配置是根据当前的市场资本规模加权的。这意味着，投资者将始终暴露于美国股票市场的所有部分（大、中、小盘股票；成长和价值股）以及它们在市场中所占的比例。

市值加权指数反映了在任何特定时刻对各个公司价值的一致估计。在任何有效的市场中，新的信息会影响一只或多只证券的价格，并即刻通过市值的变化在指数中反映出来。由于当前价格（以及公司价值）是根据当前和预期的事件设定的，因此市值加权指数代表了某一资产类别中预期的、理论上均方差有效的证券组合（Philips，2012）。先锋基金不为房地产投资信托基金（REITs）单独配置资金。然而，由于房地产投资信托基金是全球股票组合的一部分，先锋基金按照市场权重暴露于房地产投资信托基金，作为美国和非美国的股票配置的一部分。

2.2 国际股票配置

国际股票目前占先锋基金 TDF 总股票配置的 30%。虽然金融理论认为，国际股票配置比例的上限应基于其全球市值（目前约为 58%）。但我们的研究表明，从历史上看，国际股票配置超过 40% 并没有带来显著的多样化收益增长，特别是在核算成本之后。然而，配置比例在 20%~40% 却能获得最大的多样化收益。考虑到 TDF 的目标受众，在这一范围内的国际股票配置更好地平衡了多样化带来的收益、货币波动性的风险和更高的相关性、投资者偏好和成本等各个方面。在先锋基金 TDF 内，国际股票由一只指数基金代表，该指数基金以跟踪基准指数的表现来衡量发达国家（不包括美国）和新兴市场的股票投资回报率。

2.3 美国固定收益资产配置

在美国名义投资级债券市场中，我们也遵循一种以市场比例为标准的方法，以匹配其风险和回报特征。我们把这部分配置在美国名义投资级债券上，以实现在相当大股票暴露风险基础上的多样化。高收益债券不包括在配置中，因为它们仅代表了应纳税的美国债券市场的一小部分，而且，在市场权重下，高收益债券不会显著改变广泛多元化投资组合的风险回报结构。

虽然通货膨胀风险在投资者的整个生命周期中普遍存在，但主要是在后期投资者才必须专注于一些投资工具来提供保护。这是因为，对投资者来说，在积累阶段，通胀保护可以有效地由工资和较高的实物返还资产（如股票）来提供。但是一旦退休，通过额外的收入来增加投资组合就更困难了。因此，投资者必须平衡通过债券保持资本的需要和维持购买力的需要。鉴于通胀保护证券通过提供通货膨胀调整的本金和利息支付来快速应对通胀，在退休期间，它们将是投资组合的一部分股票配置的适当替代品。

先锋基金目前的投资方法建议在退休前五年开始，在投资组合中引入通胀保护国库券（TIPS）。先锋基金研究表明，从历史经验上看，短期的 TIPS 与实现的通胀率之间具有较高的相关性，同时比长期的 TIPS 有更低的久期风险。因此，先锋基金在 2013 年 2 月宣布，将替换当时先锋基金近期到期的 TDF（先锋基金 2010 年目标退休收入基金和 2015 年目标退休收入基金）在当时市场暴露的 TIPS，取而代之的是更短久期的 TIPS。最终，配置于 TIP 的资产将占美国固定收益资产的 30%，相当于总投资组合的 16.8%。这为投资者提供更强的通胀对冲和更少的久期风险——尽管其预期回报率可能略有降低。近期到期的 TDF 中 TIPS 的主要目的是为投资者提供通胀保护，而不是提高回报率。

2.4 对冲国际固定收益配置

先锋基金最近还宣布，20% 的先锋基金 TDF 固定收益配置将配置给对冲国际固定收益资产。先锋基金一直认为，在主要资产类别内部，理论上理想的基准投资组合是市场组合，它由所有可投资证券以相对市场价值的比例组成。尽管国际债券长期以来一直是全球市场投资组合的重要组成部分，但实际操作上的挑战曾经阻碍了投资者对它的广泛使用。通常，这些市场流动性不高，成本高昂，难以预测。然而，在 21 世纪的第一个十年里，全球化加速了信息的获取和债务发行的广泛增长。其结果是，非美国债券市场的相对权重几乎翻了一番。到目前为止，国际固定收益资产是全球可投资领域中最大的资产类别，占全球流动性市场投资组合的 1/3 以上。先锋基金研究表明，对冲国际债券的战略配置可以在多元化投资组合中进一步缓和风险。因此，这一资产类别正被添加到我们的 TDF，相信它可以为股东带来长期多元化的潜在利益。

2.5 现金准备金配置

伴随着最近宣布的先锋基金 TDF 的一些其他改变，先锋基金将为已经到达 65 岁的投资者消除在 TDF 中先锋货币市场基金的风险敞口。在这一变化之前，在近期到期的基金中增加货币市场基金敞口的主要原因是抑制波动性。然而，从长久期 TIPS 到更短期 TIPS 的配置转移，已经抵消了现金配置的需要，使得货币市场基金在整体投资组合中的存在一定程度上显得冗余。

3. 主动管理 VS 指数基金

使用主动管理基金还是被动管理的指数基金是投资专业人员的一个古老的话题。指数基金提供了广泛的多样化、低成本、类似市场回报和透明度，并有助于减少意外和控制风险。成本是投资者可以控制的为数不多的变量之一，而成本优势对于 TDF［尤其是那些作为符合计划的默认投资替代品（QDIA）］尤其重要。在构建先锋基金 TDF 时，我们强烈认为，投资者承担的任何风险都应被期望在一段时间内产生补偿回报。现代金融理论和多年的金融实践使我们得出结论，多元化、广泛的指数敞口正是这种可被补偿的风险。虽然一些主动管理的基金经理可以至少在某些时候增加收益，但这是不能保证的。图 3.5 描述了美国股票市场上主动管理型基金表现低于指数基金平均表现的比例。

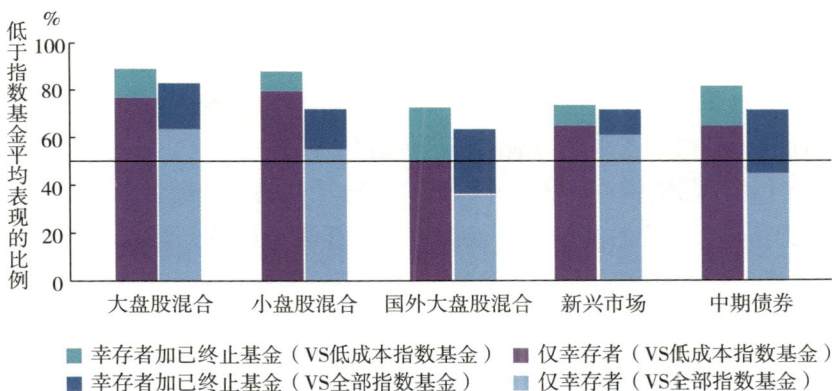

图 3.5　美国股票市场上主动管理型基金表现低于指数基金平均表现的比例

从结构的角度来看，指数基金提供了透明、高效率且多样化的投资选择。指数基金还可以为计划发起人和个人投资者提供一个可以长期有效的策略，无须因规模限制、基金经理更替或者对基金经理失去信心而持续监视组合表现和市场变化。

4. 结论

目标日期基金是专门为退休投资者设计的投资组合。先锋基金 TDF 是在资本市场和投资组合构建研究的基础上，结合丰富的实际经验为投资者提供的一个多元化的、以低成本自动再平衡的专业管理投资组合。其直观的设计和透明度，强调以指数为重点的方法，使投资成本保持在较低水平，加上其多元化的大类资产的风险敞口，可以最大限度地发挥这些基金对投资者的效用。

第 4 章　战术资产配置

资产配置策略是在约定的规则下实现投资目标的方法，主要由两个部分组成，战略资产配置（Strategic Asset Allocation，SAA）和战术资产配置（Tactical Asset Allocation，TAA）。战略资产配置负责确定资产组合的长期配置比例，并制定相应的规则（比如再平衡）保证配置比例的稳定，以期获得长期稳定的投资回报。战术资产配置则根据短期市场状况，对资产配置比例在一定范围内进行调整，以获取超过基准收益的超额回报。战略资产配置是资产配置策略的基础，而战术资产配置则是对战略资产配置的补充。

在第 1 章"战略资产配置"中，我们解读了战略资产配置。战术资产配置则是在战略资产配置的基础上，根据资本市场环境以及经济条件的中短期走势，对资产配置状态进行动态调整的过程。它的结果通常是在战略资产配置允许的比例浮动区间内，高配预期收益较高的资产，低配预期收益较低的资产，通过承担主动投资风险获取超额收益。战术资产配置的时间跨度一般是一年或者半年。

4.1　战术资产配置的重要性

战略资产配置假设资产的风险和收益在长期收敛于各自的均值水平，因此只着眼于资产 5~10 年甚至更长时期的风险收益分析。在理论上，战略资产配置的假设其实更严格，它要求资产的风险收益在各个时期满足独立同分布。简单来说，就是资产的风险收益表现在各个时期都一样，并且各时期的均值等于各自的长期均值。这是一个过于理想化的假设，在真实场景中，资产在短期内的风险收益表现很有可能会偏离其长期均值。在这种情况下，战略资产配置比例在短期内并不是最优配置，需要战术资产配置根据短期市场状况进行调整。

在讨论战略资产配置的重要性时，我们引用过 Brinson、Hood 和 Beebower

（1986）以及 Ibbotson 和 Kaplan（2000）的结论，即战略资产配置可以解释约 90% 的基金收益随时间的波动以及约 40% 的基金之间的收益差异，余下的基金收益随时间的波动和基金之间的收益差异归因于战术资产配置。国内也有学者针对中国市场进行了实证研究，发现无论是战略资产配置对基金收益随时间波动的解释程度，还是对基金之间收益差异的解释程度都显著低于发达国家市场。这是因为发达国家市场偏向于有效市场，战术资产配置的空间有限，而中国市场属于新兴市场，市场有效程度不高，资产的风险收益表现偏离均衡状态的可能性较大、偏离程度较大。因此，战术资产配置在国内市场具有更大的操作空间，在科学合理的研究基础上，适当的战术资产配置可以为资产组合带来可观的超额收益。

4.2 战术资产配置的流程

战术资产配置的流程一般包括：

（1）上一周期投资组合表现回顾；

（2）中短期宏观经济和资本市场预测分析；

（3）战术资产配置比例确定；

（4）新配置比例的风险评估；

（5）资产比例的调整。

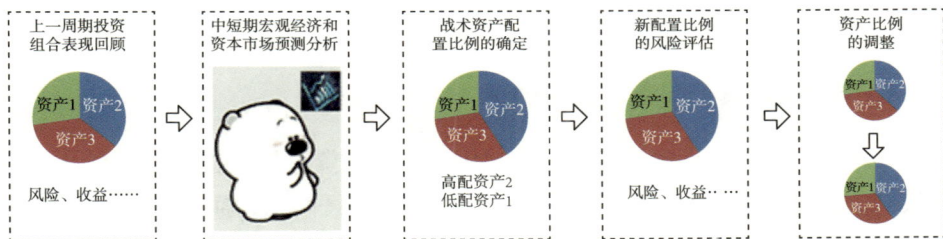

图 4.1 战术资产配置流程

4.2.1 上一周期投资组合表现回顾

上一周期投资组合表现回顾，主要是回顾上个投资周期内资产组合和各资产的风险收益表现，以及计算资产配置的实际比例。需要注意的是，这仅仅是战术资产配置的准备工作，是对资产组合和各资产市场表现的一个观察，无须过度关注资产配置的实际比例是否偏离战略资产配置目标比例。

4.2.2 中短期宏观经济和资本市场预测分析

中短期宏观经济和资本市场预测分析，是战术资产配置流程中最关键也最具挑战性的一步，决定了战术资产配置的成败。在没有预测能力或者对预测的把握较低的情况下，最好的选择是坚持战略资产配置，不作战术调整；不然战术资产配置只会增加噪声、提升风险和交易成本。因此，我们认为战术资产配置的前提是以较高的置信水平预测中短期内各类资产的风险收益特征。

研究者通常使用的预测方法有三种：基本面分析法、量化分析法和技术分析法。

基本面分析法主要根据宏观经济状态（经济增长、利率、汇率、通货膨胀、货币流动性等）以及中央银行和政府相关政策，结合宏观经济理论（产能周期、债务周期、库存周期等），预测资产的风险收益表现。

量化分析法运用包括量化方法、统计模型、数据挖掘、机器学习算法等来预测市场走向。多因子模型是最广泛使用的量化方法，它通过分析估值、动量指标、风险指标、市场情绪、利率、收益率曲线等因素，推导出涵盖股票、债券和外汇市场等不同资产的买入和卖出信号，然后根据出现的信号进行战术资产配置。

技术分析法是通过对市场的历史数据的研究，主要是对价格和交易量的研究，预测价格的变动方向。三种预测方法各有优势和适用的场景，研究者通常会将三种方法结合起来综合考虑。

4.2.3 战术资产配置比例的确定

战术资产配置比例的确定，是在对中短期各类资产风险收益表现有了置信度较高的预测后，在战略资产配置目标比例的浮动区间内，确定高配某类资产、低配某类资产或者标配某类资产。这个过程中，一般不再使用资产配置量化模型，而是根据预测分析，结合经验，适当高配收益率看涨的资产，低配收益率看跌的资产。

4.2.4 风险评估和资产比例的调整

新的资产配置比例往往与战略资产配置比例存在偏差，而其制定过程又以定性为主，因此需要对新配置方案的风险进行重新评估：根据新的配置比例以及所预测的各类资产的风险收益，计算得出调整后资产组合的风险收益。如果调整后资产组合的风险收益不符合长期投资的目标和风险容忍度，那么战术资产配置方案需要重新调整。最后，新的资产配置比例与实际配置比例也会存在偏差，因此需要考虑如何调整的问题：如何提高某类资产的比例又如何降低其他资产的比例（在此不作详述）。

4.3　基于周期理论的战术资产配置策略

本节我们以西筹研究基于周期理论的战术资产配置策略（以下简称西筹战术策略）为案例，具体介绍战术资产配置的构建和应用。

西筹战术策略通过构建双指标的周期体系，进而对短期宏观经济状态进行定量描述。两个周期分别是经济周期和流动性周期，经济周期可理解为实体经济的热度，流动性周期可理解为政府逆周期调控的节奏，二者的互动过程对金融市场产生实质影响。类似美林时钟，经济周期和流动性周期的上行下行将宏观状态分成四个模式，分别是繁荣—宽松、繁荣—紧缩、衰退—宽松和衰退—紧缩。

我们通过对经济系统周期性运动的分解与研究，建立了战术配置轮动模型：对经济状态进行划分，在模型运动到不同状态时，对大类资产配置和行业配置进行相应的调整。策略模型主要分为以下几个部分：（1）周期指标的构建；（2）周期识别及状态划分；（3）资产配置策略构建。

4.3.1　周期指标的构建

股息贴现模型（DDM）是最常用的估值模型，其核心原理是将公司未来发放的全部股利折现为现值来衡量当前股票的内在价值：

$$V = \frac{D_1}{1+r} + \frac{D_2}{(1+r)^2} + \frac{D_3}{(1+r)^3} + \cdots = \sum_{t=1}^{\infty} \frac{D_t}{(1+r)^t}$$

其中，V 代表内在价值，D_t 是普通股第 t 期预计支付的股息和红利，r 是贴现率。

DDM 模型的核心在于分子端与分母端的拆解：

（1）分子端跟企业盈利挂钩，理论上企业盈利水平越高，分红能力越强。而企业盈利主要受实体经济景气度变化的影响，也即投资者常说的经济周期。

（2）分母端跟无风险利率和风险溢价相关，其中，风险溢价难以定量刻画，暂不考虑；而无风险利率主要受资金充裕程度的影响，也即投资者常说的流动性周期。

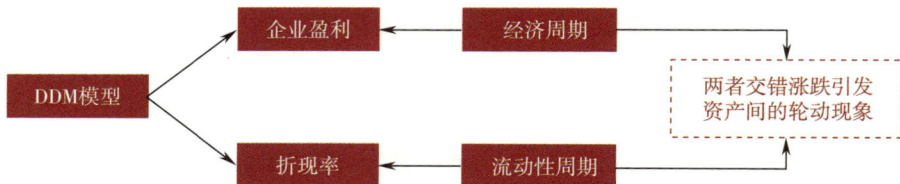

图 4.2　DDM 模型视角下的资产轮动原理

不同公司、行业的盈利水平对实体经济景气度变化的弹性不一样，同时对流动性松紧的敏感程度也不一样。在经济周期和流动性周期的交错扩张、收缩下，各行业受自身盈利变动和整体流动性环境的叠加影响，呈现出交叉轮动的特征。

需要强调的是，经济周期和流动性周期都是我们去观测基本面这个系统状态的特定视角，它们之间并非相互独立的关系，而是同受经济金融系统状态影响，只不过存在领先滞后关系：比如流动性环境的宽松往往发生在经济周期下行后半段，经济增长有失速风险时；而流动性的收紧往往出现在经济周期上行后半段，经济增长有过热风险时。两者的领先滞后关系导致经济周期和流动性周期交错涨跌，进而引发资产间的轮动。

在纷繁复杂的宏观指标和资产价格体系中，分别选择哪些指标来表征经济周期和流动性周期？我们考虑如下：

代理指标需具备显著的周期驱动规律。不失一般性，任何资产价格或宏观指标的走势都可以分解为三个维度：长期趋势项、周期波动项、短期噪声项。其中，长期趋势项主要与整个经济体的人口规模、科技发展水平相关，在投资决策的时间长度内，基本可以看作静态变量；短期噪声项主要指特殊事件带来的短期冲击，比如战争、自然灾害等，由于噪声项没有规律可循，同样难以提供稳健的增量信息。因此，对投资决策最有帮助的就是周期波动项，这是我们筛选代理指标时的首要条件。

代理指标需满足易得、完备的要求。出于构建定量配置模型的考虑：一方面，代理指标需具备固定的公布频率和稳定的公布时延，保证定期调仓时总能获取到实时的观测值；另一方面，代理指标需要有足够长的历史数据，同时不能有缺失值，虽然缺失值可以通过插值算法填充，但实证结果表明，在滚动预测时，策略表现对插值算法的选取有一定的敏感性。在上述两层约束下，大多数宏观指标都不满足代理指标的要求，但我们认为，所有观测指标都携带了同样的系统信息，合成经济周期或流动性周期时并非引入越多的指标越好，当引入指标过多时，增量信息有限，反而会带入更多噪声，而且会降低可理解性。

4.3.2　经济周期

经济周期用于表征实体经济的景气程度，它决定了企业的整体盈利水平，影响 DDM 模型分子端。在这里，我们主要从自然资源和信贷资源的视角刻画经济周期。

当实体经济景气程度探底回升时，消费逐渐回暖，企业倾向于扩充产能，必然对自然资源和信贷资源的需求提升，进而带动物价上涨，利率上行；反之，当实体经济景气程度触顶回落时，企业为规避风险会主动减产，对自然资源和信贷资源的需求降低，进而引发物价回落，利率下行。所以，自然资源需求和信贷资源需求的扩张、收缩能有效反映实体经济景气程度的波动。

综上所述，经济周期代理指标的筛选结果如下：（1）自然资源中，采用 CRB 综合现货指数的对数同比序列、PPI、CPI 表征价；而大多数表征量的指标，比如发电量、耗煤量、主要工业品产量等，都包含较大的噪声和季节性扰动，周期规律不明显，同时也缺失年初数据，为建模预测带来不便，所以这里舍弃了量的维度。（2）信贷资源中，采用中债十年期国债到期收益率表征价，因为长端利率与基本面走势更相关，毕竟企业借贷资金中，长久期的贷款往往和产能建设相关，短久期的贷款则多用于补充营运资金或偿还负债；采用社会融资规模存量同比增速表征量，它衡量了整个实体经济从金融体系中借到的钱。

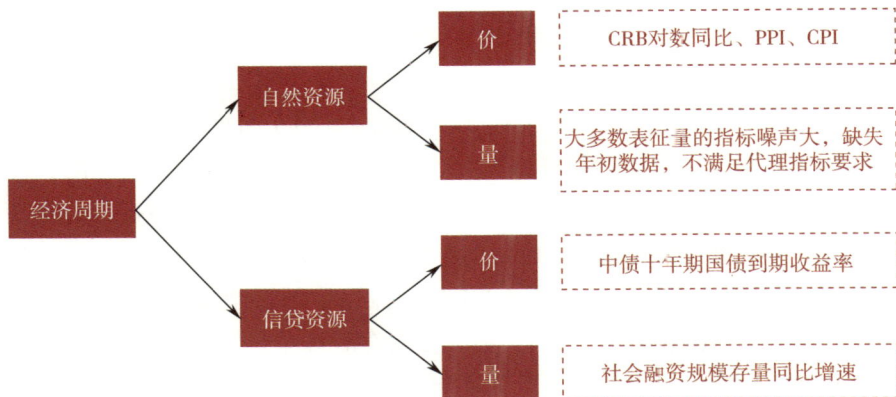

图 4.3　经济周期指标筛选逻辑

表 4.1   经济周期指标筛选结果

	维度	指标	处理方式	方向
自然资源	价	CRB 综合现货对数同比	采用最新数据	1
		PPI：全部工业品：当月同比	延迟一期	1
		CPI：当月同比	延迟一期	1
	量			
信贷资源	价	十年期国债到期收益率	采用最新数据	1
	量	社会融资规模存量同比	延迟一期	1

得到经济周期代理指标集合后，通过如下步骤进行合成：（1）对齐所有指标起始时间，本案例中社融存量同比数据的起始时间最晚，从 2003 年 1 月开始有效；（2）对所有指标进行 3 个月滚动平均，抑制噪声干扰；（3）统一方向（将原始值乘以指标方向）、去趋势、标准化，将各指标口径可比化；（4）主成分合成，提取第一主成分作为最终的经济周期走势。

4.3.3　流动性周期

一般而言，流动性衡量的是整个经济体中的资金宽裕程度，从来源上讲，主要取决于央行的基础货币发行和商业银行的信用创造；从去向上讲，既要服务于实体部门的经营活动，又要服务于金融市场的资产配置，也即满足如下公式：

宏观流动性 = 实体经济流动性 + 金融市场流动性

从投资的角度，金融市场流动性直接影响到 DDM 模型分母端的折现率，是我们考查的主要对象，后文如无特殊说明，流动性周期都是指金融市场流动性。

对于宏观流动性，代理指标筛选逻辑如下：（1）价的维度，采用 1 年期国债到期收益率，因为短端利率与货币政策更为相关，它表征了资金的获取成本，当利率越高时，资金获取成本更高，流动性越紧张，所以该指标的涨跌和流动性环境的松紧是反向的。（2）量的维度，采用最常用的 M1 同比、M2 同比、M1-M2 来表征货币供给量。其中，M1 包含流通中的现金（也即 M0）以及单位活期存款；M2 是在 M1 的基础上加入个人存款和单位定期存款；而 M1-M2 则一定程度上衡量了单位定期存款活期化的部分，而活期存款可以随时支取，流动性更高，所以该差额指标也能反映流动性的松紧。

通过主成分合成可以得到宏观流动性的走势，而实体经济流动性则采用前文合成的经济周期指标来表征，逻辑如下：经济周期上行时，实体经济投资有利可图，资产生息率高，所以资金倾向于脱虚入实；经济周期下行时，实体经济盈利水平低下，投资回报比低，银行惜贷，资金就容易在金融体系内空转，也即脱实入虚。最后，用宏观流动性减去实体经济流动性（也即经济周期合成指标），得到最终的金融市场流动性。

图 4.4　经济周期指标筛选逻辑

表 4.2　　　　　　　　　　　　　经济周期指标筛选结果

维度		指标	处理方式	方向
宏观流动性	价	一年期国债到期收益率	采用最新数据	−1
	量	M1：同比	延迟一期	1
		M2：同比	延迟一期	1
		M1−M2	延迟一期	1

流动性周期合成步骤：（1）对齐指标起始时间；（2）对所有指标进行3个月滚动平均，抑制噪声干扰；（3）统一方向（也即将指标原始值乘以指标方向），然后去趋势，标准化，将所有指标口径可比化；（4）主成分合成，提取第一主成分作为宏观流动性；（5）将宏观流动性减去合成后的经济周期，作为最终的流动性周期。

4.3.4　战术资产配置策略

2005年以来，我们刻画的经济周期和流动性周期如图4.5所示。

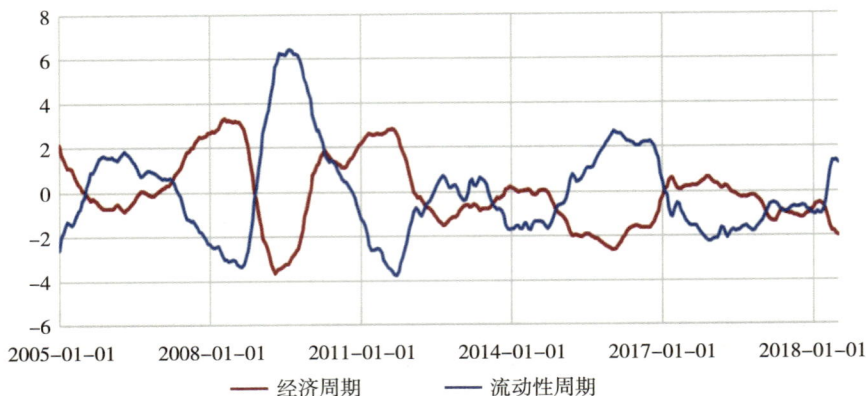

图 4.5　经济周期及流动性周期走势

　　基于合成后的经济周期和流动性周期走势（经济周期上行和下行分别对应经济的繁荣和衰退，流动性周期上行和下行分别对应流动性的宽松和紧缩），我们将历史宏观情况划分为繁荣宽松、繁荣紧缩、衰退宽松、衰退紧缩四种模式，进而梳理了股、债等大类资产和各行业股票在不同模式下的月度收益表现，如表 4.3 所示。

表 4.3　　　　　　　　　　　　　　月度收益

经济	流动性	模式	TMT	上游资源	中游制造	中游材料	公共产业	可选消费	大金融	必选消费	中债短期	中债长期	股票	债券
上行	上行	繁荣宽松	3.41	2.31	3.12	3.85	3.29	3.60	2.98	3.46	0.32	0.56	3.25	0.44
上行	下行	繁荣紧缩	−1.01	−0.35	−0.48	−0.66	−1.19	−0.55	−1.21	−0.67	0.19	0.14	−0.77	0.17
下行	上行	衰退宽松	3.95	3.23	3.70	2.88	2.69	3.82	4.62	3.51	0.23	0.20	3.55	0.22
下行	下行	衰退紧缩	−1.68	−2.52	−1.40	−1.95	−2.05	−1.22	−0.99	−1.09	0.52	0.71	−1.61	0.61

　　结果表明：（1）在繁荣宽松模式下，股票表现较好，行业方面，中游材料、可选消费、必选消费涨幅居前；（2）在繁荣紧缩模式下，债券表现较好，短期债券表现优于长期债券；（3）在衰退宽松模式下，可理解为复苏初期，股票涨幅较大，行业方面，大金融、TMT、可选消费涨幅居前；（4）在衰退紧缩模式下，债券表现较好，长期债券表现优于短期债券。

　　我们在不同的宏观模式下对股票、债券和现金三类资产分配了不同的风险预算，进而基于风险预算模型构建战术配置策略，组合构建的流程如下：

　　（1）根据不同模式下股债收益表现，给股票、债券在相应模式下分配不同的风险预算，不同模式下，不同资产的风险预算比例具体如表 4.4 所示：

表 4.4 风险预算比例

模式	股票	债券	现金
繁荣宽松	10	1	0
繁荣紧缩	1	1	0
衰退宽松	10	1	0
衰退紧缩	1	1	0

（2）基于经济周期和流动性周期视角下的投资时钟进行预算再分配，首先选择当前宏观状态下适合配置的细分资产（相应模式下表现最好的三个行业板块和表现好的债券类别），然后将分配给大类资产的预算等权重分配给被选中的细分资产。不同模式下，被选中的细分资产如表 4.5 所示：

表 4.5 细分资产

模式	股票	债券
繁荣宽松	中游材料、可选消费、必选消费	中债长期
繁荣紧缩	上游资源、中游制造、可选消费	中债短期
衰退宽松	大金融、TMT、可选消费	中债短期
衰退紧缩	大金融、必选消费、可选消费	中债长期

（3）在每个月末，根据当前的宏观状态，按照对应的风险预算配比，利用风险预算模型[①]，求解得到当月的资产配置比例；计算回测期间，每个月末的资产配置比例。

（4）根据组合的风险偏好，构建投资组合。

4.4 参考文献

戴维·达斯特. 资产配置的艺术：所有市场的原则和投资策略 [M]. 段娟，史文辐，译. 北京：中国人民大学出版社，2014.

尤拉姆·拉斯汀. 资产配置投资实践 [M]. 孙静，郑志勇，李韵，译. 北京：电子工业出版社，2016.

---

① 注：输入模型的各类资产的波动率使用过去 1 个月的历史数据计算。

武建力.机构投资者之战略配置 VS 战术配置 [R]. 北京：中国社保基金理事会，2015.

熊军.资产配置系列研究之三：养老基金战略资产配置 [R]. 北京：中国社保基金理事会，2009.

熊军.资产配置系列研究之四：战术资产配置研究 [R]. 北京：中国社保基金理事会，2009.

Brinson，G. P.，Hood，L. R.，& Beebower，G. L.. Determinants of Portfolio Performance. *Financial Analysts Journal*，1986，42（4）：39-44.

Ibbotson，R. G.，& Kaplan，P. D.. Does asset allocation policy explain 40，90，or 100 percent of performance?. *Financial Analysts Journal*，2000，56（1）：26-33.

Michaud，R. O.. *Efficient asset management：a practical guide to stock portfolio optimization and asset allocation*. Oxford University Press，2008.

Xiong，J. X.，Ibbotson，R. G.，Idzorek，T. M.，& Chen，P.. The equal importance of asset allocation and active management. *Financial Analysts Journal*，2010，66（2）：22-30.

【阅读材料】ETF 时代的战术资产配置

Henry Ma，Julex 资产管理公司

译者注：马博士是 Julex 资产管理公司的总裁兼首席投资官，该公司是一家位于波士顿的 SEC 注册投资管理公司，管理着超过 10 亿美元的资产。该公司致力于在战术资产配置、下行风险管理和定量投资领域提供创新解决方案。Julex 是况客科技的战略合作伙伴。马博士在投资组合管理、资产配置、固定收益和全球宏观投资以及风险管理方面拥有 20 年的丰富实践和领导经验。他于 2012 年创立了 Julex 资产管理公司。马博士是一位作家，也是一位在量化投资、风险管理和结构性融资主题领域的行业演讲者。他拥有北京大学经济管理学学士学位和硕士学位，以及波士顿大学经济学博士学位。

在 2008 年国际金融危机之后，投资者开始积极探寻更好的下行风险管理解决方案，并将目光重新投向了战术资产配置。一类新的战术资产配置管理人出现了，他们通常被称为"战术 ETF 策略家"。他们开发了一些使用 ETF 的战术策略，目标是提供下行保护的同时最大化上行潜力。受投资者需求的驱动，战术 ETF 策略在 2009—2014 年大幅增长。在本文中，我们对比了这种新的策略与金融危机之前的战术策略，并用其检验了当前的市场状况及趋势。进一步地，我们探讨了战术资产配置如何有效地解决当今投资者面临的两大最紧迫的问题：熊市中的下行保护以及在低利率环境下的收入创造。

正文

战术资产配置诞生于 20 世纪 70 年代，通过战术的、灵活的方法动态地解决资产多样化、下行保护以及创造超额收益等问题。战术资产配置策略的目标是将投资组合配置于那些具有最大收益潜力的资产，以期获得最大收益或减少损失。这些策略根据量化模型或定性判断灵活地把资金投资于股票、债券、现金以及其他资产类别等，而且配置比率往往没有约束。在 20 世纪 80 年代和 90 年代的牛市中，战术资产配置并没有引起太多的关注，因为当时对下行保护和资产多样化的需求不高。然而，最近 15 年，由于"科技泡沫"以及金融危机带来的高度震荡并且严重下行的行情，迫使投资者更加关注市场风险，并寻找能在市场环境恶劣时有可能保护其资产不贬值的投资策略。

此外，由于当前市场利率过低，投资者资产组合的固定收益部分很难有效

地使用债券来降低风险或者提供多样性。投资者需要去寻找除了传统固定收益证券之外稳定且高收益的投资机会。使用战术策略构建多资产组合或许可以提供一个解决方案。

因此，战术资产配置重新得到了投资者的关注，并且在金融危机后，市场需求与日俱增。一类新的战术资产配置管理人出现了。这些新的战术资产配置基金经理通常被称为"战术 ETF 策略家"。他们的目标是使用 ETFs 这种低成本复制市场敞口组合的方式，在最大化上行收益的同时为投资者提供下行保护。2009—2014 年，战术 ETF 策略市场份额大幅增长。在本文中，我们将探讨战术 ETF 策略的趋势、问题、优势以及缺陷，并且综述了将其应用在投资组合中的最佳方法。

1. 后危机时代的战术资产配置潮

2008 年的金融危机以及随之而来的大熊市给传统投资方法和现代投资理论带来了严峻的挑战。诸如买入并持有等的传统策略在实际中出现了严重的连续亏损。表 1 统计了在历史上恶劣的市场环境中，市场遭受的损失以及投资者挣回损失所需的时间。与此同时，在 2008 年的金融危机中，分散化投资并没有提供足够的保护，因为大多数资产类别出现了高度的相关性（见图 1）。即使像对冲基金和私募股权基金这些声称高度分散化的基金也损失惨重。因此，为了应对接下来的市场波动以及随后的市场低迷状态，投资者开始寻找在噩梦来临时能更好地提供分散化以及下行保护的办法。

表 1 严重的市场下跌

市场指数	事件	开始	结束	损失	恢复时间
标普 500 指数	大萧条	1929–08	1932–06	–86%	22 年
标普 500 指数	石油危机	1972–12	1974–09	–46%	6 年
标普 500 指数	互联网泡沫破裂	2000–03	2003–02	–44%	5 年
标普 500 指数	次贷危机	2007–10	2009–02	–53%	4 年
纳斯达克指数	互联网泡沫破裂	2000–03	2002–09	–81%	22% 低于高点
日经指数	房地产泡沫破裂	1989–12	2003–04	–78%	56% 低于高点

数据来源：彭博、雅虎（2018 年 5 月 28 日）。

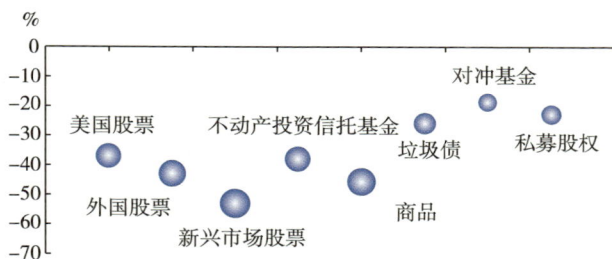

图 1　2008 年各类资产表现
（数据来源：彭博、雅虎、对冲基金研究和剑桥协会）

　　战术资产配置，一种可以灵活无约束地配置于各类资产的投资策略，提供了非常有希望的解决方案。在投资者需求的驱动下，战术资产配置特别是战术 ETF 策略，在金融危机之后开始逐渐流行。截至 2015 年 12 月，晨星记录到了 271 个战术 ETF 策略。在 2013 年末，总的 AUM（资产管理规模）和 AUA（资产管辖规模）达到了 460 亿美元（见图 2）。然而，由于两家主要公司遇到的一些监管问题以及策略表现问题，战术 ETF 策略市场规模在 2014 年和 2015 年出现了降低，我们将在下文讲到这个问题。

图 2　资产管理规模和战术 ETF 策略总数
（数据来源：晨星，数据不包括战略和混合 ETF 策略）

　　相比于传统的战术资产配置，后危机时代的战术资产配置有以下几点显著的区别：

- 后危机时代的战术资产配置策略比危机发生之前更注重下行保护。金融危机的悲惨教训重新提醒了投资者关于风险管理的重要性。因此，对于下行保护的需求大大增加。为了满足这种需求，新型战术资产配置经理设计了一种以结果为导向的解决方案：将提供下行保护作为首要目标，而将最大化上行潜力作为第二目标。

- 许多后危机时代的战术资产配置使用趋势跟踪策略或者动量策略。传统上，商品交易基金（CTAs）和全球宏观经理人会使用这种方法得到与市场指数不相关的收益。它通常在走势明显的市场中表现良好，并且能在长期的市场低迷中产生正收益。许多战术资产配置经理人采用这种方法来替代过去强调收益预测以及资产价值评估的战术配置方法。

- 后危机时代的战术资产配置策略广泛使用 ETF 作为市场敞口。ETF 提供了简单有效地获取市场敞口的方法。从 1993 年出现第一只 ETF［SPDR 标普 500（SPY）］以来，ETF 基金经历了巨大的发展。截至 2016 年 4 月，美国 ETF 基金的总数已经达到了 1890 只，总资产管理规模达到了 2.2 万亿美元（见图 3），成为许多投资者资产组合中的重要组成部分。ETF 所涵盖的资产类别包括股票、固定收益资产、商品、货币、另类投资等。同时，ETF 所能代表的市场已经覆盖了美国和全球市场的绝大部分。ETF 的发展给战术资产配置经理人提供了一个更大的工具箱来管理他们的资产。因此，不同于传统的战术资产配置经理人频繁使用金融衍生品、投资基金以及不同证券，新一代的战术资产配置经理人发现 ETF 是帮助他们实现策略以及表达他们与资产相关观点的最有效的工具。因此，这些广泛使用 ETFs 的新的战术资产配置经理人通常被称为"战术 ETF 策略家"。表 2 总结了战术 ETF 策略和传统战术资产配置的区别。

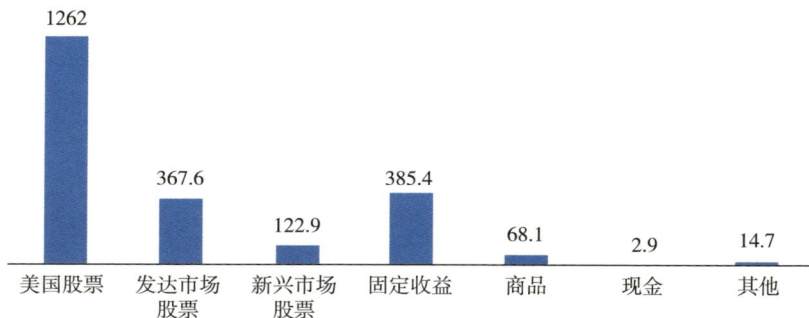

注：ETPs（Exchange-traded Products）包括 ETFs 和 ETNs（Exchange-traded Notes）。

图 3　美国 ETP 资产管理规模（十亿美元）

［数据来源：贝莱德（2016 年 4 月）］

表 2   战术 ETF 策略与传统 TAA 策略的比较

策略	战术 ETF 策略	传统 TAA 策略
投资目标	下行保护，最大化上行潜力	总收益导向，战胜混合基准
投资方法	量化	量化和 / 或定性分析
投资技术	趋势跟踪与动量	收益预测与估值
投资工具	ETFs	投资基金，股票和衍生品
下行管理	在熊市中消除损失	在熊市中减少损失
提供形式	SMA/UMA	公募基金，私募基金
成本	低	高

- 战术资产配置的产品范围变得越来越宽。ETF 产业的发展给战术资产配置经理人设计策略提供了更多的选择，以更好地满足投资者特定的要求。例如，经理人可以设计偏股型策略来构建一个股票资产组合，以便在市场低迷时能提供下行保护。经理人也能设计多资产收入策略以保证在当前低利率的市场环境中获得高的收益。与此相反，传统的战术资产配置通常提供更为标准化的产品，受限于有限的可供选择的衍生工具合约和基金数量。

- 我们通过低成本专户理财账户（SMAs）提供战术资产配置策略给投资顾问和个人。在过去，大部分保护型策略如 CTA 管理期货策略、全球宏观基金策略往往只提供给高净资产个人（HNWIs）或机构。随着科技进步和创新，比如统一管理账户（UMA）和资产托管平台（TAMPs）的出现，理财顾问们能够采用更有效且低成本的方式便捷地接触到战术资产配置策略或任何其他的策略。

2. 战术资产配置策略的表现

尽管几个最大的战术 ETF 经理人表现状况一直占据着最近两年的新闻头条，中等规模战术资产配置策略的表现也基本符合预期并达到了他们各自的基准。表 3 统计了晨星所跟踪的中等规模的战术策略人在各类资产类别中的表现。

表 3   中等规模战术策略的表现（总额 %）

策略名称	2015	3-Yr	5-Yr	10-Yr
全球全资产战术	−3.25	3.10	4.08	5.32
混合基准 [①]	−4.31	2.45	3.17	4.86
全球平衡	−1.94	4.02	4.99	4.52

续表

策略名称	2015	3-Yr	5-Yr	10-Yr
混合基准[2]	−1.87	4.66	4.74	5.53
全球股票	−2.53	7.00	6.17	5.40
晨星全球股票[3]	−1.53	8.48	6.79	5.73
全球固收	−1.52	−0.18	3.11	3.61
巴克莱全球综合债券 ex USD[4]	−2.54	−1.17	1.34	3.97
美国平衡	−3.34	4.00	4.44	6.23
混合基准[5]	1.02	9.52	8.89	6.74
美国股票	−3.40	11.08	9.29	6.41
晨星美国市场[6]	0.69	14.8	12.31	7.54
美国固收	−0.50	1.58	3.16	9.00
晨星核心债券[7]	0.98	1.67	3.45	4.73
HFRI 宏观指数	−1.26	1.25	−0.00	3.51
巴克莱对冲 CTA 指数	−1.50	1.48	−0.01	3.08

注：①全球资产基准 =55% 晨星全球股票 +17.5% 晨星核心债券 MCBI+17.5% 巴克莱全球综合债券 ex USD+10% 晨星长期商品；②全球平衡基准 =60% 晨星全球股票 +20% 晨星核心债券 MCBI + 20% 巴克莱全球综合债券 ex USD；③全球股票基准 = 晨星全球股票 GR；④全球固收基准 = 巴克莱全球综合债券 ex USD；⑤美国平衡基准 = 60% 晨星美国市场 +40% 晨星核心债券 MCBI；⑥美国股票基准 = 晨星美国市场；⑦美国固收基准 = 晨星核心债券 MCBI。

数据来源：晨星（2015 年 12 月 31 日）。

总体来看，战术经理人在各类资产上的表现，无论是从 1 年、3 年、5 年还是 10 年来看，均符合他们各自的基准。特别地，中等规模的战术经理人在 5 年期和 10 年期上的表现超越了其竞争策略——HFRI 宏观和巴克莱 CTA 指数。许多战术资产配置拥护者认为战术资产配置策略可以作为宏观对冲基金或者 CTAs 的补充，以便在经济低迷时更好地提供下行保护。表 3 支持了这个观点。

有一点需要注意的是：对战术策略进行准确的分类或者找出相应的基准可能是相当困难的。由于它们可以在多种资产类别中灵活配置资产，且没有任何约束条件，因此许多战术资产配置策略有可能在所有市场条件下获得正的收益。所以，在对战术资产配置策略评估时，我们采取混合基准或者收益导向的基准

［例如，短期国库券剔除通胀影响的收益率（T-Bill/Inflation＋X%）］。同时，因为很多战术资产配置策略强调下行风险管理，以风险管理基准诸如标准普尔500风险控制指数进行比较也是有意义的。当然，战术资产配置并不是一个短期交易策略。投资者需要在一个长期的过程中保持他们采用的战术资产配置策略，最好是一个完整的市场周期，以便能充分享受策略带来的收益。

3. 战术资产配置的优点和缺点

不同的战术资产配置策略在投资目标、方法和投资范围上存在差异。战术资产配置经理人往往是一些有着不同背景和方法的公司。他们中有的使用定量的方法，而另一些更偏重于使用定性的方法。一些定量的经理人采用趋势跟踪法、基于动量的方法，另一些经理人则会使用计量预测模型等。但所有策略最根本的目标都是相同的。

- 下行保护。许多战术资产配置经理人通过定量模型和定性研究判断市场环境是牛市还是熊市（或者说是追逐风险或是规避风险的时期），进而在资产组合中相应地配置表现最好的资产类别。特别地，一旦判断出现了熊市或者需要风险规避的环境，战术资产配置经理人在他们的资产组合中配置避险资产，如国库券和现金等来保证资产不出现损失。

- 多样化。战术资产配置经理人试图通过使用战术策略，投资许多不同类别的资产以提供与传统资产相关性低的收益现金流。比如商品和现金与股票和债券之间本身就存在较低的相关性。战术持仓策略同样降低了在整个市场周期中的相关性。例如，当战术资产配置经理人在牛市中超配了股票时，该策略收益可能与股票收益存在着高度的相关性。当债券在熊市中被超配时，该策略可能与债券收益存在着高度的相关性。然而，在一个完整的市场周期中，策略与股票和债券的平均相关性相对适中。

图4说明了在过去的十年间，战术资产配置策略帮助降低了下行风险并发挥了多样化的作用。图4展示了中等规模的战术ETF策略相对于MSCI全球指数的超额收益。在上一次2008年的市场低迷中，中等规模的战术资产配置经理的表现显著跑赢了市场。这正是战术资产配置策略希望达到的目的。图5表明中等规模的战术资产配置策略在过去7年的股票牛市中也累计跑赢了MSCI全球指数。

%

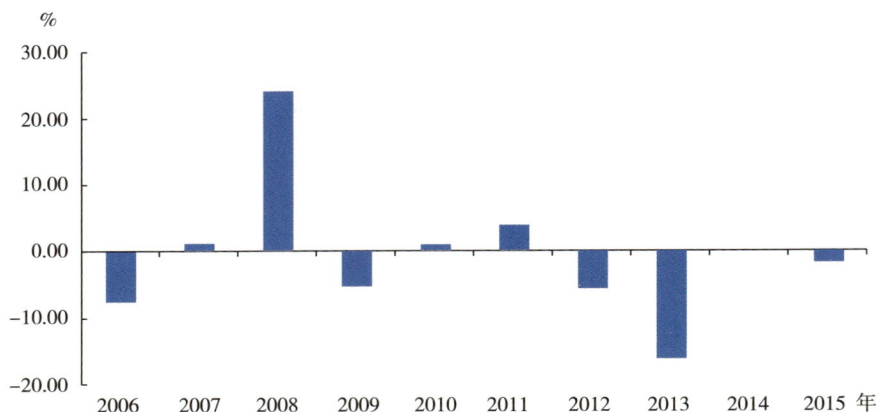

图4　中等规模战术 ETF 策略相对于 MSCI 全球指数的超额收益

[数据来源：晨星、彭博（2015 年 12 月）]

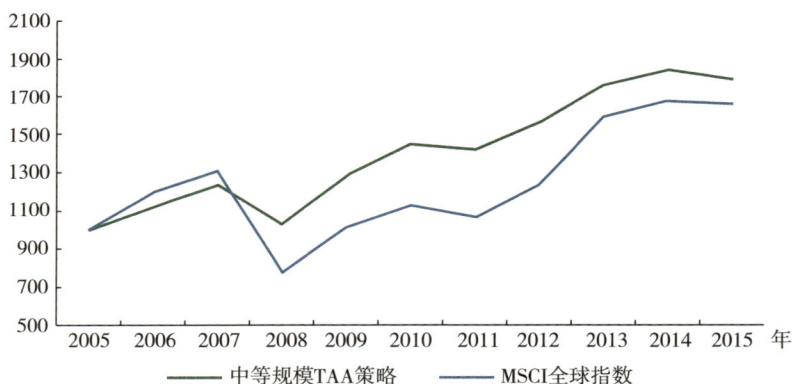

中等规模TAA策略　　　MSCI全球指数

图5　中等规模战术 TAA 策略及 MSCI 全球指数的累计收益

（数据来源：晨星、彭博）

　　大部分当今的战术资产配置策略，特别是那些在金融危机之后创建的策略，只有相对较短的跟踪记录。为了了解在不同的市场周期中战术策略的表现情况，我们在图 6 中展示了 CTA 管理期货和全球宏观对冲基金的历史表现，许多战术资产配置经理人具有与它们相似的投资目标并且使用了相似的投资方法。主要的差别在于 CTAs 和全球宏观经理人通常采用杠杆或者卖空，而战术资产配置是传统的做多策略，并不使用杠杆或者卖空的手段。通常，战术资产配置、CTAs 和全球宏观策略在趋势明显的市场能够跑赢大盘，尤其是在明显下降趋势的时期。图 4 和图 6 说明了这三种策略在 2000—2002 年的熊市和 2007—

2008 年的熊市均显著跑赢了股票市场。

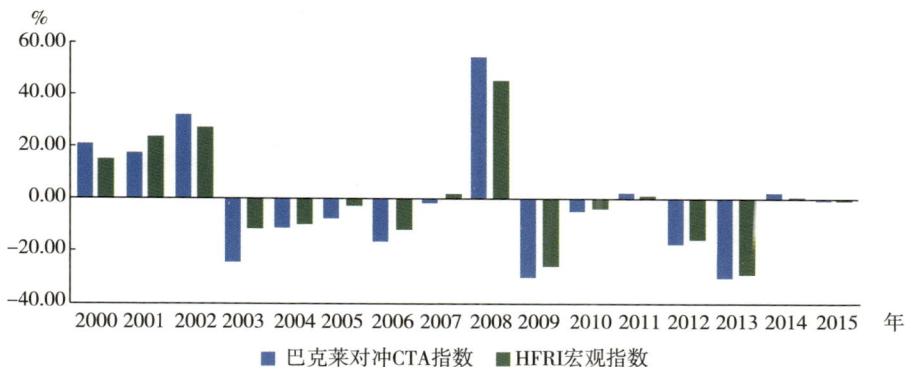

图 6 CTA 和全球宏观策略相对于 MSCI 全球指数的超额收益
[数据来源：巴克莱对冲、对冲基金研究和彭博（2015 年 12 月）]

　　从某种程度上说，战术资产配置策略的成功取决于市场趋势的频率和强度，上行趋势还是下行趋势。现实中，市场上相当频繁地出现很明显的趋势。这里有三个主要原因：

- 经济政策和货币政策通常在周期性变动。经济遵循着商业周期，在扩张和收缩中转换。为了调控经济，美联储通常在经济收缩时采用宽松的货币政策，在经济扩张时采用紧缩的货币政策，因而使流动性在"收紧"和"宽松"之间循环。同样地，股票市场也因经济繁荣和萧条的循环，而出现上升趋势和下降趋势。
- 投资者倾向于对基本面变化产生"过度反应"和"反应不足"。行为金融学告诉我们人类不可能总是理性的。在市场方向变化的早期阶段，投资者容易反应不足，新的趋势会缓慢形成。在一个趋势的晚期，投资者容易出现过度反应并使市场趋势扩张到超过基本面合理的范围。
- 对于投资者而言，对新的信息作出反应并采取行动需要花费一定的时间。市场并不总是完全有效地将所有相关的信息立刻反映在价格变动上。市场参与者需要时间聚集、处理、应对新的信息。有时候，这个过程可能会相当慢。因此，市场在一段趋势产生并扩张完全可能需要很长的一段时间。

　　然而，战术资产配置策略、CTA 策略以及全球宏观策略在应对无明显趋势的市场时可能难以发挥优势。战术策略在无明显趋势或者反复变化的市场环境中表现可能不及大盘。这种市场状况常常被称为"拉锯市",此时市场快速地变换方向,时而上行时而下跌。在这个时期,作为战术资产配置策略基础的模型可能也难以判断出市场方向。图7使用道琼斯工业指数来反映市场环境的变动。这种无明显趋势且波动性大的市场通常发生在以下情景中:

- 经济政策、货币政策和市场开始转变方向时。在这些时期,不确定性导致了高的波动性。投资者难以找到合适的方法确定市场走向。
- 外部事件和冲击。国内和国际的政治和经济事件,如欧洲债务危机和阿拉伯之春,常常导致了市场的剧烈波动。战术资产配置经理人可能难以判断这些事件是否会给市场带来持续的影响。

图7　趋势和"拉锯市"市场环境(以道琼斯工业指数为例)

(数据来源:Tradingeconomics.com.)

4. 并不是所有的经理人都是一样的

如前一段所述,中等规模战术资产配置经理人在长期可以提供下行保护和多样性。然而,最近一些主要战术ETF经理人的表现却让人失望。为了帮助取得投资胜利,我们提供了一些业内人士对于如何选择优秀的战术资产配置经理人的建议。

- 理解"秘密武器"背后的理论。任何有理可循的战术资产配置模型都需要坚实的经济学理论基础。否则,这个模型将仅仅是一个数据挖掘训练,这在长期中注定无法成功。
- 回测需要涵盖不同的市场环境。许多战术经理人并没有长期的历史跟踪记录，因此他们呈现的是回测表现。回测的缺点，比如数据拟合和事后收益，需要被更好地理解。进一步来看，一些经理人仅仅提供了短期的回测数据。这往往不能充分地证明模型的有效性。投资者需要看到在很多完整的市场周期中模型的表现，才能更好地理解模型为何会在某时期跑赢大盘，而又为何会在其他时候表现不如大盘。

- 团队表现。许多战术经理人，尤其是一些ETF策略家，之前并没有拥有长期的市场投资管理经验。尽管他们可能在量化模型方面很有造诣，他们也很有可能在面对市场环境开始变化时显得束手无策，而他们的模型也有可能会跑输大盘。为了取得长期的成功，战术资产配置模型需要不断提高并与不断变化的市场环境相适应。在这个过程中所获得的经验将至关重要。

- 跟踪记录。长期的跟踪记录是评价战术经理人的一项十分重要的依据。优秀的长期记录是经理人过去光辉业绩的体现。正如我们所知，过去的表现并不能作为未来的业绩的保证，特别是在战术管理领域。无数的例子表明，在这个行业里一些声名赫赫的经理人由于较差的后期表现而最终导致他们的基金倒闭。投资者应该综合分析经理人的投资模型、投资理念以及优势来评估经理人过去的表现。

- 研究能力。战术投资并不是一项简单的任务。战术资产配置经理人需要持续提高模型并开发新的策略。一个公司的研究支出越多，在长期投资中将更有可能获得超额收益。

5. 从两次主要战术ETF策略的管理和表现问题中得到的教训

在过去的两年里，两家最大的战术ETF策略家经历了严重的危机。一家鼎盛时期保有280亿美元资产管理规模（AUM）/资产管辖规模（AUA）的公司被美国证券交易委员会罚款，并且紧接着宣布破产。另一家鼎盛时期有着超过100亿美元资产管理规模（AUM）/资产管辖规模（AUA）的公司在2014年经历了严重的业绩下滑，失去了大部分资产。

因此，一些投资者对战术策略失去了信心。由于这些事件的影响，部分战术ETF策略经历了严重的资产回流（见图2）。在我们看来，这些事件只与特定的经理人相关，而并不是与战术策略整体相关。正如我们所强调的那样，从整体上看战术资产配置策略确实提供了下行保护和多样化收益。然而，我们可以从中学到一些重要的经验：

- 需要更加严格的尽职调查。除了理解投资方法之外，投资者需要审核独立的第三方验证的符合 GIPS 标准的实际业绩表现和回测结果。

- 选择不同战术经理人进行多样化。每个策略有其特有的模型或者特定的策略风险。通过投资两个或更多表现优异的策略，可以降低特定的策略风险。
- 战术策略应该用来提升一个资产组合而不是成为单独资产组合。在早期，一些投资者使用一种或几种战术策略来配置他们全部的资产组合。一旦这些策略跑输了大盘，这些投资者的投资组合也遭了殃。在我们看来，使用战术投资策略对资产中的 20%~30% 进行配置是合理的（见图 8）。

传统配置比例　　　　　　改进的配置比例

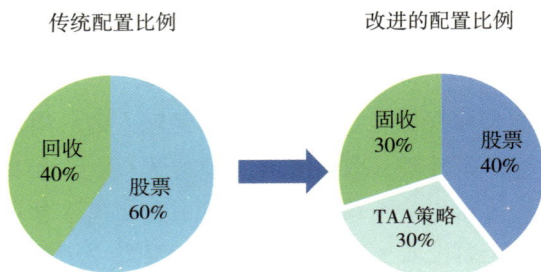

图 8　如何利用战术资产配置策略

6. 如今市场关心问题的有效解决方法

在当今市场，投资者们面对着两大挑战：如何在市场下行时得到下行保护，如何在当前低利率的市场环境中获得高且稳定的收益。由于目前牛市已经存在超过七年之久，许多投资者开始更关注市场下行的可能性。基于这种考虑，我们预测投资者对下行风险管理的解决办法的需求将会逐步增加。同时一些投资者可能会寻找其他的一些办法提供下行保护，相比战术资产配置策略，它们存在着各自的风险和缺点。其他办法包括：

- 购买高品质的债券。这也是最直接的办法。信用好的企业债券和国库券在熊市上通常表现良好。然而，在目前低利率的市场环境中，高品质债券的期望收益率在不断下降。长期持有高品质债券可能无法达到投资者的收益目标。长期来看，战术资产配置策略可能提供了比高品质债券更高的收益率。
- 购买看跌期权。这是另一种很自然的方法来对冲下行风险。然而，期权相当昂贵。除非你在购买之前花了很长的时间研究看跌期权，否则买期权几乎注定要赔钱。大部分期权一文不值。

● 投资管理期货或者宏观基金。对冲基金是比较昂贵的。一般来说需要收取 2% 的管理费用以及 20% 的业绩费用。对冲基金扣除费用之后的收益并不如战术资产配置策略有吸引力（见表 3）。而且，对冲基金策略大部分不透明，而且晦涩难懂。

投资者面临的另一个问题是如何在低利率的市场环境中获得不错的收益。许多投资者为了获得更高的收益往往选择放弃固定收益的投资，转而选择其他的高风险高收益资产诸如 REITs、新兴市场债券、银行贷款、MLPs、股权或者优先股。然而，这些类别的资产波动性相当大，且具有较高的风险。最近，MLPs 和高收益债券（它们通常能提供 6%~9% 的收益），随着 2015 年油价下跌也经历了一场大幅下跌（见图 9）。为了满足投资者对高且稳定的收益的需求，许多战术资产配置经理人设计了多资产收益策略旨在通过对所有产生收益资产的类型进行战术持仓，来提供高且稳定的收益。在我们看来，这种类型的策略将在接下来的几年里持续发展，并且随着美联储持续加息和传统固定收益投资的发展将可能产生较高的收益。

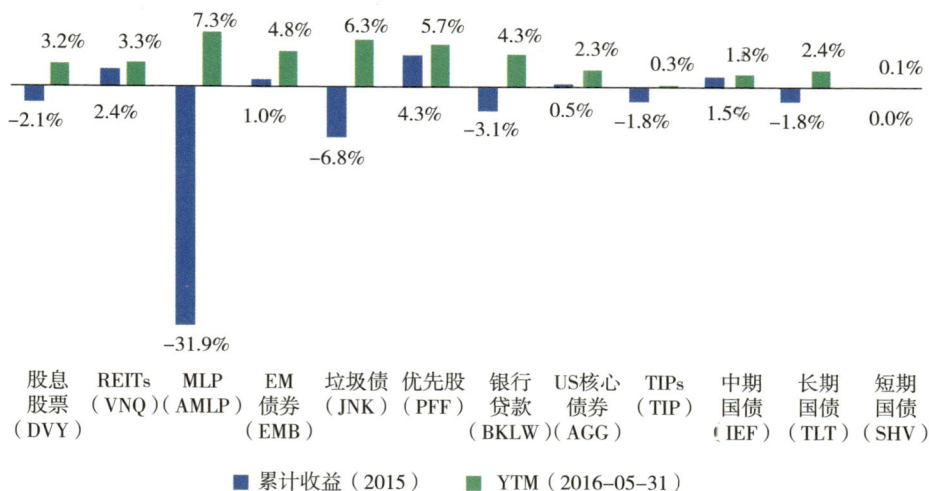

图 9　产生收益资产的累计收益（2015）及到期收益率（2016-05-31）

（数据来源：雅虎）

总的来说，战术资产配置策略能为投资者如今面临的两大问题提供有效的解决方法：在熊市中获得下行保护和在低利率环境中获得收益。尽管最近出现了一些波折，但毫无疑问这一块将持续发展下去。从投资者的角度来看，战术资产配置策略最好的使用方式是组合使用表现好的战术资产配置策略和其他的策略来配置资产组合。

基金评价与筛选·理论篇

第 5 章 基金风险收益特征分析

基金风险收益特征分析是基于基金净值的分析。基金净值是每份基金单位的净资产价值，等于基金的总资产减去总负债后的总净资产除以基金全部发行的单位份额总数。《证券投资基金信息披露管理办法》规定，国内的公募基金管理人应当在市场交易日的次日公布基金净值。私募基金管理人也需要按照有关规定定期向投资人披露净值数据。因此，基金净值分析是我们及时了解基金表现的有效途径。图 5.1 为某只基金以及沪深 300 指数的复权净值曲线，基金风险收益特征分析就是对净值曲线所做的定量分析，内容主要包括业绩（收益率）分析、风险分析、风险调整收益分析和基准相关分析。

图 5.1 某基金及沪深 300 复权净值曲线

在基金净值分析前，我们有必要先区分三个概念：单位净值、累计净值和复权净值，它们的区别在于对基金分红的处理。

（1）单位净值，每份基金单位的净资产价值，分红不计入内；

（2）累计净值，将分红加回单位净值，但不作为再投资计算复利；

（3）复权净值，将分红加回单位净值，并作为再投资进行复利计算。

基金复权净值能比较真实地反映基金经理的管理业绩，因此净值分析的时候，我们选取的对象是复权净值。

5.1 基金业绩分析

基金业绩分析主要观测基金收益率相关的指标，包括累计收益率、年化收益率、滚动年化收益率、超额收益率以及偏度等。比较不同基金收益率相关的指标时，我们倾向于收益率指标数值大的基金。

累计收益率是指基金从成立运作开始至最新交易日的累计收益比率，衡量基金从成立以来的总收益情况，计算公式如下：

$$累计收益率 = \frac{期末净值}{期初净值} - 1$$

年化收益率是基金一年期间收益回报的几何平均值，衡量基金平均每年的收益情况，计算公式如下：

$$年化收益率 = \left(\frac{期末净值}{期初净值}\right)^{1/年数} - 1$$

当净值日期不满一年时，年化收益率的计算方式如下：

（1）按实际天数 D 计算，收益率为（1+avgRet）^365−1，其中 avgRet=（1+累计收益）^（1/D）−1；

（2）直接按区间累计收益率计算，年化收益率 = 区间累计收益率。

超额收益率是指基金的收益率减去基准收益率，一般以无风险投资的收益（银行定期存款收益率或者债券收益率）或者市场平均收益（沪深 300、中债综合财富指数收益等）作为基准收益率，衡量的是基金扣除机会成本的收益，计算公式如下：

$$超额收益率 = 基金年化收益率 - 基准年化收益率$$

为了观察收益率随时间的变化，我们还经常计算滚动收益率，比如 12 个月滚动收益率，即在每一个时间点以该时间点为基准，计算的过去 12 个月的累计收益率。

偏度（Skewness）衡量基金收益率分布的对称性，计算公式如下：

$$偏度(Skewness) = \frac{n}{(n-2)(n-3)} \sum_{i=1}^{n} \left(\frac{r_i - \bar{r}}{\sigma}\right)^3$$

其中，r_i 代表时期 i 的收益率，$\bar{r}$ 代表收益率的平均值，σ 代表收益率的标准差，n 代表收益率观测值的数量。偏度为正值说明收益率分布不对称并且右偏；偏度为负值说明收益率分布不对称并且左偏。需要注意的是偏度极易受异常值和观测区间的影响。

5.2 基金风险分析

基金风险分析关注基金风险相关的指标，主要包括波动率、下行风险、最大回撤和峰度。比较不同基金风险相关指标时，我们倾向于风险指标数值小的基金。

波动率是最常用的风险指标，它是收益率的标准差，衡量的是收益率相对于其平均值的分散程度。波动率的计算公式如下：

$$波动率(\sigma) = \sqrt{\frac{1}{n-1}\sum_{i=1}^{n}(r_i - \bar{r})^2}$$

其中，r_i 代表时期 i 的收益率，$\bar{r}$ 代表收益率的平均值，n 代表收益率观测值的数量。在收益率是正态分布或者近似于正态分布的情况下，约 95% 的收益率观测值会分布在距离收益率均值 2 个标准差大小的范围内。因此波动率（标准差）越小，不确定性越小，即风险越小。

标准差的大小跟收益率观测值的观测频率（月收益率一年有 12 个观测值，周收益率一年有约 50 个观测值，日收益率一年有约 245 个观测值）有关。在实际应用中，我们一般使用年化标准差表示波动率，计算公式如下（推导过程请见附录：年化波动率中的数学）：

$$波动率_{年化} = 月收益率标准差 \times \sqrt{12}$$

$$波动率_{年化} = 周收益率标准差 \times \sqrt{50}$$

$$波动率_{年化} = 日收益率标准差 \times \sqrt{245}$$

需要注意的是，比较不同基金年化波动率时需要首先统一收益率的观测频率，不同观测频率收益率所计算得到的年化波动率不具有可比性。

下行风险，也叫下行标准差，是小于某一设定值的收益率相对于该设定值的标准差，衡量的是收益率小于设定值的风险。当投资者对基金的下跌比较敏感的时候，下行风险是重要的观测指标之一。下行风险的计算公式如下：

$$下行风险(\sigma_d) = \sqrt{\frac{1}{n}\sum_{\substack{i=1 \\ r_i < c}}^{n}(r_i - c)^2}$$

其中，r_i 代表时期 i 的收益率，c 是自定义的参数，通常选择收益率均值 $\bar{r}$ 或者 0（当收益率低于 c 时，认为是收益下行），n 代表收益率观测值的数量。下行风险越小，表明收益下行的概率和程度越小。同年化波动率类似，年化下行风险的计算公式如下（以月频收益率为例）：

$$下行风险_{年化} = \sqrt{\frac{1}{月数} \sum_{月收益率<c}^{月数} (月收益率 - c)^2} \times \sqrt{12}$$

最大回撤描述的是基金在一段时期内最坏的场景，衡量的是在该时期内买入基金的最大可能损失，计算公式如下：

$$最大回撤 = \max_{i<j} \left(\frac{j\,日净值 - i\,日净值}{i\,日净值} \right)$$

最大回撤的绝对值越小，说明基金在该时期内最大下跌幅度越小。图 5.2 为某基金的复权净值曲线，从 A 点到 B 点的跌幅就是最大回撤。

图 5.2　基金累计净值曲线——最大回撤

峰度（Kurtosis）衡量收益率分布相对于正态分布的峰值程度和尾部厚度，计算公式如下：

$$峰度(Kurtosis) = \left[\frac{n(n+1)}{(n-1)(n-2)(n-3)} \sum_{i=1}^{n} \left(\frac{r_i - \bar{r}}{\sigma} \right)^4 \right] - \frac{3(n-1)^2}{(n-2)(n-3)}$$

其中，r_i 代表时期 i 的收益率，$\bar{r}$ 代表收益率的平均值，σ 代表收益率的标准差，n 代表收益率观测值的数量。低的峰度值表明收益率分布为平峰瘦尾，风险均摊在整个分布上；准确来说峰度值小于零，则出现极端状况收益水平的概率低于正态分布的情况。高的峰度值表明收益率分布为尖峰厚尾，风险集中在尾部的小概率（黑天鹅）事件上，即峰度值大于零，出现极端状况收益水平的概率高于正态分布的情况。投资者能够承受中小程度的损失，而希望黑天鹅事件的概率越小越好，因此峰度值越小越好。

需要注意的是，峰度值应该和波动率（标准差）一起考查，孤立地考查峰度值并不具有太大意义。波动率衡量的是风险的大小，峰度衡量的是风险的分布，只有在波动率可比的情况下，比较峰度才有意义。可能出现这样的情况，一种资产或者资产组合具有高的峰度值和低的波动率，另一种资产或者资产组合具有低的峰度值和高的波动率。与偏度类似，峰度极易受异常值和观测区间的影响。

5.3　基金风险调整收益分析

收益和风险不可兼得是投资界的共识，Fama 和 MacBeth（1973）最早用实证的方法验证了这一结论。单一的考查收益或者风险指标都将有失偏颇，因此需要计算分析风险调整收益指标来综合考查收益和风险。风险调整收益指标主要有夏普比率、索提诺比率、卡玛比例和欧米伽比率等。

Sharpe（1966）提出了夏普比率，也称收益—波动比率，是目前市场上用于衡量基金的风险调整后收益最为常用的一个标准化指标。它衡量的是基金相对于其波动性的收益，其核心思想是投资人在固定所能承受的风险下，追求最大的收益；或在固定的预期收益下，追求最低的风险。夏普比率的计算公式如下：

$$夏普比率(Sharpe\ Ratio) = \frac{(r - r_f)}{\sigma}$$

其中，r 代表基金收益率，r_f 代表无风险收益率，σ 代表基金收益率的标准差。夏普比率可以使用历史数据计算，也可以使用预期收益率计算。

夏普比率没有基准点，因此其大小本身没有意义，只有在与其他基金的比较中才有价值。夏普比率越大，我们认为该基金的表现越好。为了便于不同基金之间的横向比较，实际应用中我们使用年化收益率、年化无风险收益率和收益率的年化标准差计算夏普比率。

如果投资者对于基金下跌较为敏感，我们可以计算基金的索提诺比率。索提诺比率在衡量风险时区分了波动的好坏，其隐含的假设是基金的上涨符合投资人的需求，不计入风险调整。索提诺比率的计算公式如下：

$$索提诺比率 = \frac{(r - r_f)}{\sigma_d}$$

其中，r 代表基金收益率，r_f 代表无风险收益率，σ_d 代表下行风险，即基金收益率的下行标准差。

同夏普比率类似，索提诺比率越大，表明基金承担相同单位下行风险时能获得的收益率更大。实际应用中我们一般使用年化收益率、年化无风险收益率和年化下行风险计算年化索提诺比率。

夏普比率和索提诺比率的计算涉及年化标准差，因此比较之前需要统一收益率观测的频率。

卡玛比例描述的是收益和最大回撤之间的关系。与夏普比率不同，卡玛比例以最大回撤作为风险的度量，而不是收益率的标准差作为风险的度量。计算方式为

$$卡玛比例(Calmar\ Raito) = \frac{基金在\ t\ 时间段的年化收益率}{基金在\ t\ 时间段内的最大回撤}$$

卡玛比例是基于回撤幅度调整的收益指标，其数值越大，基金的业绩表现越好，反之，基金的业绩表现越差。对于非常保守，更在乎基金出现最差情况的投资者，可以考虑使用卡玛比例衡量基金风险调整的收益。

欧米伽（Omega）将高于最小接受回报阈值（MAR）的单个返还点的数量和规模与低于 MAR 阈值的单个返还点的数量和规模进行比较。计算方式为

$$欧米伽比率（Omega\ Raito）= \frac{\sum_{r_i > MAR}(r_i - MAR)}{\sum_{r_i < MAR}(MAR - r_i)}$$

这里 r_i 表示基金的日收益率，MAR 即最小接受阈值，假设为 0。即统计在某一区间内，基金日收益率大于 0 的次数与日收益率小于 0 的次数的比值。

像许多统计比率一样，欧米伽比率是收益与风险权衡的度量标准，是一种相对指标，必须将一个数据系列的欧米伽与索引或其同等指标进行比较，以便判断欧米伽是"好"还是"坏"；没有确定好欧米伽与坏欧米伽的硬断点或临界点。

5.4　基金基准相关分析

在对基金作净值分析的时候，我们不仅关注基金本身的表现，还想知道基金相对于市场平均的表现。基金收益率指标中的超额收益其实就是一种基准相

关指标。除此之外，基准相关分析计算并观察的指标还有相关系数、判定系数、贝塔值、跟踪误差、信息比率、上行捕获 / 下行捕获、詹森指数等。实践中还经常对比基金月度（周）收益分布频次与基准月度（周）收益频次，来考查基金相对于基准的收益率分布。

相关系数衡量的是基金收益率和基准收益率共同变化的趋势大小，计算公式如下：

$$相关系数(R) = \frac{\sum_{i=1}^{n}(r_i - \bar{r})(BM_i - \overline{BM})}{\sqrt{\sum_{i=1}^{n}(r_i - \bar{r})^2}\sqrt{\sum_{i=1}^{n}(BM_i - \overline{BM})^2}}$$

其中，r_i 代表基金在时期 i 的收益率，$\bar{r}$ 代表基金收益率的平均值，BM_i 代表时期 i 的基准收益率，$\overline{BM}$ 代表基准收益率的平均值，n 代表收益率观测值的数量。相关系数为正值，说明基金收益率和基准收益率同方向变化；相关系数为负值，说明基金收益率和基准收益率反方向变化。

判定系数是相关系数的平方，衡量的是基金收益率的变化可以由基准收益率变化解释的程度。计算公式如下：

$$判定系数 = R^2$$

判定系数是衡量基准选择是否合适的指标。如果判定系数很低（低于 0.5），则提示基准选择可能存在问题，相应的基准相关的指标，例如贝塔值、信息比等，都将变得不可靠。

贝塔值是由基金的收益率对市场基准收益率进行回归，得到的斜率。计算公式如下：

$$贝塔值(\beta) = \frac{基金收益率的标准差 \times \dfrac{基金收益率与}{市场基准收益率的相关系数}}{市场基准收益率的标准差}$$

贝塔值描述的是相对于市场的系统风险，即当市场基准收益上行或者下行时，基金上行或者下行的百分比：

（1）贝塔值大于 1，当市场基准收益出现波动时，基金的收益将以比市场基准收益变化更大的百分率波动，因此基金的风险大于市场作为一个整体的风险；

（2）贝塔值等于 1，当市场基准收益出现波动时，基金的收益将与市场基准收益同等幅度波动，基金的风险等于市场作为一个整体的风险；

（3）贝塔值小于 1，当市场基准收益出现波动时，基金的收益以比市场基准收益变化更小的百分率波动，基金的风险小于市场作为一个整体的风险。

跟踪误差是超额收益的标准差，衡量的是基金跟踪业绩基准的紧密程度，也是基金偏离业绩基准的波动率。计算公式如下：

$$\text{跟踪误差} = \sqrt{\frac{1}{n-1}\sum_{i=1}^{n}(\text{超额收益}i - \text{超额收益均值})^2}$$

其中，n 代表收益率观测值的数量。跟踪误差并不区分上行误差和下行误差。如果投资者相信资本市场是有效的，资产管理者很难获得持续的超额收益，那么投资者会倾向于一个低的跟踪误差；反之如果投资者相信聪明的资产管理者可以获得持续的超额收益，那么他们会倾向于一个高的跟踪误差。

信息比率是一种基准相关的风险调整的收益，是超额收益均值与超额收益标准差（也就是跟踪误差）的比率。计算公式如下：

$$\text{信息比率}(IR) = \frac{\text{超额收益均值}}{\text{跟踪误差}}$$

信息比率衡量的是单位主动风险所带来的超额收益。信息比率越大，说明基金管理人单位跟踪误差所获得的超额收益越高，因此，信息比率较大的基金的表现要优于信息比率较低的基金。

基金和基准月度（周）收益率频次对比是实际应用中比较直观的一种基准相关分析。图 5.3 为某基金和沪深 300 的周收益分布频次统计。由图 5.3 可以看出，该基金相对于沪深 300，波动性更大，并且有较大的尾部风险（出现极端低收益率的频次高于沪深 300）。

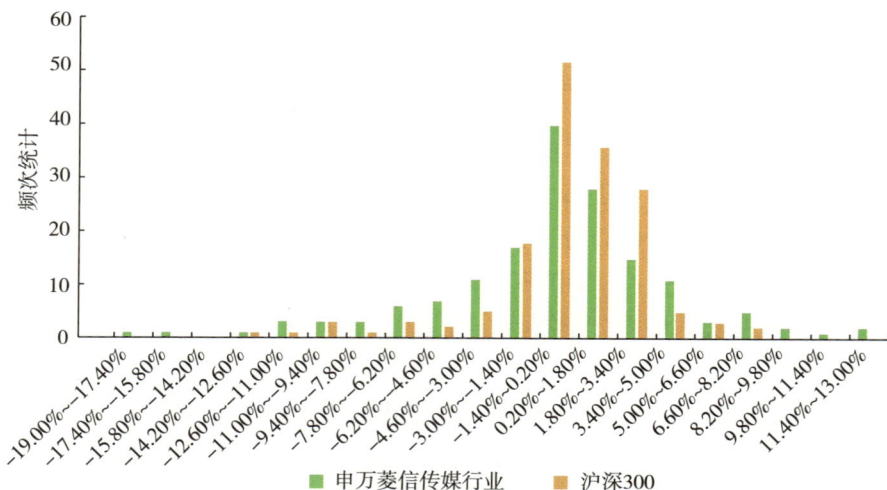

图 5.3　某基金和沪深 300 周收益分布频次统计

上行捕获 / 下行捕获，可以反映出基金是保守还是激进的倾向。上行捕获率就是当市场基准上涨 100% 的时候，基金上涨的百分比；下行捕获率就是当市场基准下跌 100% 的时候，基金下跌的百分比，是衡量基金经理在正基准回报率阶段能够复制或改善的水平，以及度量基金经理受负基准收益率阶段影响的严重程度。

为了计算上行捕获，我们首先通过删除基准回报为零或负的所有时间段，从基金和基准系列中形成新系列，进而计算：

$$上行捕获 = \frac{\left(\prod_{i=1}^{n_{up}} 1 + r_i \right)^{1/y} - 1}{\left(\prod_{i=1}^{n_{up}} 1 + BM_k \right)^{1/y} - 1}$$

其中，r_i 表示基金日收益率，n_{up} 表示日收益率大于 0 的天数，BM_k 表示基准收益率。下行捕获的计算类似。

Jensen 指数（詹森指数）又称为阿尔法值，是衡量基金超额收益大小的一种指标。这种衡量综合考虑了基金收益与风险因素，比单纯的考虑基金收益大小要更科学。

$$Jensen \text{ 指数} = r_{i,t} - [r_{f,t} + \beta_i(r_{m,t} - r_{f,t})]$$

$r_{m,t}$ 为市场投资组合在 t 时期的收益率；$r_{i,t}$ 为 i 基金在 t 时期的收益率；$r_{f,t}$ 为 t 时期的无风险收益率，β_i 为基金投资组合所承担的系统风险。詹森指数所代表的就是基金业绩中超过市场基准组合所获得的超额收益。即詹森指数＞0，表明基金的业绩表现优于市场基准组合，大得越多，业绩越好；反之，如果詹森指数＜0，则表明其绩效不好。

5.5　附录：年化波动率中的数学

我们以月收益率数据为例计算年化标准差：

（1）近似处理：年化收益率 =1 月收益率 +2 月收益率 + ⋯ + 12 月收益率；

（2）Var（年化收益率）=Var（1 月收益率 +2 月收益率 + ⋯+ 12 月收益率）；

（3）假设月收益率独立同分布：Var（年化收益率）=Var（1 月收益率）+ Var（2 月收益率）+ ⋯ + Var（12 月收益率）=12 × Var（月收益率）；

（4）σ（年化收益率）=[Var（年化收益率）]^{0.5} =[12 × Var（月收益率）]^{0.5} =

$\sqrt{12} \times \sigma$（月收益率）。

5.6　参考文献

卡尔·R. 培根. 投资组合绩效评测实用方法 [M]. 黄海东，译. 北京：机械工业出版社，2015.

戴维·达斯特. 资产配置的艺术：所有市场的原则和投资策略 [M]. 段娟，史文韬，译. 北京：中国人民大学出版社，2014.

尤拉姆·拉斯汀. 资产配置投资实践 [M]. 孙静，郑志勇，李韵，译. 北京：电子工业出版社，2016.

Fama，E. F.，& MacBeth，J. D.. Risk，return，and equilibrium：Empirical tests. *Journal of political economy*，1973，81（3）：607-636.

Sharpe，W. F.. Mutual fund performance. *The Journal of business*，1966，39（1）：119-138.

【阅读材料】资产组合业绩衡量套路解析

在 FOF、MOM 等委外投资场景中，投资组合业绩的衡量是投资方以及资产管理人面临的首要问题。投资组合的业绩，也就是资产的收益率，算这个有什么难的，期末价值除以期初价值，减 1 不就是么？

年轻人，too young too naive 啊。来，过来看看这个场景：投资人在年初委托投资股票和债券各 100，上半年股票市场上涨 10%，债券市场上涨 3%；年中股票追加委托投资 200，债券撤资 30；下半年股票市场下跌 8%，债券市场上涨 4%；如何衡量今年的委托投资业绩？

场景	注撤资与净资产	年初	年中	年底
股票	注撤资	100	200	
	净资产	100	310	285.2
债券	注撤资	100	-30	
	净资产	100	73	75.92
投资组合	注撤资	200	170	
	净资产	200	383	361.12

再来看一个更贴近实际的场景，年初的股票注资 100 分给 3 个外部管理人（各为 30、30、40），3 个管理人表现各异，上半年的收益率分别为 12%、16% 和 6%。年中投资人向股票管理人 1 和管理人 2 分别注资 100，下半年三个股票管理人的收益率分别为 -10%、-8%、-6%。年初 100 的债券注资平均分配给 2 个管理人，每个管理人各 50，管理人 1 和管理人 2 上半年的收益率分别为 2% 和 5%。年中将债券管理人 1 的资金撤回 30，下半年债券管理人 1 和管理人 2 的收益率分别为 3% 和 5%。又该如何衡量全年的委托投资业绩？

场景	注撤资与净资产	年初	年中	年底
股票管理人 1	注撤资	30	100	
	净资产	30	133.6	120.24
股票管理人 2	注撤资	30	100	
	净资产	30	134.8	124.016
股票管理人 3	注撤资	40		
	净资产	40	42.4	39.856

续表

场景	注撤资与净资产	年初	年中	年底
股票整体	注撤资	100	200	
	净资产	100	310.8	284.112
债券管理人 1	注撤资	50	−30	
	净资产	50	21	21.63
债券管理人 2	注撤资	50		
	净资产	50	52.5	55.125
债券整体	注撤资	100	−30	
	净资产	100	73.5	76.755
投资组合整体	注撤资	200	170	
	净资产	200	384.3	360.867

在以上委托投资场景里，由于频繁注撤资的原因，简单的收益率并不能直观地计算。解决由频繁注撤资带来的问题有两个办法：第一，消除频繁注撤资的影响，使收益率的计算与现金的流入与流出无关，这是时间加权收益率的处理思路；第二，把注撤资的影响纳入收益率计算的过程中，这是金额加权收益率的处理思路。

都是收益率，算出来估计也都差不多吧？

哦 no，no，no，no，待会儿您就可以看到，它们不仅数值大小不一样，有些时候甚至连正负都相反。如果用在不恰当的地方，中了套路，损失可得好几亿啊（领着几千块的工资，操着几个亿的心，但是我很快乐）。为了保护各位读者几个亿的资产，接下来我们将为大家详细解读投资组合收益率计算中的套路，包括时间加权收益率和金额加权收益率都是什么、该怎么算、什么时候该看哪个，以及净值收益率和资金加权收益率又是什么等问题。

1. 时间加权收益率

先来看时间加权收益率。时间加权收益率的处理思路是消除注撤资的影响，使收益率与现金流入流出无关。具体的做法也很简单：在计算时间加权收益率时，各个时间段不论投资金额的多少都赋予相同的权重，然后各期简单收益比首尾相连乘起来减 1 就是了，公式表述如下：

$$r_{\text{时间加权}} = (1 + r_1) \times (1 + r_2) \times \cdots \times (1 + r_n) - 1$$

其中，r_t 为第 t 个时间区间的简单收益率（$r_t = \dfrac{V_t - C_t}{V_{t-1}} - 1$，$V_t$ 为 t 期末的净资产，

C_t 为 t 期的注撤资），n 为每年根据注撤资划分的时间区间的数量（如果投资年限超过一年，则需使用几何平均法计算年化收益率）。

学以致用，我们算了一下以上两个场景的时间加权收益率，详见下表。

场景一					收益率（%）		
场景一收益率		年初	年中	年底	上半年	下半年	时间加权收益率
股票	注撤资	100	200		10	−8	1.2
	净资产	100	310	285.2			
债券	注撤资	100	−30		3	4	7.12
	净资产	100	73	75.92			
投资组合	注撤资	200	170		6.5	−5.7	0.42
	净资产	200	383	361.12			

场景二					收益率（%）		
场景二收益率		年初	年中	年底	上半年	下半年	时间加权收益率
股票管理人1	注撤资	30	100		12	−10	0.8
	净资产	30	133.6	120.24			
股票管理人2	注撤资	30	100		16	−8	6.72
	净资产	30	134.8	124.016			
股票管理人3	注撤资	40			6	−5	−0.36
	净资产	40	42.4	39.856			
股票整体	注撤资	100	200		10.8	−8.59	1.29
	净资产	100	310.8	284.112			
债券管理人1	注撤资	50	−30		2	3	5.06
	净资产	50	21	21.63			
债券管理人2	注撤资	50			5	5	10.25
	净资产	50	52.5	55.125			
债券整体	注撤资	100	−30		3.5	4.43	8.08
	净资产	100	73.5	76.755			
投资组合整体	注撤资	200	170		7.15	−6.1	0.62
	净资产	200	384.3	360.867			

就这么简单有没有！确实，时间加权收益率是一种简单又相当普遍的收益

率计算方法，它衡量的是投资期初的 1 元钱持有到投资期末的收益。根据基金的净值计算的收益率其实就是一种时间加权收益率，区别只在于计算收益率时是先把单位化成净值，再通过简单收益率的方式计算。

一切都很美妙，但是有没有觉得哪里不太对呢……故事才刚刚开始：

场景一中，投资组合时间加权收益率为 0.42%，只赚了一点小钱，老板虽然不是很开心，但好歹也没亏，能过个安稳年，开开心心回家去。回到家，老板娘开始算账：年初投入 100+100=200，年中投入 200-30=170，全年投入 200+170=370，年终账上剩下 361.12。What？捋一捋，压压惊，再算一遍……全年总投入 100+100+200-30=370，What？亏了 8.88！不是说小有盈利么，藏私房钱了！！！

老板：臣哪敢呀……这个……这个亏的这个钱还蛮吉利的，8 块 8 毛 8，明年一定发！

老板娘：what？（啪！啪！啪！）

老板：我肯定是中了套路了。让我咨询下西筹研究，它的系列报告里头有讲解投资组合收益率计算的套路……

2. 金额加权收益率

于是，西筹研究迎来了这位老板。本着"少一些套路，多一些真诚"的原则，我们将认真解读下一个收益率的套路解法，即金额加权收益率。

金额加权收益率对注撤资的处理思路是既来之则算之：对所有现金流都按可用于投资的时间比例进行调整，计算公式表述如下：

$$V_T = V_0(1+r) + \sum_{t=1}^{T} C_t(1+r)^{w_t}$$

其中，r 为金额加权收益率，V_0 为期初净资产，V_T 为期末净资产，C_t 为 t 时刻的注撤资，w_t 为 C_t 所占用的时间权重（$w_t = D_t/TD$，TD 为投资期间的所有天数总和，D_t 为 C_t 实际占用的天数）。不知各位还记不记得债券的定价公式，有兴趣的可以看一眼，谜之相似有木有。

这个公式好看是好看，但是似乎不好算呐，尤其是有多期注撤资的时候，需要求解一元多次方程。于是，我们对上式求和符号内的多次项进行泰勒展开并保留前两项，在收益率不是特别高的时候，省略 $o(r)$ 是可以接受的误差：

$$(1+r)^{w_t} = 1 + w_t r + o(r)$$

进而金额加权收益率的公式可以表示为

$$V_T = V_0(1+r) + \sum_{t=1}^{T} C_t(1+w_t r)$$

整理可得：

$$r_{金额加权} = \frac{V_T - V_0 - \sum_{t=1}^{T} C_t}{V_0 + \sum_{t=1}^{T} w_t C_t}$$

算起来就容易多了，加减乘除就搞定！这个简化的金额加权收益率还有一个称呼，叫作资金占用收益率。

好啦，现在就让我们来帮老板算算今年的金额加权收益率吧。

场景一						
场景一金额加权收益率		年初	年中	年底	Ct*Wt	金额加权收益率（%）
股票	注撤资	100	200		100	−7.4
	净资产	100	310	285.2		
债券	注撤资	100	−30		−15	6.4
	净资产	100	73	75.92		
投资组合	注撤资	200	170		85	−3.12
	净资产	200	383	361.2		

场景二						
场景二金额加权收益率		年初	年中	年底	Ct*Wt	金额加权收益率（%）
股票管理人1	注撤资	30	100		50	−12.2
	净资产	30	133.6	120.24		
股票管理人2	注撤资	30	100		50	−7.48
	净资产	30	134.8	124.016		
股票管理人3	注撤资	40			0	−0.36
	净资产	40	42.4	39.856		
股票整体	注撤资	100	200		100	−7.9
	净资产	100	310.8	284.112		
债券管理人1	注撤资	50	−30		−15	4.66
	净资产	50	21	21.63		
债券管理人2	注撤资	50			0	10.25
	净资产	50	52.5	55.125		
债券整体	注撤资	100	−30		−15	7.9
	净资产	100	73.5	76.755		
投资组合整体	注撤资	200	170		85	−3.2
	净资产	20	384.3	360.867		

场景一中全年亏了 8.88 元，金额加权收益率为 -3.12%；场景二全年亏了 9.133 元，金额加权收益率为 -3.2%。看起来合理多了，证明了老板并没有藏私房钱，可以交差咯。老板开心地跑回家向夫人汇报。

老板娘：没有藏私房钱，那就是真亏了！（啪！啪！啪！）

3. 如何看待两种收益率

至此，老板挨了六个大嘴巴，作为一个老板，这是不可接受的。冤有头债有主，老板想到了要去找投资经理算账。但是投资经理也很冤呐，股票经理上半年赚 10%，下半年亏 8%，全年平均还赚 1.2% 呢。问题出在哪呢？

两种收益率算法都在 deal with 注撤资，现在问题依然出在注撤资。上半年股票经理业绩好的时候，资金量小，收益率虽然高，但赚的钱少；年中注资后，下半年资金量大，跌幅虽然不大，但亏的钱多；一来一去，收益率看着还不错，钱却亏了。毛病就在注撤资的时机上，这个投资经理管不了，锅还得老板自己背……

后面三个大嘴巴挨得不冤，但是前面三个是可以避免的。为此，我们给老板以及正在阅读本文的各位老板总结了两种收益率的计算方法、特点、适用条件以及适用部门，详见下表。各位下次在向老板娘汇报工作的时候可以少挨三个大嘴巴，也算是西筹研究为家庭和谐作出的贡献。

时间加权与金额加权收益率比较	时间加权收益率	金额加权收益率
计算方法	各时间段收益率的几何加总	收益额 / 加权成本
特点	与注撤资无关	与注撤资有关
适用条件	衡量管理人业绩	衡量总体投资业绩
适用部门	投资部门	财务部门（老板娘）

第 6 章　基金风格分析

　　基金投资风格，是指基金投资于一类具有共同收益特征或共同价格行为的股票的现象。在基金管理领域，投资风格发挥着重要的作用。机构投资者和个人投资者不仅需要决定如何配置大类资产，在股票投资中，也要决定将资金如何分配到成长型股票、价值型股票、小市值股票、大市值股票等不同风格的股票中。

　　从基金营销的角度，由于不同的投资者具有不同的收益—风险目标，基金公司不得不对客户群体作出细分，明确旗下基金的投资风格，以专注特定的客户群体。从基金筛选的角度，FOF 基金管理人需要在投资前对可选择的基金的风格进行识别，并在投资过程中监控所投基金的风格变化。FOF 基金管理人应该聚焦那些风格持续不漂移、长期业绩优秀的基金作为投资对象。因为在短期内，由于受业绩考核压力、市场热点的诱惑，有些基金经理会偏离其事先宣称的风格，这不利于 FOF 基金管理人对 FOF 总体风险的管理。因此，如果基金风格变化较大，FOF 基金管理人甚至需要考虑赎回投资份额。

　　因此，如何识别基金的风格以及风格漂移变得至关重要。本章在介绍基金投资风格基本原理的基础上，阐述了基于收益率回归和基于持仓打分两种风格分析方法，并分析了两种方法的优缺点以及相应的适用条件。

6.1　投资风格的金融学原理

　　投资风格实际上就是按照股票的某些特征对股票进行画像和分类，同一类股票会表现出类似的价格特征。其本质上是利用市场异象获得超额收益：如果市场是有效的，各种特征就不能预测未来股票的收益，只有贝塔才能解释股票的收益。

　　学术界对市场异象的研究推动了投资风格概念的形成，比较有代表性的成果包括 Banz（1981）和 Rosenberg、Reid 和 Lanstein（1985）。Banz（1981）

将在纽约证券交易所上市的股票按照总市值的大小分组，发现总市值小的公司平均股票收益率显著高于总市值大的公司，即股票市场存在规模效应（size effect）。Rosenberg、Reid 和 Lanstein（1985）则发现了股票市场的价值股效应（Value effect），即股票的平均收益与企业普通股权的账目值（BE）与其市场值（ME）之比（BE／ME）成正相关。规模效应和价值股效应直接催生了小盘股、大盘股、价值股、成长股等投资风格的说法。

6.2　常见的风格分类

目前，学术界和业界并没有普遍接受的风格划分方法。从投资管理的角度，只要提出的风格概念能被投资者接受，这种风格的提法就可以在市场上存在。晨星公司的"风格箱"方法，是业界最典型的投资风格鉴别方法，其理论基础来自 Fama 和 French（1992）对资产横截面收益决定因素的分析。他们把股票的风格按照市值和成长性两个维度划分，按照市值可以分为小盘型、中盘型、大盘型，按照成长性可以分为成长型、平衡型、价值型。这两个维度组合起来就是九个风格（见表 6.1）。

表 6.1　　　　　　　　　　晨星公司风格箱风格分类

分类	小盘	中盘	大盘
成长	小盘成长	中盘成长	大盘成长
平衡	小盘平衡	中盘平衡	大盘平衡
价值	小盘价值	中盘价值	大盘价值

Barra 进一步将风格扩展到 10 个，定义[①] 如表 6.2 所示。

表 6.2　　　　　　　　　　Barra 风格因子定义

风格因子	定义	代表含义
Beta	超额收益与市场收益的回归系数	市场收益
BP	Book-to-Price，市净率的倒数	价值
Earnings Yield	Earnings-to-Price，市盈率的倒数	盈利性
Growth	盈利增长率、销售收入增长率	成长

---

① 详细 Barra 因子定义请见本章附录。

续表

风格因子	定义	代表含义
Leverage	财务杠杆率	财务杠杆
Liquidity	换手率	流动性
Momentum	Relative Strength，相对强度	动量
Non-linear Size	股票市值的立方	中盘
Size	股票市值的对数	大盘
Residual Volatility	日收益率标准差，历史标准差	波动性

国内 A 股的巨潮风格指数借鉴了晨星公司的"风格箱"方法，但在风格分类上，去掉了平衡型风格，细分的风格指数不是 9 个，而是 6 个（见表 6.3）。巨潮公司每年会根据一定的指标和准则来筛选进入指数的样本公司。

表 6.3 巨潮风格指数

指数名称	指数代码	样本空间	样本个数
大盘成长	399372	巨潮大盘	66
大盘价值	399373	巨潮大盘	66
中盘成长	399374	巨潮中盘	100
中盘价值	399375	巨潮中盘	100
小盘成长	399376	巨潮小盘	166
小盘价值	399377	巨潮小盘	166

6.3 风格分析模型

基金风格分析主要有两种方法：一种是基于收益率数据的回归法，另一种是基于持仓数据的打分法。前者回答的是在一段时间内平均意义上的基金风格，后者回答的是在给定时点上基金的准确风格。在实际中，根据取得数据的不同，采用不同的分析方法。大多数情况下，我们只有基金的净值数据，因此只能依靠基于收益率回归的方法大致判断基金的风格。如果可以得到基金的详细持仓数据，则可以通过打分的方法比较准确地判断基金的风格。

6.3.1 基于收益率回归的风格分析

基于收益率回归的风格分析模型以 William F.Sharpe 的风格分析理论为基础。这种方法相对比较粗糙，只能大致判断基金收益来源于哪种风格，优点是对数据依赖性小，只需要得到基金的净值数据。其基本思路是：基金的收益率对各个风格指数的收益率作回归，如果各个指数收益率相互独立，则风格指数收益率对应的回归系数越大，基金属于这种风格的概率就越大。具体回归模型如下：

$$R_{Ft} = \sum_{j=1}^{n} b_j S_{jt} + \mu_t \qquad St. \quad b_j \geqslant 0, \quad \sum_{j=1}^{n} b_j = 1$$

其中，R_{Ft} 为基金在 t 时刻的收益率，S_{jt} 为风格指数 j 在 t 时刻的收益率；b_j 为风格指数 j 的回归系数，可以解释为基金在该指数上的配置权重；μ_t 为残余收益，即没有被风格指数所解释的收益，主要源于选股和择时。通常情况下，我们会对回归系数施加两个约束：非负，并且和为 1。回归系数非负代表不允许卖空风格指数，适用于公募基金、养老金和大多数机构专户；回归系数和为 1 代表配置权重的和为 1，即满仓配置。回归模型可通过约束下的最小二乘法或者二次规范求解（例如 Matlab 的二次规划函数 quadprog）。

基于收益率回归的风格分析法的要点在于选择合适的风格指数，风格指数要求具备互斥性和完备性。互斥性要求风格指数不含有共同的成分股，以尽可能地降低风格指数间的多重共线性；完备性则要求风格指数覆盖基金的投资范围。需要注意的是，实际应用中，尽管我们选取了互斥的风格指数，各个风格指数之间的多重共线性依然不可避免，回归系数的估计结果不稳健造成基金风格误判的情况依然存在。

6.3.2　基于持仓打分的风格分析

相比基于收益率回归的风格分析，采用个股基本面信息结合持仓数据进行打分的风格分析法对给定时点的基金风格判断更为准确。其基本逻辑是：首先识别投资组合中每只股票的风格，得到每只股票的风格打分，然后根据基金的股票持仓权重加总，进而判断基金的风格。这种方法对于数据的要求比较高，既要求给定时点的基金股票持仓数据，还要求个股相应风格的基本面数据。

基于持仓打分的风格分析法大致步骤如下：

（1）明确需要分析的风格维度，定义并定量描述股票风格；例如定义价值风格，并确定根据哪些基本面指标描述股票的价值风格；

（2）计算得到所有个股的风格，构建并维护股票风格因子库（包括风格因子的标准化，异常值处理等）；

（3）结合基金股票持仓数据，加权得到基金的风格打分；结合常用指数（如沪深 300、中证 500 等）的成分股权重，加权得到常用指数的风格打分；

（4）比较基金与同类基金以及常用指数的风格打分，给出基金的风格判断。

图 6.1 以价值风格为例，描述了基于持仓打分的风格分析法流程。

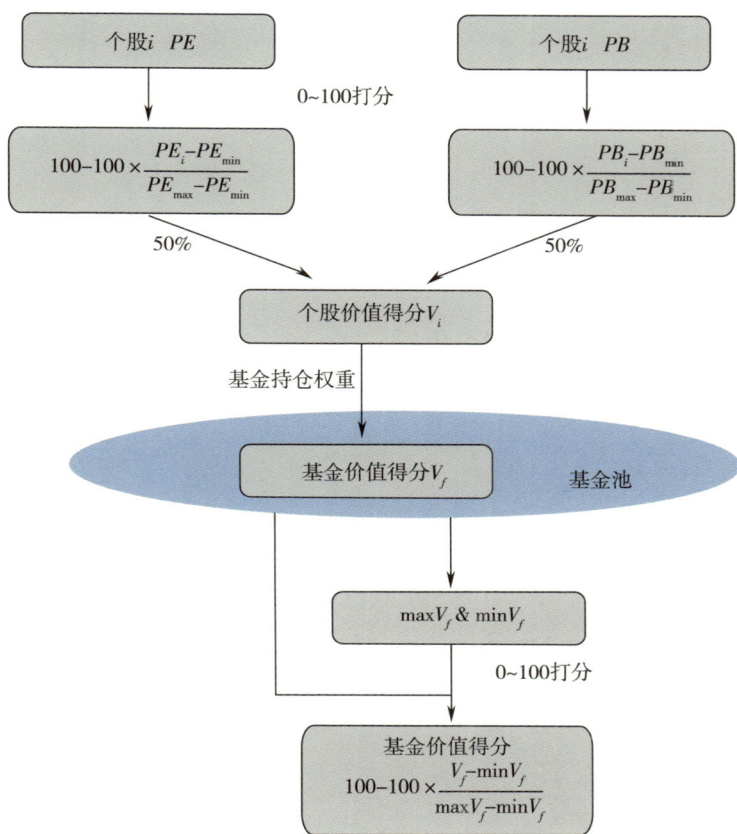

图 6.1　价值风格打分流程

　　虽然基于持仓打分的风格分析法能够准确判断给定时点的基金风格，但是在大多数情况下，基金的持仓数据难以获得。以公募基金为例，我们只能获得第二、第四季度末的全部持仓数据和第一、第三季度末的部分持仓数据，结合公募基金的高换手率（偏股型基金的平均换手率高达 300%~400%），我们不能将给定时点的基金风格推广到一段时间。

6.4　附录：Barra 因子定义

　　通过构建类似 Barra 因子的股票风格因子库，结合基于持仓打分的风格分析模型，我们就可以在基金层面分析组合对于各类风险因子的暴露。

一级因子	二级因子	三级因子	说明	因子定义
Size	Size	LNCAP	规模	流通市值的自然对数
	Mid cap	MIDCAP	中市值	首先取 Size 因子暴露的立方，然后以加权回归的方式对 Size 因子正交，最后进行去极值和标准化处理
Volatility	Beta	BETA	贝塔	股票收益率 r_t 对沪深 300 收益率 R_t 进行时间序列回归，取回归系数，回归时间窗口为 252 个交易日，半衰期 63 个交易日：$$r_t=\alpha+\beta R_t+e_t$$
	Residual Volatility	Hist sigma	历史 sigma	在计算 BETA 所进行的时间序列回归中，取回归残差收益率的波动率
		Daily std	日标准差	日收益率在过去 252 个交易日的波动率，半衰期 42 个交易日
		Cumulative range	累积收益范围	$Z(T)$ 为过去 T 个月累积对数收益率（每个月包含 21 个交易日），即 $$Z(T)=\sum_{\tau=1}^{T}\left[\ln(1+r_\tau)\right]$$ 其中，r_τ 为股票在 τ 月的收益，从而定义累积收益范围如下：$$CMAR=Z_{max}-Z_{min}$$ 其中，$Z_{max}=\max\{Z(T)\}$，$Z_{min}=\min\{Z(T)\}$，$T=1,\cdots,12$
Liquidity	Liquidity	Monthly share turnover	月换手率	对最近 21 个交易日的股票换手率求和，然后取对数，即 $$STOM=\ln\left(\sum_{t=1}^{21}\frac{V_t}{S_t}\right)$$ 其中，V_t 为股票在 t 日的成交额，S_t 为股票在 t 日的流通市值
		Quarterly share turnover	季换手率	$STOM_\tau$ 为最近 T 月的换手率（每月包含 21 个交易日），季换手率定义为 $$STOQ=\ln\left(\frac{1}{T}\sum_{\tau=1}^{T}\exp(STOM_\tau)\right)$$ 其中，$T=3$ 个月

续表

一级因子	二级因子	三级因子	说明	因子定义
Liquidity	Liquidity	Annual share turnover	年化换手率	$STOM_\tau$ 为 τ 月的换手率（每月包含 21 个交易日），年换手率定义为： $$STOA = \ln\left(\frac{1}{T}\sum_{\tau=1}^{T} \exp(STOM_\tau)\right)$$ 其中，T=12 个月
		Annualized traded value ratio	年化交易量比率	对日交易份额比率（换手率）进行加权求和，时间窗口 252 个交易日，半衰期 63 个交易日
	Short Term reversal	Short Term reversal	短期反转	最近一个月的加权累积对数日收益率： $$STREV(t) = \sum_{\tau \in T} w_{\tau-1}[\ln(1+r(\tau))]$$ 其中，r 为算术平均股票收益率，w 为半衰指数权重，时间窗口 21 个交易日，半衰期 5 个交易日，$T=[t-1,\cdots,t-n]$
	Seasonality	Seasonality	季节因子	过去五年的已实现次月收益率的平均值 $$SEASON(t) = \frac{1}{Y}\sum_{y=1}^{Y} r_y$$ 其中，r_y 为滞后 y 年的月收益率
Momentum	Industry Momentum	Industry Momentum	行业动量	该指标描述个股相对中信一级行业的强度 （1）个股相对强度定义为 $$RS_s(t) = \sum_{\tau \in T(t)} w_{\tau-1}\{\ln[1+r_s(\tau)]\}$$ 其中，r_s 为日股票收益率，w 为半衰指数权重，时间窗口 6 个月，半衰期 1 个月，$T(t)=[t,\cdots,t-n]$ （2）行业 I_i 的相对强度定义为 $$RS_I(t) = \sum_{i \in I(t)} c_i(t) RS_i(t)$$ 其中，$c_i(t)$ 为行业 i 内个股流通市值的平方根 （3）最终该指标定义为 $$INDMOM_s(t) = -(c_s(t)RS_s(t) - RS_I(t))$$

续表

一级因子	二级因子	三级因子	说明	因子定义
Momentum	Momentum	Relative strength	相对于市场的强度	(1) 计算非滞后的相对强度：对股票的对数收益率进行半衰指数加权求和，时间窗口252个交易日，半衰期126个交易日，滞后11个交易日，取滞后相对强度的等权平均值 (2) 以11个交易日为窗口，滞后11个交易日，取非滞后相对强度的等权平均值
		Historical Alpha	历史Alpha	在计算BETA所进行的时间序列回归中，取回归截距项
	Leverage	Market Leverage	市场杠杆	计算公式为$MLEV = \dfrac{ME+PE+LD}{ME}$ 其中，ME为上一交易日的市值，PE和LD分别是上一财政年度的优先股和长期负债
		Book Leverage	账面杠杆	计算公式为：$BLEV = \dfrac{BE+PE+LD}{ME}$ 其中，BE、PE和LD分别是上一财政年度的普通股账面价值，优先股和长期负债
		Debt to asset ratio	资产负债比	计算公式为$DTOA = \dfrac{TL}{TA}$ 其中，TL，TA分别为上一财政年度总负债和总资产
Quality	Earnings Variability	Variation in Sales	营业收入波动率	过去5个财政年度的年营业收入标准差除以平均年营业收入
		Variation in Earnings	盈利波动率	过去5个财政年度的年净利润标准差除以平均年净利润
		Variation in Cash-Flows	现金流波动率	过去5个财政年度的年现金及现金等价物增加额标准差除以平均年现金及现金等价物增加额
		Standard deviation of Analyst Forecast Earnings-to-Price	分析师预测盈市率标准差	预测12月eps的标准差除以当前股价

续表

一级因子	二级因子	三级因子	说明	因子定义
Quality	Earnings Quality	Accruals Balancesheet version	资产负债表应计项目	(1) 资产负债表应计项目总额计算公式为 $$ACCR\_ = NOA_t - NOA_{t-1} - DA_t$$ $$NOA = (TA - Cash) - (TL - TD)$$ 其中，NOA 为净经营资产，$Cash$ 为现金及现金等价物，TA 为总资产，TL 为总负债，TD 为总带息负债（负债合计 - 无息流动负债 - 无息非流动负债），DA 为折旧与摊销之和 (2) 将负的 ACCR_BS 除以总资产 TA： $$ASB = \frac{-ACCR\_BS}{TA}$$
		Accruals Cashflow version	现金流量表应计项目	(1) 现金流量表应计项目总额计算公式为 $$ACCR_{CF} = Ni_t - (CFO_t + CFI_t) + DA_t$$ 其中，Ni 为净利润，CFO 为经营现金流量净额，CFI 为投资活动现金流量净额，DA 为折旧与摊销之和 (2) 将负的 ACCR_CF 除以总资产 TA： $$ACF = \frac{-ACCR\_CF}{TA}$$
	Profitability	Asset turnover	资产周转率	$$ATO = \frac{Sales}{TA}$$ 其中，$Sales$ 为过去 12 个月的营业收入，TA 为最近报告期的总资产
		Gross profitability	资产毛利率	$$GP = \frac{Sales - COGS}{TA}$$ 其中，$Sales$、$COGS$ 和 TA 分别是上一个财务年度的营业收入、营业成本和总资产
		Gross Profit Margin	销售毛利率	$$GPM = \frac{Sales - COGS}{Sales}$$ 其中，$Sales$ 和 $COGS$ 分别为上一会计年度的营业收入和销售成本
		Return on assets	总资产收益率	$$ROA = \frac{Earnings}{TA}$$ 其中，$Earnings$ 为过去 12 个月的净利润，TA 为最近报告期的总资产

续表

一级因子	二级因子	三级因子	说明	因子定义
Quality	Investment Quality	Total Assets Growth Rate	总资产增长率	最近5个财政年度的总资产对时间的回归的斜率值，除以平均总资产，最后取相反数
		Issuance growth	股票发行量增长率	最近5个财政年度的流通股本对时间的回归的斜率值，除以平均流通股本，最后取相反数
		Capital expenditure growth	资本支出增长率	将过去5个财政年度的资本支出对时间的回归的斜率值，除以平均资本支出，最后取相反数
Value	BTOP	Book to price	账面市值比	将最近报告期的普通股账面价值除以当前市值
	Earnings Yield	Trailing Earnings-to-price Ratio	EP比	过去12个月的盈利除以当前市值
		Analyst-Predicted Earnings-to-Price	分析师预测EP比	预测12个月的盈利除以当前市值
		Cash earnings to price	现金盈利价格比	过去12个月的现金盈利除以当前市值
		Enterprise multiple（Ebit to Ev）	企业价值倍数的倒数	上一财政年度的息税前利润（EBIT）除以当前企业价值（EV）
	Long Term reversal	Long term relative strength	长期相对强度	（1）计算非滞后的长期相对强度：对股票对数收益率进行加权求和，时间窗口1040个交易日，半衰期260个交易日（2）滞后273个交易日，在11个交易日的时间窗口内取非滞后值等权后均值，最后取相反数
		Long term historical alpha	长期历史Alpha	（1）计算非滞后的长期历史Alpha：取CAPM回归（见BETA）的截距项，时间窗口1040个交易日，半衰期260个交易日（2）滞后273个交易日，在11个交易日的时间窗口内取非滞后值等权后均值，最后取相反数

续表

一级因子	二级因子	三级因子	说明	因子定义
Growth	Growth	Predicted growth 3 year	分析师预测长期盈利增长率	分析师预测的长期盈利增长率
		Historical earnings per share growth rate	每股收益增长率	过去 5 个财政年度的每股收益对时间回归的斜率除以平均每股年收益
		Historical sales per share growth rate	每股营业收入增长率	过去 5 个财政年度的每股营业收入对时间回归斜率除以平均每股年营业收入
Sentiment	Sentiment	Revision ratio	调整比率	分析师调整比率的每月变动，定义为向上调整次数减去向下调整次数，除以总的调整次数 $$RRIBS(t) = \sum_{l \in L} w_l \frac{UP(t-l\times21) - DOWN(t-l\times21)}{TOTAL(t-l\times21)}, \quad L=[0,1,2]$$
		Change in analyst-predicted earnings-to-price	分析师预测 EP 比的变化	分析师预测 EP 比的加权变动 $$EPIBS_{C(t)} = \sum_{l \in L} w_l \frac{EPIBS(t-l\times63) - EPIBS(t-(l+1)\times63)}{EPIBS(t-(l+1)\times63)}, \quad L=[0,1,2,3]$$
		Change in analyst-predicted earnings per share	分析师预测的每股收益的变化	分析师预测每股收益的加权变化： $$EARN_{C(t)} = \sum_{l \in L} w_l \frac{EARN(t-l\times63) - EARN(t-(l+1)\times63)}{EARN(t-(l+1)\times63)}, \quad L=[0,1,2,3]$$
Dividend Yield	Dividend Yield	Dividend-to-price ratio	股息率	最近 12 个月的每股股息除以上个月末的股价
		Analyst predicted dividend to price ratio	分析师预测分红价格比	预测 12 个月的每股股息（DPS）除以当前价格

【阅读材料】债券基金的风格分析

债券基金风格分析同样有两种方法：一种是基于收益率数据的回归法，另一种是基于持仓数据的打分法。对于基于持仓数据的债券基金风格分析来说，常见的分析模型包括用于分析券种选择能力的 Brinson 收益分解模型以及对个券选择和收益来源的分析均更加细化的加权久期模型和 Campisi 模型。基于持仓数据的几个债券分析模型在演变中虽然一直在提升对债券收益结构的针对性，使得模型更加精细，但依然对数据来源保持着较苛刻的要求，需要完整的持仓信息。但是对于公募债基分析而言，首先面临的问题就是进行外部评价时的数据局限性，我们在本章阅读材料中介绍的债券基金风格分析模型是基于收益率数据的风格分析模型，数据依赖小，可以提供更加灵活和具有时效性的风格分析结论。

1. 债券因子体系

债券因子体系结合利率的期限结构和利率的风险结构相关理论，对债券收益率进行分解，构建相关的因子，同时结合我国债券基金的投资范围，纳入了权益类和货币市场因子。

1.1 债券型基金的投资标的

对债券型基金的收益率进行分解之前，首先要了解我国债券型基金的主要投资标的，标的资产的收益和持仓情况直接决定了基金的收益率。如图 1 所示，债券型基金的投资标的主要分为固定收益类、权益类和现金类三大类产品。

对于债券型基金的核心资产债券来说，根据发行主体、担保情况、付息方式、募集方式、债券形态的不同，债券的种类有多种划分方式。发行主体对债券的性质影响较大，根据发行主体的信用情况分类，一般可分为利率债和信用债。

利率债是指发行人为国家或者信用等级与国家相当的机构发行的债券，因而债券信用风险极低，收益率的变动主要与利率的变动有关。利率债主要包括国债、央行票据、地方政府债、政策性银行金融债、政府支持机构债（铁道债、汇金债）。

信用债是指没有国家信用背书的机构发行的债券，存在不同程度的违约风险，发行人的信用水平是影响债券收益率的重要因素。信用债主要包括金融债（银行债、非银行金融债）、一般企业债（企业债、公司债、中期票据、短期/超短期融资券）、可分离交易可转债等。

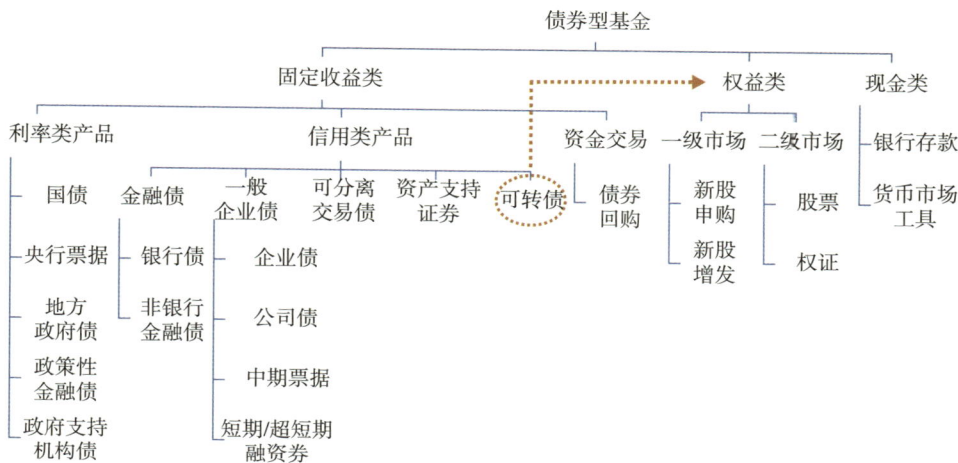

图1　债券型基金投资标的

1.2　利率的期限结构

利率的期限结构是指在某一时点上，具有相同风险、流动性和税收特征的债券，其不同期限的收益率与到期期限之间的一种非线性关系。收益率曲线是利率曲线结构理论的直观表达，其中横轴表示到期时间，纵轴表示债券的到期收益率。常见的利率曲线结构有向上倾斜型、向下倾斜型、平坦型和驼峰型几种。

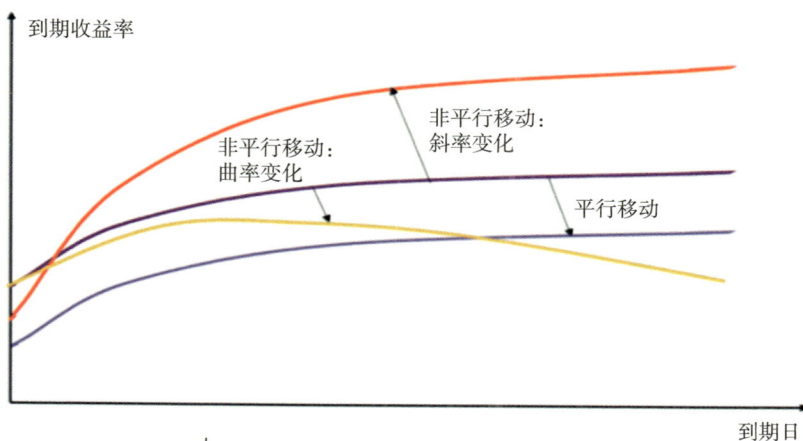

图2　利率的期限结构

利率期限结构反映了不同期限的债券之间的供求关系，同时也揭示了利率水平的整体变化情况。从收益率曲线形状上的变化来看可分为平行移动和非平行移动，非平行移动分为斜率变化和曲率变化两种。收益率曲线的平行移动是指所有期限的利率变动相同，意味着市场整体利率水平发生变化，一般由长期预期变化引起。当收益率曲线斜率变化时，一般是受短期货币政策的影响，或市场对长期利率和短期利率的预期相反时导致，意味着收益率曲线产生旋转，即收益率的斜率发生变化。收益率曲线曲率的变化，表示曲线的弯曲程度发生了变化，如果长短端利率发生相同方向的变化，而中间利率变动不大，或者长短端利率变化不大，中间利率变动较大，都会引起收益率曲线曲率的变化。

1.3 利率的风险结构

利率的风险结构是指具有相同的到期期限但是具有不同违约风险、流动性和税收条件的金融工具收益率之间的相互关系。不同发行人发行的相同期限和票面利率的债券，其市场价格会不相同，从而计算出的债券收益率也不一样。反映在收益率上的这种区别，称为"利率的风险结构"。

实践中，通常采用信用评级来确定不同债券的违约风险大小，不同信用等级债券之间的收益率差则反映了不同违约风险的风险溢价，因此也称为"信用利差"。由于国债经常被视为无违约风险债券（简称无风险债券），我们只要知道不同期限国债的收益率，再加上适度的收益率差，就可以得出公司债券等风险债券的收益率，并进而作为贴现率为风险债券进行估值。

在经济繁荣时期，低等级债券与无风险债券之间的收益率差通常比较小；而一旦进入衰退或者萧条，信用利差就会急剧扩大，导致低等级债券价格暴跌。

1.4 因子体系构建

根据债券基金的投资标的种类，以及债券收益率的期限结构和风险结构，选取相应的指数，建立6大类共51个因子的体系，对债券基金的收益率进行分解，具体的构建方式如下。

利率—水平因子：采用中债总指数构建的"利率—水平"因子以刻画利率曲线水平变动引起的债券投资组合价值变动的情况。可以近似理解为久期因子。

利率—斜率因子：斜率因子是刻画当收益率曲线的斜率变化所引起的债券投资组合价值变动的情况。为了避免信用风险、权益风险等其他风险的干扰，我们采用不同期限的中债总指数系列指数（1~3 年、3~5 年、5~7 年、7~10 年、10 年以上）共 5 个，不考虑组合顺序每 2 个一组共有 10 种情况，买长卖短进行构造。为了使该因子与利率曲线水平因子之间实现剥离，降低二者之间的相关性，在构造过程中应实现久期中性，即通过合理地配置债券组合的权重，使组合的久期为零。

利率—凸性因子：凸性因子刻画的是利率曲线曲率改变所引起的债券投资组合价值变动的情况，反映由于市场对不同期限债券预期收益的差异导致利率曲线凹凸性变化带来的风险溢价，相对于斜率因子，需要排除信用风险、收益风险等其他风险的干扰之外，还需要降低其与其他两个利率曲线管理因子之间的相关性，即需要在久期中性的同时实现斜率中性。

信用风险因子：信用风险因子含信用水平、信用斜率、信用凸性和信用违约四类子因子。选用中债企业债 AAA 指数与中债总指数以构造信用水平因子，选择买入中债企业债 AAA 级净价指数同时卖出中债总指数，两者之差刻画了因信用利差的波动所引起的债券组合的估值变化。为了对信用风险进行更进一步的刻画，更好地描绘信用利差曲线的变动，采用类似构建"利率—斜率"和"利率—凸性"因子的方法，构建信用斜率和信用凸性因子。构建违约因子以刻画高违约风险债券的收益特征，买入中债高收益企业债指数同时卖出中债企业债 AAA 级净价指数，同时保持久期中性。

权益类因子：权益类因子含可转债和巨潮风格两类子因子。可转债是债券中比较特殊的一类，其具有债券和期权的双重属性，是连接债券市场和股票市场的一道桥梁，此类债券在一定条件下可被转换成公司股票。采用中证转债指数与中证国债指数构建多空组合。同时，为进一步刻画权益市场波动对净值造成的影响，我们将巨潮风格指数纳入权益类因子。

货币市场因子：货币市场因子是为了提高模型对货币型基金或理财型债券基金的解释度，我们选择了中证货币基金指数作为货币型资产收益代表因子。

我们将以上因子无法解释的基金波动称为个券风险。

2. 分析方法—拟合优度边际贡献法

拟合优度边际贡献法（Marginal R^2，MR2）不同于使用回归模型的系数来评价因子暴露情况，拟合优度边际贡献法使用因子对收益回归的边际拟合优度来推测该因子在解释基金收益波动中的贡献。建模步骤如下：

（1）计算所有因子收益序列与产品收益序列 Return0 的相关性，取相关性绝对值最大的因子 F1；

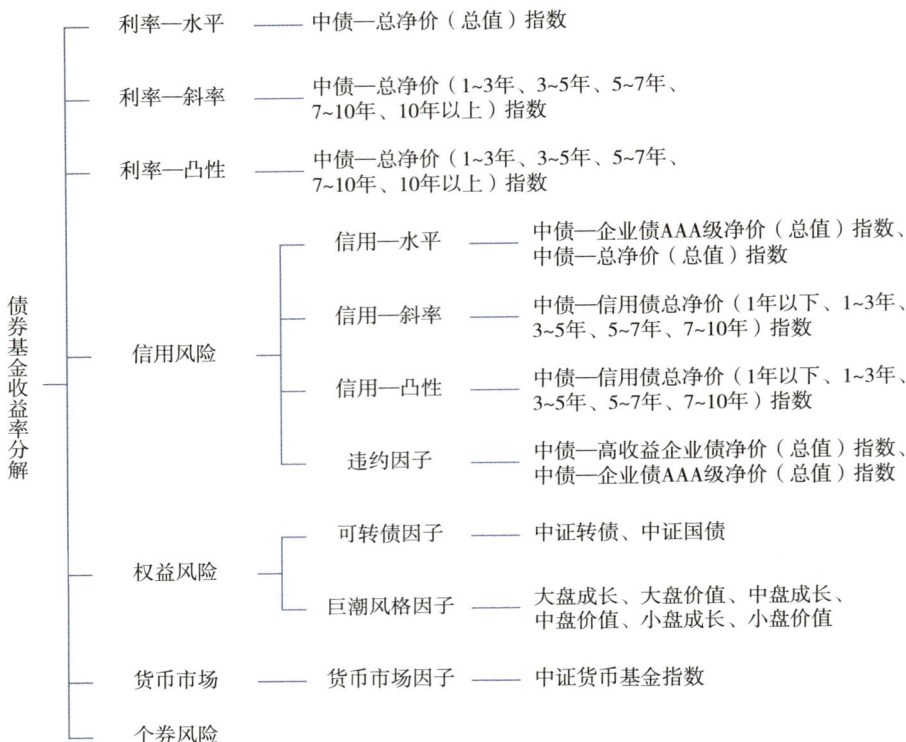

图3　债基因子构成

（2）用 Return0 对 F1 作回归，得到拟合优度 R1，以及残差序列记为 Return1（此时 F1 的拟合优度贡献为 R1）；

（3）计算剩下因子与 Return1 的相关性，取绝对值最大的因子 F2；

（4）用 Return0 对 F1、F2 作回归，得到拟合优度 R2，以及残差序列记为 Return2（此时 F2 的拟合优度贡献为 R2–R1）；

（5）重复步骤（3）和（4），直到得到所有因子的边际拟合优度贡献；

（6）用 Return0 对所有因子作回归，根据因子回归系数的正负，确定模型中因子的方向。

3. 公募债券基金分析实例

3.1　市场分类测试

在本节中，我们将采用债基因子体系和 MR2 的回归拟合技术，对市场上的公募债基进行风格分析。为兼顾可靠性、有效性和运算能力，我们采用 100–20 滚动方式对全市场 3715 只基金进行回测，即每次对基金每 100 期净值数据进行测试，下次跳跃 20 个数值进行下期测试。将样本基本按西筹二级分类进行分类测试，分析风险暴露和稳定性，二级分类包括纯债、一级债基、二级债基、可转换债、可投转债、短期理财、债券型指数基金、债券型分级基金、债券型封闭基金、偏债型（混合型基金），汇总结果见表1。

表1　　　　　　　　　　全市场样本基金分类测试

风险暴露

类别	利率-水平	利率-斜率	利率-凸性	信用风险	权益类风险	货币市场	交易/个券	R-square	净值异常波动	样本量
纯债	0.3529	0.0857	0.0473	0.2589	0.0332	0.0812	0.1408	0.8592	1	1133
二级债基	0.0796	0.0529	0.0460	0.1289	0.5120	0.0156	0.1650	0.8350	25	528
可投转债	0.2594	0.0782	0.0533	0.2338	0.1520	0.0484	0.1749	0.8251	5	377
偏债型	0.0466	0.0525	0.0456	0.1147	0.5753	0.0114	0.1538	0.8462	18	289
短期理财	0.0187	0.0480	0.0370	0.1237	0.0302	0.6363	0.1061	0.8939	0	182
一级债基	0.2014	0.0594	0.0473	0.1724	0.3240	0.0167	0.1787	0.8213	21	171
债券型指数基金	0.4725	0.0833	0.0582	0.1459	0.0542	0.0463	0.1395	0.8605	5	125
债券型分级基金	0.0838	0.0818	0.0738	0.2286	0.1237	0.0898	0.3185	0.6815	32	120
可转换债	0.0197	0.0311	0.0285	0.0665	0.7688	0.0046	0.0808	0.9192	213	49
债券型封闭基金	0.1355	0.0773	0.0604	0.2452	0.2192	0.0191	0.2433	0.7567	7	35

稳定性

类别	利率-水平	利率-斜率	利率-凸性	信用风险	权益类风险	货币市场	交易/个券	风险暴露(稳定性)	净值异常波动	样本量
纯债	0.1331	0.0578	0.0277	0.0949	0.0183	0.0561	0.0570	0.4448	1	1076
二级债基	0.0791	0.0324	0.0262	0.0582	0.1500	0.0168	0.0697	0.4324	26	506
可投转债	0.1367	0.0506	0.0285	0.0883	0.0959	0.0346	0.0664	0.5009	5	359
偏债型	0.0490	0.0287	0.0243	0.0475	0.1238	0.0137	0.0561	0.3430	19	271
短期理财	0.0118	0.0356	0.0282	0.0652	0.0215	0.1741	0.0715	0.4080	0	180
一级债基	0.1736	0.0433	0.0287	0.0880	0.2039	0.0195	0.0790	0.6359	21	171
债券型分级基金	0.0617	0.0432	0.0333	0.0718	0.0634	0.0442	0.0821	0.3958	34	111
债券型指数基金	0.1089	0.0475	0.0347	0.0580	0.0211	0.0314	0.0422	0.3437	6	104
可转换债	0.0218	0.0199	0.0187	0.0387	0.1002	0.0073	0.0406	0.2473	213	49
债券型封闭基金	0.0852	0.0472	0.0291	0.0930	0.1019	0.0191	0.0758	0.4514	7	35

其中，风险暴露表格中，每个大类因子风格暴露是子因子边际拟合优度贡献之和，R-square是六大类因子之和，表示基金收益率可被风格因子解释的部分，交易/个券为1减R-square。净值异常波动指平均每只基金存续期内出现单日涨跌幅超过1%的情况，样本量为该二级分类下样本基金的个数。

如表1所示，纯债和债券型指数基金在利率—水平因子上有较高程度的风险暴露，显示该类型基金净值受市场利率波动影响较大。二级转债、偏债型、可转换债在权益类风险因子上暴露很高，短期理财在货币市场上的因子暴露最高。整体上来看，债券因子体系显著地呈现了基金的风格特征。

稳定性表格统计的是风险暴露时间序列上的每类因子的标准差，作为基金在该风格上的稳定程度。

3.2　样本基金风格分析

以市场上某纯债基金A为例。基金A在利率—水平医子（可以理解为系统性风险）上暴露最高（58%）；其次是信用风险16%（包括信用系统性风险、信用结构风险和违约风险）。

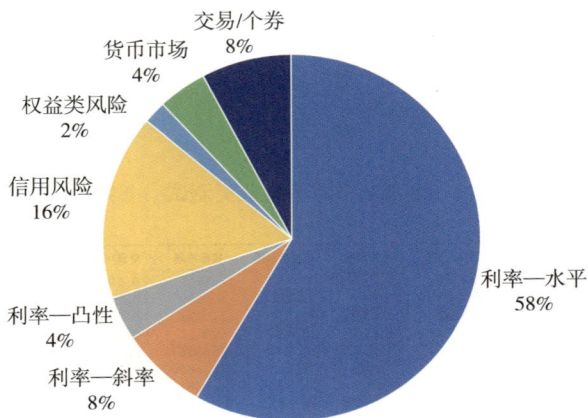

图 4　样本基金风格分析

　　基金 A 在时间序列上的滚动风格暴露如图 5 所示，在 2018 年第四季度发生了显著的风格切换，信用风险大幅下降，利率系统风险大幅上升，查阅基金实际持仓，可以发现同期基金 A 重仓债券从一般公司债（信用债）调整为政策银行债（利率债）。基于收益率的风格分析结果与实际调仓的时点基本保持了一致。

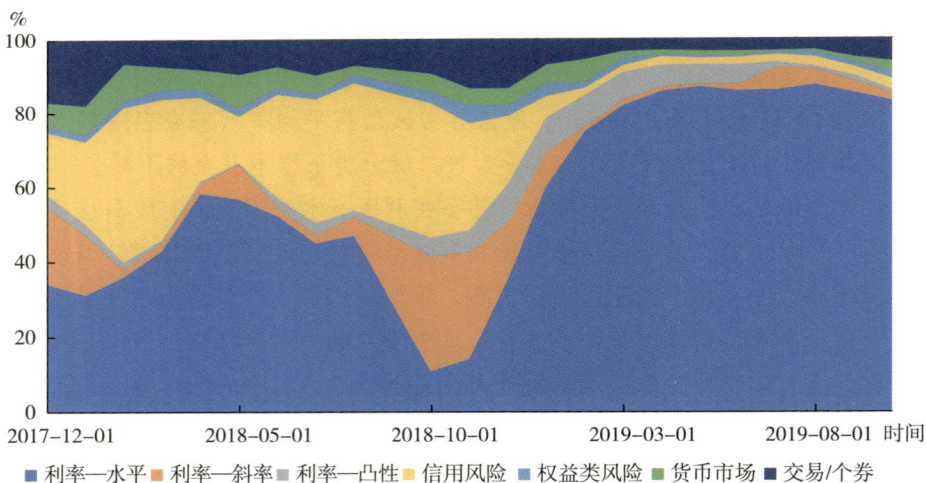

图 5　样本基金滚动风格分析

第 7 章　股票基金的业绩归因

在对基金进行评价和筛选的过程中，除了考查基金风险收益和风格特征之外，还需要进一步了解导致基金表现优劣的原因，也即对基金进行业绩归因，拆解其投资收益或超额收益的来源。

根据所需数据的不同，股票基金业绩归因主要有两种方法。第一种方法是利用多因子模型进行回归，需要的数据是基金的净值数据。回归法回答的是基金收益主要来自哪些风险因子，采用的模型可以是 CAPM 模型、Fama French 三因子模型、Carhart 四因子模型、Fama French 五因子模型等。

第二种方法是 Brinson 模型，其基本思想是将基金收益与基准收益进行比较，将超额收益分解为资产配置贡献、个券选择贡献和交互贡献。这种方法需要给定时刻基金的持仓数据（包括持有的证券及数目），如果能够得到的横截面持仓数据越多，数据越完备，则归因分析的结果越准确。Brinson 模型分为单期 Brinson 模型和多期 Brinson 模型，单期 Brinson 模型可以很好地展示模型的基本思想，但在实际操作中，由于基金存在调仓行为，多期 Brinson 模型应用更为广泛。

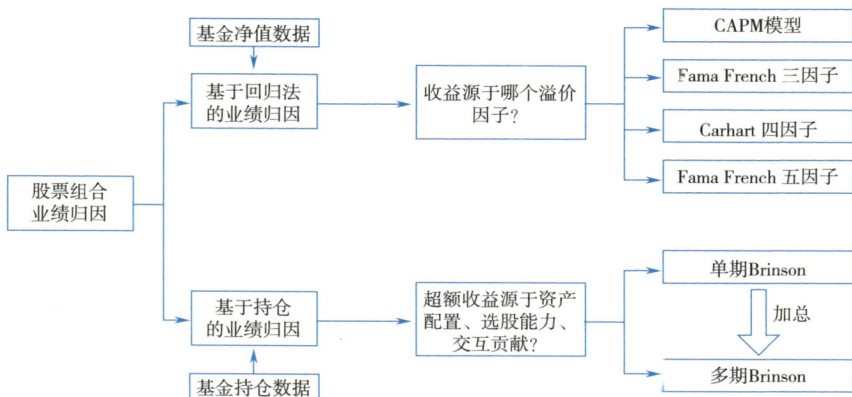

图 7.1　股票基金业绩归因框架

Brinson 模型采用基金的持仓数据作归因分析，与回归法相比，其包含的信息更全面，可以对超额收益进行更深入的分解。但在实践中，对于大多数私募基金而言，我们无法获取其持仓数据，只能利用回归法对其进行业绩归因；而公募基金也只是定期披露其持仓信息（一般每个季度披露一次持仓信息），导致 Brinson 模型的信息优势被大大弱化；大多数机构专户则拥有较为完整的持仓数据，是最适合使用 Brinson 模型进行业绩归因的业务场景。

7.1 Brinson 模型理论框架

7.1.1 单期 Brinson 模型

Brinson 模型的理论基础始于 Brinson 等（1986）、Brinson 和 Fachler（1985）所做的两篇文章。他们将基金组合的实际收益和市场基准的收益进行比较，并将超额收益分解为资产配置贡献、个券选择贡献和交互贡献。其中，资产配置贡献反映了基金组合与基准组合因资产配置比例不同而产生的收益差异，个券选择贡献反映了基金组合不同于基准组合的个券选择带来的收益差异，交互贡献反映了资产配置和个券选择的交叉影响。

下面我们用具体的数学符号来表述 Brinson 模型，假设基准中 i 类资产的收益为 $r_{i,b}$，权重为 $w_{i,b}$；投资组合中，i 类资产的收益为 $r_{i,p}$，权重为 $w_{i,p}$，则基金组合的超额收益为

$$TR = \sum_{i=1}^{n} w_{i,p} r_{i,p} - \sum_{i=1}^{n} w_{i,b} r_{i,b}$$

资产配置贡献为

$$AR = \sum_{i=1}^{n} (w_{i,p} - w_{i,b}) r_{i,b}$$

个券选择贡献为

$$SR = \sum_{i=1}^{n} (r_{i,p} - r_{i,b}) w_{i,b}$$

交互贡献为

$$IR = \sum_{i=1}^{n} (w_{i,p} - w_{i,b})(r_{i,p} - r_{i,b})$$

可以证明：

$$TR = AR + SR + IR$$

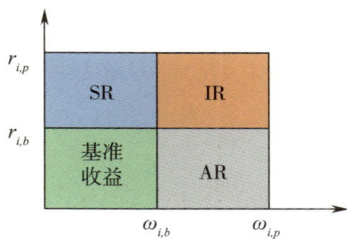

图 7.2 Brinson 模型绩效归因图解框架

7.1.2 多期 Brinson 模型

单期 Brinson 模型可以对基金每个时段的业绩进行分析，将期间收益分解成资产配置贡献、个券选择贡献和交互贡献。但基金经理会不停地调仓，假如每个月调一次仓，一年调仓 12 次，到年底需要评价此基金的超额收益来源时，单期的 Brinson 模型就不再适用，我们需要引入多期 Brinson 模型。对于多期而言，基金组合的总收益为

$$R_p = (1 + R_{p1})(1 + R_{p2}) \cdots (1 + R_{pt}) - 1$$

其中，R_{pt} 为单期的基金组合收益率。

而基准的总收益为

$$R_b = (1 + R_{b1})(1 + R_{b2}) \cdots (1 + R_{bt}) - 1$$

其中，R_{bt} 为单期的基准收益率。

我们发现：

$$R_p - R_b \neq (R_{p1} - R_{b1}) + (R_{p2} - R_{b2}) \cdots (R_{pt} - R_{bt})$$

因此，多期 Brinson 模型中，资产配置贡献、个券选择贡献和交互贡献不能由单期各项贡献简单相加获得。

David（1999）提出了一种算术归因法来解决此问题，其核心思想是将多期收益用对数形式展开，然后做差：

$$\ln(1 + R_p) - \ln(1 + R_b) = \sum_{t=1}^{n} (\ln(1 + R_{pt}) - \ln(1 + R_{bt}))$$

对于单期而言，前面已经证明：

$$R_{pt} - R_{bt} = AR_t + SR_t + IR_t$$

所以

$$\ln(1 + R_{pt}) - \ln(1 + R_{bt}) = \frac{\ln(1 + R_{pt}) - \ln(1 + R_{bt})}{R_{pt} - R_{bt}}(AR_t + SR_t + IR_t)$$

令

$$k_t = \frac{\ln(1 + R_{pt}) - \ln(1 + R_{bt})}{R_{pt} - R_{bt}}$$

则

$$\ln(1 + R_{pt}) - \ln(1 + R_{bt}) = k_t(AR_t + SR_t + IR_t)$$

因此

$$\ln(1 + R_p) - \ln(1 + R_b) = \sum_{t=1}^{n} k_t(AR_t + SR_t + IR_t)$$

所以

$$R_p - R_b = \frac{R_p - R_b}{\ln(1 + R_p) - \ln(1 + R_b)} \left[\sum_{t=1}^{n} k_t(AR_t + SR_t + IR_t) \right]$$

令

$$k = \frac{\ln(1 + R_p) - \ln(1 + R_b)}{R_p - R_b}$$

则整个期间资产配置贡献、个券选择贡献、交互贡献可以表示为

$$R_p - R_b = TR = AR + SR + IR$$

其中,

$$AR = \sum_{t=1}^{T} k_t AR_t / k$$

$$SR = \sum_{t=1}^{T} k_t SR_t / k$$

$$IR = \sum_{t=1}^{T} k_t IR_t / k$$

表达式与单期模型一致,就此,我们实现了 Brinson 模型的多期分解。

7.2 Brinson 模型计算案例

下面我们将通过两个简单的例子来说明 Brinson 模型的计算逻辑。此外,我们还给出了某只实际基金的 Brinson 分析结果样例。

7.2.1 单期 Brinson 模型计算案例

假设某一个基金经理在某个月末进行了资产配置,将资金的 90% 投资于

股票市场，购买了一批股票，10% 投资于债券市场，购买了一批债券，假设在下个月，这个基金经理买的股票收益为 30%，债券的收益为 3%。总收益为

$$R = 90\% \times 30\% + 10\% \times 3\% = 27.3\%$$

如何对基金进行业绩归因分析呢？首先需要选取一个基准进行比较，通常我们将沪深 300 指数作为股票资产的投资基准，将中债综合指数作为债券资产的投资基准，则该基金组合的基准配置比例为 80% 的沪深 300 指数 +20% 的中债综合指数。假设在下个月沪深 300 的收益为 20%，中债综合指数的收益为 5%，则基准的收益为

$$R_M = 80\% \times 20\% + 20\% \times 5\% = 17\%$$

该基金在下个月的超额收益（用 TR 表示）为

$$TR = R - R_M = 27.3\% - 17\% = 10.3\%$$

按照 Brinson 模型的思想，这个超额收益可以分解为资产配置贡献、个股选择贡献和交互贡献。资产配置贡献（用 AR 表示）可以理解为这个基金经理能够看清楚大类资产的强弱走势，能够判断出哪类资产将来收益会比较高的能力。因此，资产配置能力的计算方法为

基金的资金分配比例 × 市场基准的收益 – 基准资金分配比例 × 市场基准的收益

在上面的例子中：

$$AR = （90\% - 80\%）\times 20\% + （10\% - 20\%）\times 5\% = 1.5\%$$

AR 大于零的含义：该基金经理看准了市场大方向，并且高配了好的资产。如果基金经理看错了市场大方向，可以预计 AR 将会小于零。

个券选择贡献（用 SR 表示）可以理解为基金经理能否在市场上选出高于市场基准收益的股票和债券，即在相同资金分配比例下，能否通过精选个券获得更高的投资回报，因此个券选择能力的计算方法为

基准资金分配比例 × 基金购买股票 (债券) 收益 – 基准资金分配比例 × 市场基准的收益

在上面的例子中：

$$SR = （30\% - 20\%）\times 80\% + （3\% - 5\%）\times 20\% = 7.6\%$$

剩下的收益即为交互贡献（用 IR 表示）：

$$IR = TR - AR - SR = 1.2\%$$

7.2.2 多期 Brinson 模型计算案例

当持仓信息完整时，多期 Brinson 模型可以准确评价超额收益的来源。假设有三个指数 A、B、C，基准权重为

$$\omega_b = \begin{pmatrix} 20\% \\ 50\% \\ 30\% \end{pmatrix}$$

在期 2 的时候依然保持该权重（即有一个再平衡过程）。期 1、期 2 基准的收益向量为

$$R_{b,1} = \begin{pmatrix} 5\% \\ 10\% \\ 20\% \end{pmatrix}, \quad R_{b,2} = \begin{pmatrix} 20\% \\ 15\% \\ -10\% \end{pmatrix}$$

则期 1、期 2 的基准收益分别为

$$r_{b1} = 12\%, \quad r_{b2} = 8.5\%$$

两期基准的总收益为

$$R_b = (1+12\%) \times (1+8.5\%) - 1 = 21.52\%$$

基金组合在期 1、期 2 的持仓权重和持仓收益分别为

$$\omega_{p1} = \begin{pmatrix} 0 \\ 50\% \\ 50\% \end{pmatrix}, \quad R_{p,1} = \begin{pmatrix} 0 \\ 15\% \\ 25\% \end{pmatrix}$$

$$\omega_{p2} = \begin{pmatrix} 50\% \\ 50\% \\ 0 \end{pmatrix}, \quad R_{p,2} = \begin{pmatrix} 35\% \\ 5\% \\ 0 \end{pmatrix}$$

则期 1、期 2 的基金组合收益分别为

$$r_{p1} = 20\%, \quad r_{p2} = 20\%,$$

基金组合两期的总收益为

$$R_p = (1+20\%) \times (1+20\%) - 1 = 44\%$$

则

$$k_1 = \frac{\ln(1+20\%) - \ln(1+12\%)}{20\% - 12\%} = 0.8624$$

$$k_2 = \frac{\ln(1+20\%) - \ln(1+8.5\%)}{20\% - 8.5\%} = 0.8760$$

$$k = \frac{\ln(1 + 44\%) - \ln(1 + 21.52\%)}{44\% - 21.52\%} = 0.7550$$

根据公式计算可得资产配置贡献为

$$AR = \frac{[0.8624 \times (AR_1) + 0.8760 \times (AR_2)]}{0.7550} = 13.87\%$$

个券选择贡献为

$$SR = \frac{[0.8624 \times (SR_1) + 0.8760 \times (SR_2)]}{0.7550} = 4.59\%$$

交互贡献为

$$IR = \frac{[0.8624 \times (IR_1) + 0.8760 \times (IR_2)]}{0.7550} = 4.02\%$$

总贡献为

$$TR = \frac{[0.8624 \times (TR_1) + 0.8760 \times (TR_2)]}{0.7550} = 22.48\%$$

7.2.3 Brinson 实际分析结果样例

在实际应用中，我们往往会对经典 Brinson 模型作两个变形：一是把交互贡献合并入个券选择贡献，二是在股票资产内部进一步拆解行业配置贡献。下面的分析样例就体现了这两点变化。

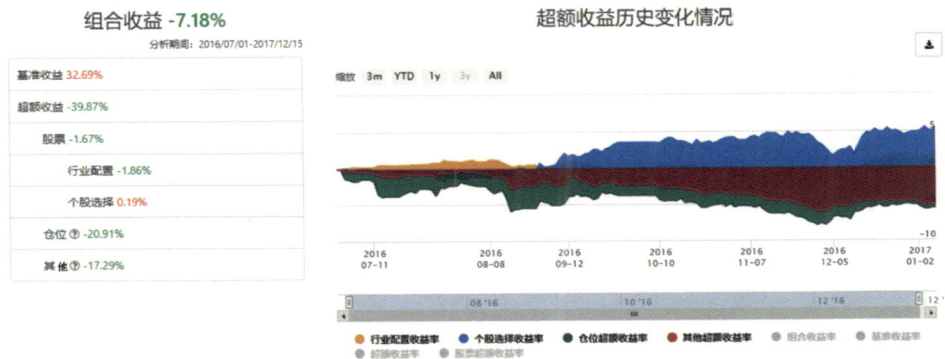

持仓分析Demo归因分析报告

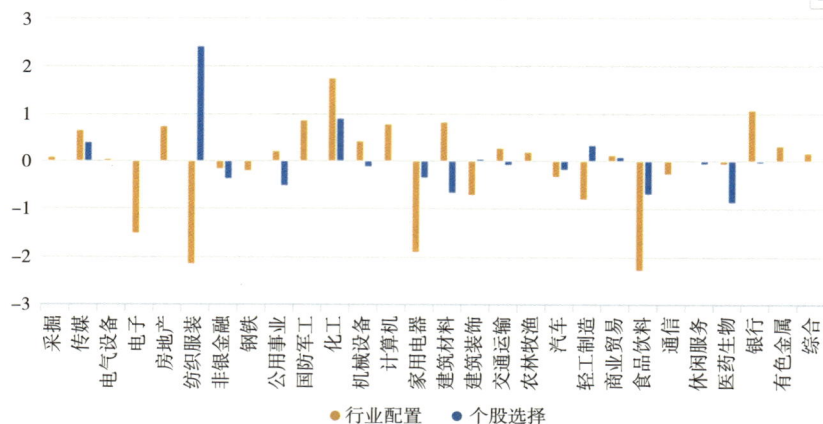

股票超额收益详细信息

行业 ⇕	行业配置 ⇕	个股选择 ⇕	股票超额收益率 ⇕
采掘	0.09%	0.01%	0.09%
传媒	0.65%	0.39%	1.05%
电气设备	0.05%	-0.00%	0.05%
电子	-1.53%	-0.00%	-1.53%
房地产	0.73%	-0.01%	0.73%
纺织服装	-2.16%	2.44%	0.28%
非银金融	-0.16%	-0.37%	-0.54%
钢铁	-0.21%	0.00%	-0.21%
公用事业	0.22%	-0.53%	-0.31%
国防军工	0.87%	0.00%	0.87%
化工	1.74%	0.91%	2.66%
机械设备	0.43%	-0.14%	0.30%
计算机	0.79%	-0.00%	0.79%
家用电器	-1.90%	-0.35%	-2.25%
建筑材料	0.82%	-0.68%	0.14%
建筑装饰	-0.72%	0.04%	-0.68%
交通运输	0.28%	-0.09%	0.20%
农林牧渔	0.19%	-0.00%	0.19%
汽车	-0.33%	-0.19%	-0.52%
轻工制造	-0.80%	0.33%	-0.47%
商业贸易	0.13%	0.08%	0.21%
食品饮料	-2.28%	-0.69%	-2.97%
通信	-0.27%	0.00%	-0.27%
休闲服务	0.00%	-0.06%	-0.06%
医药生物	-0.06%	-0.86%	-0.93%
银行	1.08%	-0.04%	1.04%
有色金属	0.32%	-0.00%	0.32%
综合	0.17%	0.00%	0.17%
合计	-1.86%	0.19%	-1.67%

7.3 Brinson 模型小结

基于 Brinson 模型，我们可以对股票基金进行归因分析，计算得到组合收益率中的行业配置贡献：假设基金经理在构建股票组合时不在行业内部进行选股操作，仅通过超配或低配不同的行业获取的超额收益；以及个券选择贡献：假设基金经理在构建权益组合时保持各行业与基准组合中的权重一致，通过在行业内部优选个股获取的超额收益。Brinson 模型的分析结果有助于我们对基金经理的获取超额收益的能力（比如擅长行业配置还是擅长个股选择），以及超额收益来源的稳定性（不同管理时间段的超额收益来源是否一致）进行评价。

但遗憾的是，在国内公募基金的实践应用中，Brinson 模型的分析结果并不准确，主要有以下两个原因。

一是持仓信息缺失严重。国外市场通常以月度持仓数据为基础进行归因，能够比较合理地反映基金经理在资产配置和个券选择上的投资决策。但在国内，由于公募基金持仓信息披露频率较低且并不充分，很多调仓的信息不能被观测到，导致模型会对资产配置贡献、个券选择贡献产生错误的评价，这些偏差最后会被交叉贡献吸收。例如，基金经理在操作过程中做了一次成功的短线操作，买入了表现好的大类资产，等披露信息时又恢复到起始的大类资产配比，则 Brinson 模型无法统计到此资产配置的贡献，这种情况下交叉项的贡献会被高估。一般来说，分析期间交易越频繁，分析误差越大，分析周期跨越时间越长，误差越大。图 7.3 为某基金日持仓数据完整的情况下归因分析的结果，图 7.4 为同一基金同一时期仅有季度持仓数据的情况下归因分析的结果。对比可知，在此次分析中，持仓数据不完整的情况下，归因分析高估了行业配置的贡献，低估了个股选择的贡献。

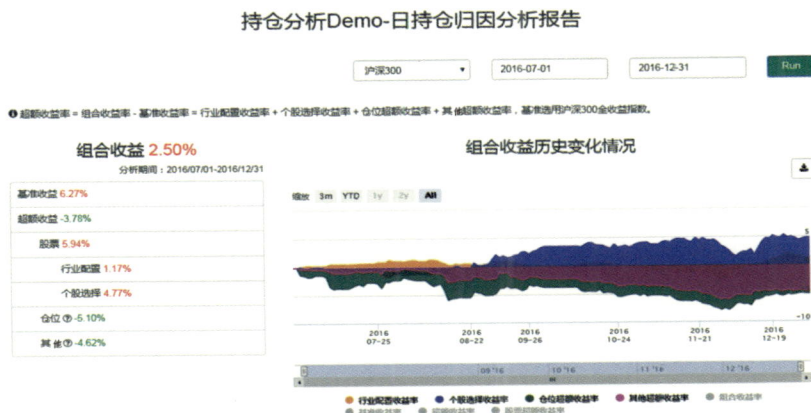

图 7.3 某基金日持仓数据归因分析

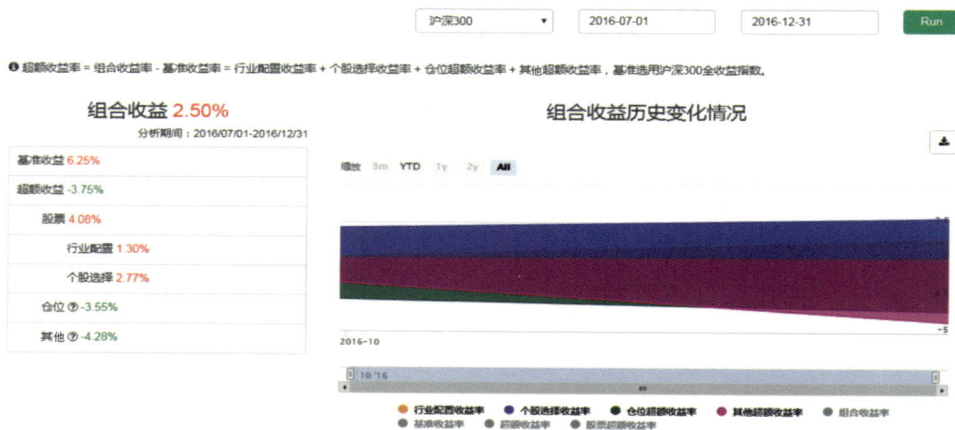

图 7.4　某基金季度持仓数据归因分析

　　二是非股票类资产的收益贡献未完全分解。在股票型或混合型基金的持仓中，通常也会包含一些非股票类资产，如债券、回购类资产等，导致组合的总收益并非完全来自股票，此时在 Brinson 模型的计算过程中，直接通过 *TR-AR-SR* 得到的交互贡献 *IR* 就有可能被高估。

　　因此，对于公募基金以及其他持仓信息缺失的产品而言，基于 Brinson 模型的业绩归因结果仅可作为同类基金横向比较的参考。但是对于专户等能够获得较详细持仓数据的产品，应用 Brinson 模型进行归因是基金分析和评价中的重要组成部分。

7.4　参考文献

Brinson，G.，Hood，R.& Beebower，G.. Determinants of Portfolio Performance. *Financial Analysts Journal*，1986，39–44.

【阅读材料】基于收益率回归的择时选股分析模型

主动管理型股票基金的表现评价通常基于两种能力：选股能力和择时能力。前者评价基金经理能否通过选股获得超额收益；后者评价基金经理能否正确地预测和把握市场总体变化趋势。针对专户基金，我们可以获得完整、高频的持仓数据，进而利用经典的股票组合归因模型——Brinson 模型，把基金的超额收益分解为配置贡献和选股贡献。但是 Brinson 模型在分析公募基金择时选股能力时却略显尴尬，因为公募基金的持仓披露非常有限，基于持仓数据的归因分析结果可能会有较大误差。因此，针对公募基金，我们通常还会利用基于收益率回归的择时选股分析模型，这类模型通常通过在传统 CAPM 模型中加入另一项与 Beta 值相关的系数来检测基金经理是否具备市场敏感性。在本节阅读材料中，我们将介绍 T-M 模型、H-M 模型的核心思想以及相应的估计方法，并利用两种模型对公募基金作了一个简单的案例分析。

1. T–M 模型

特雷诺和麦祖（Treynor 和 Mazuy）在 1996 年首次提出了 T-M 模型，他们在传统的 CAPM 模型中加入二次项来检测择时能力。其核心思想是：如果基金经理可以预测市场的变化，他们会在市场行情向上时增加投资组合的风险敞口或者在市场行情向下时减少其风险敞口。因此，投资组合的收益与市场收益会是一种非线性关系。其表达式如下：

$$R_{i,t} - R_{f,t} = \alpha + \beta_1(R_{m,t} - R_{f,t}) + \beta_2(R_{m,t} - R_{f,t})^2 + \varepsilon_{i,t}$$

其中，$R_{i,t}$ 为基金 i 在 t 期的收益率，$R_{f,t}$ 表示 t 期的无风险利率，$R_{m,t}$ 表示市场基准在 t 期的收益率，α、β_1、β_2 为回归参数，$\varepsilon_{i,t}$ 为随机误差项。α 通常被认为能体现基金经理的选股能力，值越大选股能力越强；β_1 是风险敞口中的线性部分，与 CAMP 模型中的 Beta 类似。β_2 则是体现基金经理的择时能力：当 β_2 显著大于零，说明基金经理具有正向的择时能力，值越大基金经理的择时能力越强。

在 CAMP 模型中，任何市场环境下，投资组合都具有相同的风险敞口 β_1，基金经理没有择时的概念，投资组合的收益与市场收益是线性关系。而在 T-M 模型中，如果 β_2 显著大于零，则在市场上行（$R_{m,t}-R_{f,t}>0$）时，投资组合的风险敞口增大，且市场上行幅度越大，投资组合的风险敞口越大（曲线的斜率越大）；在市场下行（$R_{m,t}-R_{f,t}<0$）时，投资组合的风险敞口减小，且市场下行幅度越大，投资组合的风险敞口越小。β_2 显著小于零的情况下，基金经理

的操作则与上述操作相反。因此，β_2 是一个合理地描述基金经理择时能力的指标：β_2 显著大于零，则基金经理具有正向的择时能力；β_2 显著小于零，则基金经理的择时能力为负；值越大基金经理的择时能力越强。

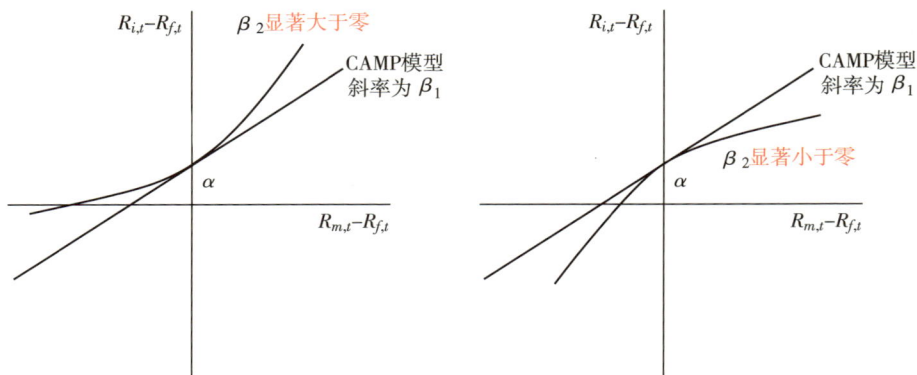

图 1　T–M 模型图解

2. H–M 模型

亨里克森和莫顿（Henriksson 和 Merton）在传统的 CAMP 模型上引入了一个"保护性看跌期权"的变量。他们认为，当市场处于下降趋势，无风险收益率大于市场收益率，则基金经理会通过更多地配置无风险资产来降低市场暴露（Beta 值）；相反在市场的上升趋势中，基金经理则选择不执行"保护性看跌期权"，从而维持其市场暴露（Beta 值）。其表达式如下：

$$R_{i,t} - R_{f,t} = \alpha + \beta_1(R_{m,t} - R_{f,t}) + \beta_2(R_{m,t} - R_{f,t})D + \varepsilon_{i,t}$$

其中，D 为虚拟变量。当 $R_{m,t} \geq R_{f,t}$ 时，$D = 0$；当 $R_{m,t} < R_{f,t}$ 时，$D = -1$。与 T-M 模型类似，α 体现基金经理的选股能力，值越大选股能力越强。同时当 β_2 显著大于零，说明基金经理具有正向的择时能力，值越大基金经理的择时能力越强。当市场处于下降时，具有正向择时能力的基金经理会调整其 Beta 值为 $(\beta_1 - \beta_2)$，从而降低其受市场的影响。

在 T-M 模型中，基金经理不仅能预测市场是上行还是下行，还能预测市场上行或者下行的幅度，并根据上行或者下行的幅度调整风险敞口。H-M 模型则认为基金经理只能预测市场是上行还是下行，不能预测上行或者下行的幅度。因此，投资组合的风险敞口只会因市场上行或者下行而变化，不会随着上行或者下行幅度发生变化。如果 β_2 显著大于零，则在市场下行时，投资组合的风险敞口会变小，基金经理具有正向的择时能力；如果 β_2 显著小于零，则在市场下行时，投资组合的风险敞口会变大，基金经理的择时能力为负。

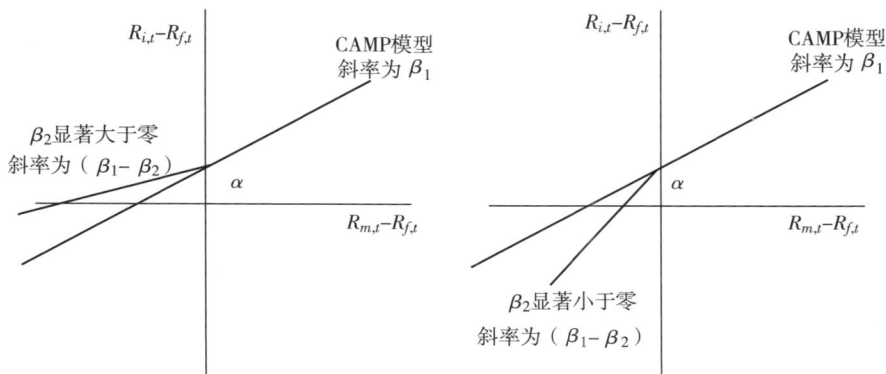

图 2　H-M 模型图解

3. 实证案例分析

本案例分析的重点是公募基金在股票市场上的择时能力，我们选取的类型为股票主动管理型、混合偏股型、灵活配置型和混合股债平衡型基金。为保证样本中每只基金拥有足够的观测值，我们选取样本的标准为该基金现存且拥有 2 年以上的历史。同时，为了使研究的结果对当前市场具有参考性，且便于基金间的横向比较，基金在 2014 年以前的数据不予考虑。最终，我们共选取了 1352 只基金，其中 126 只股票主动管理型、507 只混合偏股型、690 只混合灵活配置型和 29 只混合股债平衡型。我们选取十五年长期国债利率作为无风险利率，沪深 300 指数收益作为市场基准收益率。

在 T-M 和 H-M 模型中，我们加入了 Carhart 四因子模型中的因子来控制系统性风险，尽量降低遗漏变量偏差的影响，从而能够更为准确地评价基金的择时能力。所选因子为：（1）大规模与小规模股票的收益率之差；（2）高账面市值比与低账面市值比股票的收益率之差；（3）高收益股票与低收益股票的收益率之差。

3.1　T-M 模型结果

从选股能力的指标来看，78.18% 的基金具有正向的选股能力，其中 17.53% 的基金通过了 5% 置信水平的显著性检验。在考查的四类基金中，偏股型基金中具有正向选股能力的比例最高，为 94.48%，同时通过显著性检验的比例也最高，为 26.23%；灵活配置基金的这两项数值最低，分别为 64.64% 和 10.58%。

从择时能力的指标来看，只有 23.08% 的基金拥有正向择时能力，其中能通过 5% 置信水平显著性检验的仅有 1.70%。灵活配置型基金中，具有正向择时能力的比例最高，为 37.97%，但是能通过 5% 置信水平显著性检验的基金数只有 15 只，占比 2.17%。择时能力显著正向占比最高的为主动管理型基金，为 3.17%（股债平衡型该比例为 6.90%，但股债平衡型样本量太少，仅有 29 只，不予讨论）。总体上说，四类基金在择时能力上的表现都一般。相反地，41.42% 的基金 β_2 显著为负，即具有显著的负向择时能力。根据模型假设，这些基金在市场下滑时反而增加了风险敞口，变得更为激进。

表 1　　　　　　　　　　公募基金 T–M 模型检验结果

分类	比较标准	基金数	占比	5% 显著数量	占比
总体	$\alpha > 0$	1056	78.18%	237	17.53%
	$\beta_2 > 0$	312	23.08%	23	1.70%
主动管理	$\alpha > 0$	110	87.30%	26	20.63%
	$\beta_2 > 0$	19	15.08%	4	3.17%
偏股型	$\alpha > 0$	479	94.48%	133	26.23%
	$\beta_2 > 0$	24	4.73%	2	0.39%
灵活配置	$\alpha > 0$	446	64.64%	73	10.58%
	$\beta_2 > 0$	262	37.97%	15	2.17%
股债平衡	$\alpha > 0$	22	75.86%	5	17.24%
	$\beta_2 > 0$	7	24.14%	2	6.90%

3.2　H-M 模型结果

从选股能力上看，H-M 模型的结果与 T-M 模型的结果非常类似，总体上 78.48% 的基金具有正向的选股能力，其中 22.93% 显著；偏股型基金中具有正向选股能力的比例最高，为 93.10%，显著的比例也最高，为 37.87%；灵活配置型基金这两项数值最低，分别为 66.52% 和 33.19%。

从择时能力上对比，H-M 模型的结果同样显示了基金在正向择时能力上的不足，其中具有显著正向择时能力的基金数只有 17 只，占比 1.26%。虽然两种模型在择时变量上的选择略有不同，但其呈现的结果类似，均提示公募基金正向择时能力较弱。

表 2　　　　　　　　　　公募基金 H-M 模型检验结果

分类	比较标准	基金数	占比	5% 显著数量	占比
总体	$\alpha>0$	1061	78.48%	310	22.93%
	$\beta_2>0$	286	21.15%	17	1.26%
主动管理	$\alpha>0$	106	84.13%	36	28.57%
	$\beta_2>0$	20	15.50%	2	1.59%
偏股型	$\alpha>0$	472	93.10%	192	37.87%
	$\beta_2>0$	28	5.52%	1	0.20%
灵活配置	$\alpha>0$	459	66.52%	76	11.01%
	$\beta_2>0$	229	33.19%	13	1.8%
股债平衡	$\alpha>0$	21	72.41%	6	20.69%
	$\beta_2>0$	9	31.03%	1	3.45%

第8章　债券基金的业绩归因

　　债券基金的投资决策流程和收益来源与股票基金有本质的不同：股票基金的收益主要来自市场暴露、行业暴露和个券选择；而债券基金的收益则主要来源于利息收入、利息收入的再投资以及持有到期或者提前赎回 / 卖出时的资本利得三个方面。因此，股票基金的业绩归因方法（例如 Brinson 模型）并不适用于债券基金的业绩归因分析。Wager 和 Tito（1997）提出了一种 Fama 类型的债券收益率分解方法，他们采用久期表示系统性风险。Breukelen（2000）则结合了 Wager 和 Tito（1997）的方法和 Brinson 模型，通过加权平均久期的配置分解债券基金的收益率。目前业界应用最广泛的是 Campisi（2000）提出的 Campisi 模型：Campisi 模型将债券基金的收益分解为收入效应（Income Return）、国债效应（Treasure Return）和利差效应（Credit Return）；收入效应又可以进一步分解为票息收益（Coupon Return）和价格收敛收益（Convergence Return），国债效应可以分解为久期管理收益和期限结构配置收益，利差收益则可以分解为券种配置收益和个券选择收益。图 8.1 为 Campisi 模型债券收益率分解。

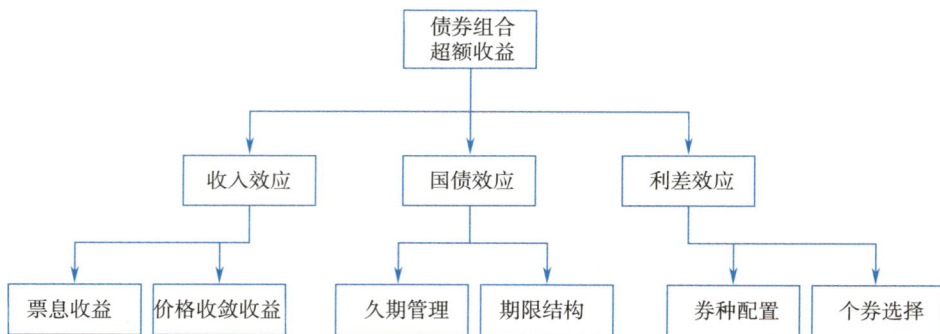

图 8.1　Campisi 模型债券收益率分解

我们从简单的债券基础开始，逐步解读单只债券收益率分解、债券组合收益率分解和债券组合超额收益率分解。

8.1 债券基础

在介绍债券组合业绩归因的 Campisi 模型之前，我们先回顾一下债券相关的基础知识，包括债券的定价、久期和债券收益率曲线，为接下来的理论推导作准备。

8.1.1 债券的定价

债券的价格等于债券未来现金流的折现值，未来现金流包括定期支付的利息（Coupon）和到期偿还的本金（也称票面价值，Face Value）；到期收益率（Yield to Maturity，YTM）是一个利率，是使得债券未来现金流折现值等于债券当前价格的贴现率。因此，债券的价格可以表示为

$$P = \sum_{n=1}^{N} \left[\frac{C}{(1+y)^n} \right] + \frac{F}{(1+y)^N}$$

其中，P 代表债券当前的市场价格；C 代表定期支付的利息；F 代表到期偿还的本金；y 代表到期收益率；N 代表付息次数。上述债券定价公式隐含的假设是，计算债券价格的时间是上一次付息日的日终。但在实际操作中，债券交易经常发生在两次付息日之间。这种情况下，债券的定价公式需要调整为

$$P = \frac{C}{(1+y)^m} + \sum_{n=1}^{N} \left[\frac{C}{(1+y)^{n+m}} \right] + \frac{F}{(1+y)^{N+m}}$$

其中，m 为债券交易日到下一个付息日之间的剩余日期占两次付息间隔日期的比率；债券剩余的付息次数为 $N+1$。

8.1.2 债券的久期

Macaulay 久期是衡量债券系统性风险的指标，是债券各期现金流支付所需时间的加权平均值，计算公式如下

$$D = \frac{\dfrac{mC}{(1+y)^m} + \sum_{n=1}^{N} \left[\dfrac{(m+n)C}{(1+y)^{n+m}} \right] + \dfrac{(m+N)F}{(1+y)^{N+m}}}{P}$$

对 Macaulay 久期的一个变形是修正久期：

$$MD = \frac{D}{1 + y/k}$$

其中，k 为每年的付息次数。

债券组合的久期是可加的，等于所有债券的久期的加权平均值，计算公式如下：

$$MD_P = \sum_{i=1}^{n} w_i \cdot MD_i$$

其中，w_i 为债券 i 在债券组合中的市值权重，MD_i 为债券 i 的修正久期，MD_P 为债券组合的修正久期。

8.1.3　债券的收益率曲线

收益率曲线描述债券到期收益率和剩余期限的对应关系，是债券投资人选择债券投资券种和预测债券价格的重要分析工具。接下来的很多分析都与收益率曲线的形状以及形状的变化有关，图 8.2 为 2017 年 10 月 30 日中债国债到期收益率曲线。

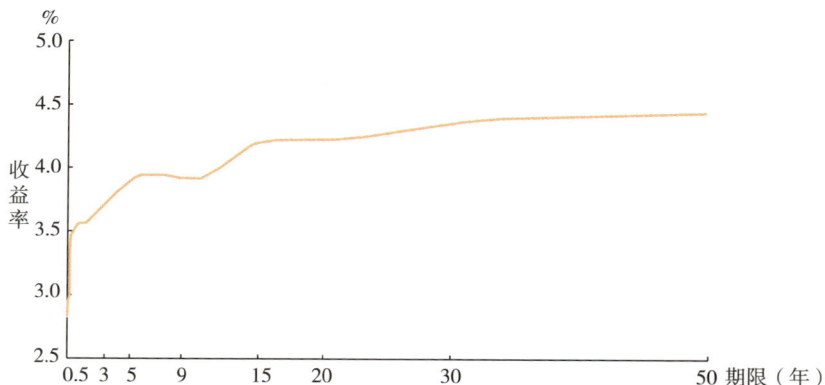

图 8.2　2017 年 10 月 30 日中债国债到期收益率曲线

8.2　单只债券收益率分解

由简入繁，在具备债券基础知识后，我们来分解单只债券的收益率。我们先给出结论，即单只债券收益率可以分解为票息收益（Coupon Return）、债券价格随时间收敛到票面价格带来的收益（Convergence Return）以及国债效应

（Treasure Return）和利差效应（Credit Return），数学表达如下：

$$R = C \cdot \Delta t + (y - C) \cdot \Delta t + (-MD) \cdot \Delta y_{Treasure} + (-MD) \cdot \Delta y_{Credit}$$

我们可以从债券定价公式（1）开始，推导得出以上结论。首先，用债券价格 P 对到期收益率 y 求偏微分：

$$\frac{\partial P}{\partial y} = \frac{-mC}{(1+y)^{m+1}} + \sum_{n=1}^{N}\left[\frac{-(m+n)C}{(1+y)^{n+m+1}}\right] + \frac{-(m+N)F}{(1+y)^{N+m+1}}$$

$$= \frac{-1}{1+y}\left\{\frac{mC}{(1+y)^{m}} + \sum_{n=1}^{N}\left[\frac{(m+n)C}{(1+y)^{n+m}}\right] + \frac{(m+N)F}{(1+y)^{N+m}}\right\} \cdot \frac{1}{P} \cdot P$$

$$= \frac{-1}{1+y} \cdot D \cdot P = -MD \cdot P$$

（注：微积分链式法则：$\frac{\partial y}{\partial x} = \frac{\partial y}{\partial z} \cdot \frac{\partial z}{\partial x}$；求导公式：$y = x^{n}, \frac{dy}{dx} = nx^{n-1}$）

然后，用债券价格 P 对 m 求偏微分：

$$\frac{\partial P}{\partial m} = \frac{-C \cdot \ln(1+y)}{(1+y)^{m}} + \sum_{n=1}^{N}\left[\frac{-C \cdot \ln(1+y)}{(1+y)^{n+m}}\right] + \frac{-F \cdot \ln(1+y)}{(1+y)^{N+m}}$$

$$= -\ln(1+y)\left\{\frac{C}{(1+y)^{m}} + \sum_{n=1}^{N}\left[\frac{C}{(1+y)^{n+m}}\right] + \frac{F}{(1+y)^{N+m}}\right\}$$

$$= -\ln(1+y) \cdot P = -y \cdot P$$

（注：求导公式：$y = a^{x}, \frac{dy}{dx} = a^{x}\ln a(a > 0, a \neq 1)$；当 $y \ll 1$ 时，$\ln(1+y) \approx y$）

因此，债券价格 P 的全微分 dP 可以表示为

$$dP = \frac{\partial P}{\partial y} \cdot dy + \frac{\partial P}{\partial m} \cdot dm = -MD \cdot P \cdot dy + (-y \cdot P \cdot dm)$$

债券价格的收益率 R，即债券价格的变动可以表示为

$$R = \frac{dP}{P} = -MD \cdot dy - y \cdot dm$$

令 t 等于债券交易日距离上一个付息日之间的时间区间占两次付息间隔时间区间的比率，则 $t + m = 1$，$dt = -dm$；因此，债券价格的收益率可以表示为

$$R = y \cdot dt + (-MD) \cdot dy$$

微分 dt 和 dy 等价于时间和到期收益率的微小变化，因此债券收益率的通俗表达式为

$$R = y \cdot \Delta t + (-MD) \cdot \Delta y$$

由上述表达式可知，影响单只债券收益率的因素有时间、债券的修正久期、

债券的到期收益率及到期收益率的变化。其中，$y \cdot \Delta t$ 表示持有债券所获得的收益，我们称为收入效应（Income Return）：收入效应可进一步分解为票息收益（Coupon Return），$C \cdot \Delta t$；和债券价格随时间收敛到票面价格所带来的收益（Convergence Return），$(y-C) \cdot \Delta t$。

$(-MD) \cdot \Delta y$ 表示由于到期收益率的变化所带来的收益，我们称为收益率曲线效应（Yield Curve Return）。如图 8.3 所示，持有债券从时间点 t_0 到 t_1（随着时间的推移，债券期限越来越短），该债券收益率的变化可以进一步分解为两部分：一部分与同时间区间段国债收益率的变化相等，称为国债效应（Treasure Return）；剩余部分由债券与国债之间的信用利差引起，称为利差效应（Credit Return）。

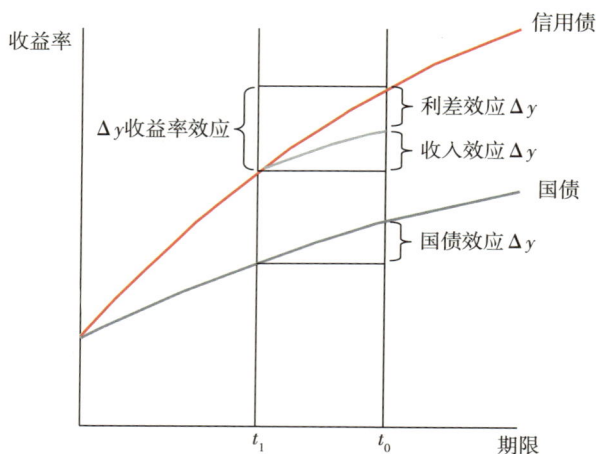

图 8.3　债券收益率曲线效应分解

因此，详细的单只债券收益率分解可以表示为

$$R = C \times \Delta t + (y - C) \times \Delta t + (-MD) \times \Delta y_{Treasure} + (-MD) \times \Delta y_{Credit}$$

即单只债券收益率可以分解为票息收益、债券价格随时间收敛到票面价格带来的收益，以及国债效应和利差效应。

8.3　债券组合收益率分解

在单只债券收益率分解的基础上，分解债券组合的收益率就很简单了。为了方便描述和理解，通常把收入效应作为一个整体考虑（票息收益好理解，但是债券价格随时间收敛到票面价格所带来的收益就比较晦涩）。因此，债券 i 的收益率分解如下：

$$R_i = y_i \cdot \Delta t + (-MD_i) \cdot \Delta y_{Treasure,\, i} + (-MD_i) \cdot \Delta y_{Credit,\, i}$$

依葫芦画瓢，债券组合的收益率同样可以分解为收入效应、国债效应和利差效应：

$$\sum_i w_i R_i = \sum_i w_i \cdot y_i \cdot \Delta t + \sum_i w_i \cdot (-MD_i) \cdot \Delta y_{Treasure,\, i}$$
$$+ \sum_i w_i \cdot (-MD_i) \cdot \Delta y_{Credit,\, i}$$

其中，w_i 是债券 i 在债券组合中的市值权重。

8.4　债券组合超额收益率分解

在分解债券组合超额收益之前，我们需要先给债券组合设定一个基准组合：假设债券 i 在基准组合中的市值权重为 w_i，则基准组合的收益率可以分解为

$$\sum_i W_i R_i = \sum_i W_i \cdot y_i \cdot \Delta t + \sum_i W_i \cdot (-MD_i) \cdot \Delta y_{Treasure,\, i}$$
$$+ \sum_i W_i \cdot (-MD_i) \cdot \Delta y_{Credit,\, i}$$

还是依葫芦画瓢，债券组合的超额收益可以分解为收入效应超额收益、国债效应超额收益和利差效应超额收益：

$$\sum_i w_i R_i - \sum_i W_i R_i = \sum_i (w_i - W_i) \cdot y_i \cdot \Delta t + \sum_i (w_i - W_i) \cdot$$
$$(-MD_i) \cdot \Delta y_{Treasure,\, i} + \sum_i (w_i - W_i) \cdot (-MD_i) \cdot \Delta y_{Credit,\, i}$$

如果只想知道债券组合超额收益分别有多少来源于收入效应、国债效应和利差效应，上述表达式就能够满足需求。更进一步地，国债效应和利差效应可以继续分解，其中，国债效应可以分解为久期管理收益和久期期限结构配置收益；利差效应可以分解为券种配置收益和个券选择收益。

8.4.1　Brinson 模型回顾

在具体用数学语言描述上述几个收益来源之前，我们先简单回顾一下上一章股票组合的业绩归因模型——Brinson 模型，因为接下来的超额收益率分解

将是对 Brinson 框架的照猫画虎。

Brinson 模型的基本思想是将投资组合收益与基准收益比较，将超额收益分解为资产配置贡献、择股能力贡献和交互贡献，数学语言表述如下：

假设投资组合中资产 i 的收益率为 $r_{i,p}$，权重为 $w_{i,p}$；投资基准中资产 i 的收益率为 $r_{i,b}$，权重为 $w_{i,b}$。

则投资组合的超额收益为

$$TR = \sum_{i=1}^{n} w_{i,p} r_{i,p} - \sum_{i=1}^{n} w_{i,b} r_{i,b}$$

资产配置贡献为

$$AR = \sum_{i=1}^{n} (w_{i,p} - w_{i,b}) r_{i,b}$$

择股能力贡献为

$$SR = \sum_{i=1}^{n} (r_{i,p} - r_{i,b}) w_{i,b}$$

交互贡献为

$$IR = \sum_{i=1}^{n} (w_{i,p} - w_{i,b})(r_{i,p} - r_{i,b})$$

可以证明：

$$TR = AR + SR + IR$$

以上是 Brinson 模型的简单描述，关于 Brinson 模型的具体细节请参阅上一章"股票组合业绩归因"。

8.4.2　国债效应的分解

国债效应可以表述为

$$\sum_{i} (w_i - W_i) \cdot (-MD_i) \cdot \Delta y_{Treasure,i}$$

其中，w_i 是债券 i 在投资组合中的市值权重，w_i 是债券 i 在基准组合中的市值权重，MD_i 是债券 i 的修正久期。我们先把国债效应变换成以上 Brinson 模型的形式：

$$\sum_{j} w_{j,p} \cdot (-MD_{j,p}) \cdot \Delta y_{Treasure,j,p} - W_{j,b} \cdot (-MD_{j,b}) \cdot \Delta y_{Treasure,j,b}$$

需要注意的是，这里下标 j 代表一类债券（之前的下标 i 代表单只债券），$w_{j,p}$ 是债券组合中 j 类债券的市值权重，$MD_{j,p}$ 是债券组合中 j 类债券的加权久期，$\Delta y_{Treasure,j,p}$ 是债券组合中 j 类债券的到期收益率变化，$W_{j,b}$ 是基准组合中 j 类债券的市值权重，$MD_{j,b}$ 是基准组合中 j 类债券的加权久期，$\Delta y_{Treasure,j,b}$ 是基准组

合中 j 类债券的到期收益率变化。按照 Brinson 模型资产配置贡献和择股能力贡献的形式，我们分别得到了国债效应的久期管理收益和久期期限结构配置收益：

$$久期管理收益 = \sum_j \left[w_{j,p} \cdot (-MD_{j,p}) - W_{j,b} \cdot (-MD_{j,b}) \right] \cdot \Delta y_{Treasure,j,b}$$

$$久期期限结构配置收益 = \sum_j W_{j,b} \cdot (-MD_{j,b}) \cdot (\Delta y_{Treasure,j,P} - \Delta y_{Treasure,j,b})$$

8.4.3　利差效应的分解

与分解国债效应类似，利差效应可以分解为券种配置收益和个券选择收益：

$$券种配置收益 = \sum_k \left[w_{k,p} \cdot (-MD_{k,p}) - W_{k,b} \cdot (-MD_{k,b}) \right] \cdot \Delta y_{Credit,k,b}$$

$$个券选择收益 = \sum_k W_{k,b} \cdot (-MD_{k,b}) \cdot (\Delta y_{Credit,k,p} - \Delta y_{Credit,k,b})$$

其中，$w_{k,p}$ 是债券组合中 k 类债券的市值权重，$MD_{k,p}$ 是债券组合中 k 类债券的加权久期，$\Delta y_{Credit,k,p}$ 是债券组合中 k 类债券的到期收益率变化，$W_{k,b}$ 是基准组合中 k 类债券的市值权重，$MD_{k,b}$ 是基准组合中 k 类债券的加权久期，$\Delta y_{Credit,k,b}$ 是基准组合中 k 类债券的到期收益率变化。

8.5　Campisi 模型计算实例

为了更好地理解 Campisi 模型，我们从《投资组合绩效评测实用方法（2015）》中引用了一个简单的计算实例。表 8.1 为计算实例中需要用到的债券组合及基准组合相关指标统计。

表 8.1　　　　　　　　　　债券组合及基准组合相关指标统计

分类	投资组合权重 w_i（％）	参考基准权重 w_i（％）	投资组合修正久期 D_i	参考基准修正久期 D_{bi}	投资组合的收益率 r_i（％）	效益组合利息收入 I_i（％）	参考基准收益率 b_i（％）	参考基准利息收入 I_{bi}（％）
国债	30	40	4.8	4.8	6.0	0.3	6.0	0.3
企业债券	60	40	3.5	5.2	4.5	0.5	8.0	0.6
高收益债	10	20	4.2	4.0	5.5	0.8	5.0	0.7
总计	100	100	3.96	4.8	5.05	0.47	6.6	0.5

因此，投资组合的超额收益为

$$5.05\% - 6.6\% = -1.55\%$$

利息收入为投资组合利息收入减去基准组合利息收入：

$$0.47\% - 0.5\% = -0.03\%$$

为了计算国债效应，我们需要国债收益率曲线上每个久期水平的到期收益率变化，如表 8.2 所示。

表 8.2　　　　国债收益率曲线上每个久期水平的到期收益率变化

久期 D_i	利率变化 Δy_i（%）	价格影响 $D_i \times (-\Delta y_i)$（%）
3.5	−1.00	+3.50
4.0	−1.05	+4.20
4.2	−1.10	+4.62
4.8	−1.20	+5.76
5.2	−1.35	+7.02

因此，投资组合的国债效应为

$$30\% \times 5.76\% + 60\% \times 3.50\% + 10\% \times 4.62\% = 4.29\%$$

基准组合的国债效应为

$$40\% \times 5.76\% + 40\% \times 7.02\% + 20\% \times 4.20\% = 5.95\%$$

超额收益的国债效应为

$$4.29\% - 5.95\% = -1.66\%$$

投资组合的利差效应为

$$5.05\% - 0.47\% - 4.29\% = 0.29\%$$

基准组合的利差效应为

$$6.6\% - 0.5\% - 5.95\% = 0.15\%$$

超额收益的利差效应为

$$0.29\% - 0.15\% = 0.14\%$$

8.6　Campisi 模型小结

整体而言，Campisi 模型较为直观，将债券组合收益分解为反映持有债券组合的静态回报的收入效应、反映国债收益率曲线变动带来的系统性回报的国债效应，以及衡量持仓个券个性化特征所隐含的超额收益的利差效应，能够较好地反映自上而下的债券投资逻辑。

但与 Brinson 模型相似，在分析公募基金时，Campisi 模型也会因为持仓数据缺失、无法分解非债券类资产而产生较大误差。

除此之外，估值偏差和杠杆对债券组合收益的影响同样未被剥离。估值偏差部分是由于在计算归因时采用的债券估值方法与基金公司或托管机构进行估值时采用的方法并不一致导致的，与基金经理投资管理能力不相关。杠杆是债券基金经理增厚投资收益的主要手段之一，但在加杠杆的同时还需要承担一定的融资成本，因此先把杠杆部分产生的实际收益（或损失）剥离出来，再将组合收益进行拆解或与基准进行对比才更加合理。

8.7　附录 1：Campisi 模型具体实现及分析样例

实际应用中，我们往往采取直接分解组合收益率的方式，利用 Campisi 模型把债券组合的收益分解为收入效应、国债效应、利差效应和其他。

诺安信用债归因分析报告

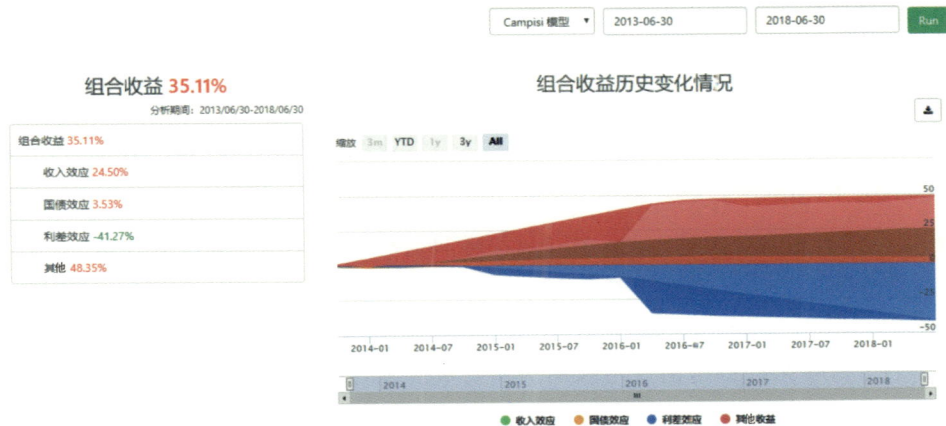

收益详细信息

债券代码 ⇕	债券名称 ⇕	一级分类 ⇕	二级分类 ⇕	收入效应 ⇕	国债效应 ⇕	利差效应 ⇕	收益合计 ⇕
1380257	13钦州滨海债	企业债	一般企业债	2.43%	0.86%	-1.20%	2.10%
1380300	13郫县国投债	企业债	一般企业债	2.49%	0.91%	-2.13%	1.27%
124370	PR渝新区	企业债	一般企业债	1.52%	0.60%	-1.00%	1.12%
126018	08江铜债(退市)	可分离转债存债		0.29%	0.03%	-0.04%	0.29%
011762069	17兖矿SCP006	短期融资券	超短期融资债券	0.36%	0.00%	-0.14%	0.22%
011767015	17电建地产SCP002	短期融资券	超短期融资债券	0.36%	0.00%	-0.15%	0.22%
160405	16农发05	金融债	政策银行债	0.16%	0.08%	-0.02%	0.21%
011762071	17康富租赁SCP004	短期融资券	超短期融资债券	0.24%	0.02%	-0.08%	0.17%
041751015	17栖霞建设CP001	短期融资券	一般短期融资券	0.18%	-0.03%	0.00%	0.16%
101562017	15南昌工业MTN001	中期票据	一般中期票据	0.36%	0.00%	-0.22%	0.14%
041360065	13阆漳龙CP001	短期融资券	一般短期融资券	0.17%	0.01%	-0.04%	0.14%
011760185	17冀中能源SCP009	短期融资券	超短期融资债券	0.12%	0.02%	-0.00%	0.14%
130238	13国开38	金融债	政策银行债	0.29%	-0.18%	0.01%	0.12%
011761066	17鲁钢铁SCP003	短期融资券	超短期融资债券	0.25%	-0.00%	-0.13%	0.11%
170410	17农发10	金融债	政策银行债	0.24%	-0.03%	-0.12%	0.08%
160418	16农发18	金融债	政策银行债	0.25%	0.02%	-0.19%	0.08%
018001	国开1301	金融债	政策银行债	0.09%	0.00%	-0.02%	0.07%
011754084	17云能投SCP003	短期融资券	超短期融资债券	0.13%	-0.02%	-0.05%	0.07%
011751121	17珠海华发SCP010	短期融资券	超短期融资债券	0.13%	0.00%	-0.07%	0.06%

具体的算法实现步骤如下：

（1）解析并识别估值表中的每一只债券，在债券数据库中查询并获取债券相关数据。

（2）根据分析期间上传的估值表数量（N），将分析期间划分为（$N-1$）个首尾相连的时间段。

（3）对于每一个时间段，进行单期债券业绩归因分解计算，分解为"收入效应、国债效应、利差效应"三部分：

$$债券组合收益率 = \sum_i 第\,i\,只债券收益率 \times 第\,i\,只债券市值权重$$

$$= \sum_i (收入效应_i + 国债效应_i + 利差效应_i) \times \omega_i$$

注：第 i 只债券市值权重取期初和期末权重的均值。

其中，

$$债券收益率 = \frac{期末债券全价 - 期初债券全价 + 期间现金流}{期初债券全价}$$

$$收入效应 = 债券到期收益率 \times 区间段长度$$

注：债券到期收益率取期初债券到期收益率。

$$国债效应 = - \,债券修正久期 \times 国债利率曲线区间变动$$

注：债券修正久期取期初债券修正久期；国债利率曲线变动等于期末与债券久期相同的国债收益率 – 期初与债券久期相同的国债收益率。

利差效应 = 债券收益率 – 持有收益率 – 利率曲线收益率

其他 = 由组合净值计算的组合收益率 – 债券组合收益率

注：其他的来源有三个方面，一是组合中非债券部分的收益；二是组合中无法解析的债券部分的收益；三是两个估值表之间的时间段内，个券的高换手率，导致第 i 只债券市值权重不能准确反映该时间段内债券 i 的真实权重所带来的偏差。

（4）根据单期业绩归因计算结果，得到多期业绩归因结果。

8.8　附录2：收益率曲线骑乘模型

在债券组合归因分析实践中，除 Campisi 模型外，还有一种常用的分析模型——收益率曲线骑乘模型，同样可基于持仓数据对债券组合进行归因分析。

8.8.1　收益率曲线骑乘模型思路介绍

同样从个券收益率的分解入手，如上文所述，债券持有期收益主要包括票息收益、本金偿还收益和净价收益三部分。其中，票息收益取决于票面收益率，本金偿还收益取决于合同条款，在买入时即已确定。因此，在收益率曲线骑乘模型中，我们主要考查净价收益部分。

那么，在分解净价收益时有两种思路：

一是从收益率曲线出发，将特定债券的收益率曲线的变动分解为无风险收益率曲线的变动以及该特定债券的信用利差曲线的变动，从而可以把该债券持有期内的净价收益分解为无风险收益率曲线收益和信用利差收益，然后再分别将无风险收益率曲线和信用利差曲线的变动拆分为骑乘效应（收益率随着期限缩短而沿收益率曲线下滑带来的回报）和变动效应（因个券其他特征变动带来的溢价）。

二是从收益的驱动因素出发，先计算收益率曲线变动过程中的骑乘效应和变动效应，再分别将骑乘效应和变动效应分解为无风险收益率曲线的贡献和信用利差的贡献。

两种思路的分解过程如图 8.4 所示。

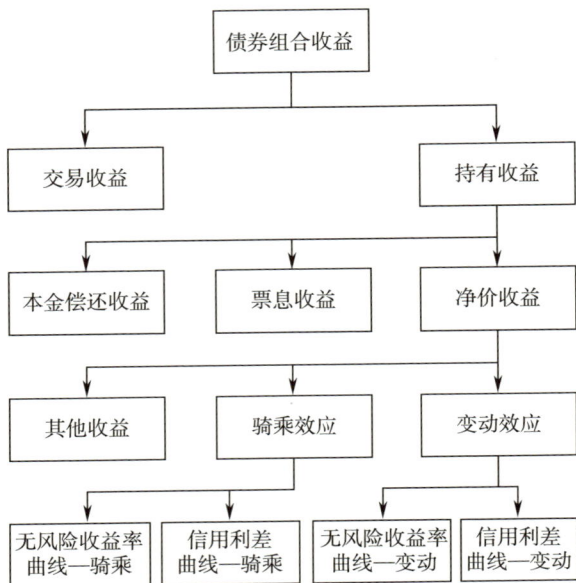

图 8.4　收益率曲线骑乘模型分析（结构 1）

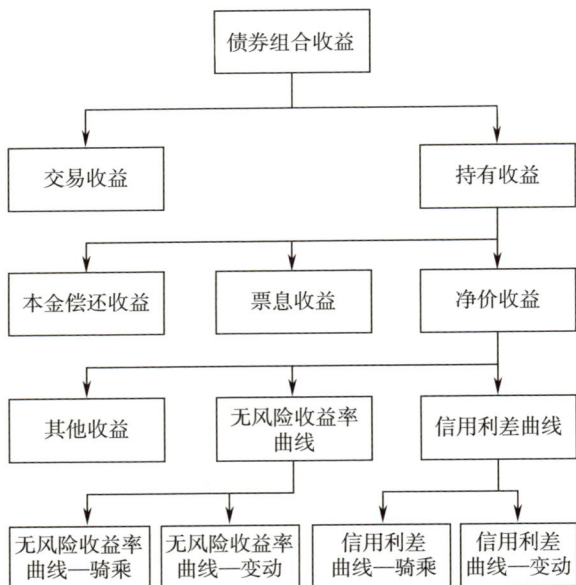

图 8.5　收益率曲线骑乘模型分析（结构 2）

两种分解思路殊途同归，最终均可以将债券组合的净价收益分解为无风险收益率曲线—骑乘效应、信用利差曲线—骑乘效应、无风险收益率曲线—变动效应、信用利差曲线—变动效应和其他收益（包括未分解部分和误差项等）五部分。

表 8.3 骑乘模型净价收益分解结果

无风险收益率曲线—骑乘效应	利差曲线—骑乘效应	骑乘效应合计	结构 1
无风险收益率曲线—变动效应	利差曲线—变动效应	变动效应合计	
无风险收益率曲线收益合计	利差曲线收益合计	净价收益合计	
结构 2			

8.8.2 收益率曲线骑乘模型计算方法

我们采取结构 1 中的分解方法，将债券收益分解为票息收入和净价收入：

$$R = R_{coupon} + R_{netprice} + 其他 \tag{1}$$

从期初 t_0 到时间 t_1 期间，已实现的票息收入是确定的。我们可以将净价收益（$R_{netprice}$）分解为骑乘效应（$R_{roll-down}$）和变动效应（R_{change}）：

$$R_{net\,price} = R_{roll-down} + R_{change} \tag{2}$$

进一步分解：

$$R_{roll-down} = R_{Treasury\,roll-down} + R_{Credit\,roll-down} \tag{3}$$

$$R_{change} = R_{Treasury\,change} + R_{Credit\,change} \tag{4}$$

由于期初时间 t_0 到期末时间 t_1 间支付的利息已经确定，我们可以通过 t_1 时刻之后各期现金流（各期利息及本金的支付）的折现来计算无风险收益率曲线骑乘效应（$R_{Treasury\,roll-down}$）、利差曲线骑乘效应（$R_{Credit\,roll-down}$）、无风险收益率变动效应（$R_{Treasury\,change}$）、利差曲线变动效应（$R_{Credit\,change}$）。

其间，债券总的净价变化为 t_1 时刻的价格减去 t_0 时刻的价格，从收益率曲线的变动的角度可表示为

$$R_{net\,price} = 期末曲线（无风险 + 新利差）- 期初曲线（无风险 + 旧利差）$$

在此我们引入远期收益率曲线作为中间变量，骑乘效应即是在利差水平不变的情况下，将该债券在 t_1 时刻之后的各期现金流，分别按照该债券期初的即期收益率曲线（各期限收益率通过无风险利率 + 旧利差得到）和该债券在 t_0

时刻的 t_1 至到期日 t 期间的远期收益率曲线（各期限收益率通过无风险远期利率 + 旧利差得到）进行贴现，进而得到的两者之间的价格变化。可表示为

　　$R_{roll-down}$ = 远期（无风险 + 旧利差）- 期初曲线（无风险 + 旧利差）

也即是

$$R_{roll-down} = \frac{P_b^{t1,t}}{P_b^{t0}} - 1$$

P_b^{t0} 表示将 t_1 时刻之后的各期现金流，按照该债券期初的即期收益率曲线（各期限收益率通过无风险利率 + 旧利差得到）折现得到的债券价格；$P_b^{t_1,t}$ 表示将该债券按照在 t_0 时刻的 t_1 至到期日 t 期间的远期收益率曲线（各期限收益率通过无风险远期利率 + 旧利差得到）折现得到的债券价格。

采取同样的折现方法，无风险收益率曲线的骑乘效应可通过无风险收益债券的在期初 t_0 时刻的即期收益率曲线和在 t_0 时刻的 t_1 至到期日 t 期间的远期收益率曲线计算得到：远期（无风险）- 期初曲线（无风险）。

即

$$R_{Treasuryroll-down} = \frac{P_{Treasury}^{t1,t}}{P_{Treasury}^{t0}} - 1$$

$P_{Treasury}^{t0}$ 表示将 t_1 时刻之后的各期现金流，按照无风险收益债券在期初的即期收益率曲线折现得到的债券价格；$P_{Treasury}^{t1,t}$ 表示将 t_1 时刻之后的各期现金流，按照无风险收益债券在 t_0 时刻的 t_1 至到期日 t 期间的远期收益率曲线折现得到的债券价格。

那么，两者相减，可得利差曲线的骑乘效应，

也即是

$$R_{Creditroll-down} = R_{roll-down} - R_{Treasuryroll-down} = \frac{P_b^{t1,t}}{P_b^{t0}} - \frac{P_{Treasury}^{t1,t}}{P_{Treasury}^{t0}}$$

同样，根据净价变动和骑乘效应的计算公式，总的变动效应可表示为

　　R_{change} = 期末曲线（无风险 + 新利差）- 远期（无风险 + 旧利差）

即

$$R_{change} = \frac{P_{new\,b}^{t1}}{P_b^{t1,t}} - 1$$

$P_b^{t1,t}$ 同上；$P_{new\,b}^{t1}$ 表示将 t_1 时刻之后的各期现金流，按照该债券期末的即期收益率曲线（各期限收益率通过无风险利率 + 新利差得到）折现得到的债券

价格。

利差曲线的变动效应可通过该债券 t_0 时刻的 t_1 至到期日 t 期间的远期收益率曲线，其中一条远期收益率曲线的各期限收益率通过无风险利率＋旧利差得到，另外一条远期收益率曲线的各期限收益率通过无风险利率＋新利差得到。可表示为

远期（无风险＋新利差）– 远期（无风险＋旧利差）

也即是

$$R_{Creditchange} = \frac{P^{t1,t}_{new\ b}}{P^{t1,t}_{b}} - 1$$

$P^{t1,t}_{b}$ 同上；$P^{t1,t}_{new\ b}$ 表示将 t_1 时刻之后的各期现金流，按照该债券在 t_0 时刻的 t_1 至到期日 t 期间的远期收益率曲线（各期限收益率通过无风险利率＋新利差得到）折现得到的债券价格。

上述两个公式相减，可以得到无风险利率曲线的变动效应，

即

$$R_{Treasurychange} = R_{change} - R_{Creditchange} = \frac{P^{t1}_{b} - P^{t1,t}_{new\ b}}{P^{t1,t}_{b}}$$

8.9 参考文献

卡尔·R. 培根. 投资组合绩效评测实用方法 [M]. 黄海东，译. 北京：机械工业出版社，2015.

Campisi, S.. Primer on fixed income performance attribution. *Journal of Performance Measurement*，2000，4（4）：14-25.

Cubilié, M.. Fixed Income Attribution Model. *Journal of Performance Measurement*，2005，10（2）：49.

【阅读材料】混合型基金的业绩归因

现实中的投资组合大多是混合型产品，既包括股票资产也包括债券资产，而在单独使用 Brinson 模型或 Campisi 模型对此类多资产组合进行归因分析时存在诸多不足之处。因此，我们有必要进一步升级和优化分析框架和归因模型，以充分刻画多资产组合的基金经理在各类资产上获取超额收益的能力。

与单一资产组合归因相比，多资产组合的归因需要在大类资产层面进行分解后再对子类资产进行处理：先将多资产组合与复合基准因在各类资产上的配置比例不同导致的收益差异分解出来，也即是基金经理在大类资产配置层面获取的超额收益；然后再将各子类资产当作独立的组合，并按照各自适用的模型进行处理，最终得到多资产组合的资产配置贡献以及各子资产的归因结果。

1. 子资产收益分解及组合资产配置贡献

首先，根据多资产组合中股票、债券、期货、基金等各类资产中的个券占比及收益率统计各类资产收益：

$$R_{股,p} = \frac{\sum_{i=1}^{n} w_{股,i,p} r_{股,i,p}}{\sum_{i=1}^{n} w_{股}}$$

$$R_{债,p} = \frac{\sum_{j=1}^{m} w_{债,j,p} r_{债,j,p}}{\sum_{j=1}^{m} w_{债}}$$

$$R_{期,p} = \frac{\sum_{l=1}^{h} w_{期,l,p} r_{期,l,p}}{\sum_{l=1}^{h} w_{期}}$$

$$R_{基,p} = \frac{\sum_{k=1}^{q} w_{基,k,p} r_{基,k,p}}{\sum_{k=1}^{q} w_{基}}$$

则，组合收益可表示为

$$R_p = \sum_{i=1}^{n} w_{股,i,p} r_{股,i,p} + \sum_{j=1}^{m} w_{债,j,p} r_{债,j,p} + \sum_{l=1}^{h} w_{期,l,p} r_{期,l,p} + \sum_{k=1}^{q} w_{基,k,p} r_{基,k,p} + 其他$$

然后，以同样的方法计算基准组合中各类资产的收益，基准组合总回报可表示为

$$R_b = R_{股,b} w_{股,b} + R_{债,b} w_{债,b} + R_{期,b} w_{期,b} + R_{基,b} w_{基,b}$$

那么，多资产组合的超额收益 TR 为

$$TR = R_p - R_b$$

根据 Brinson 模型，可以计算得到多资产组合在整体组合层面的大类资产配置贡献和子类资产内部的个券选择贡献：

$$AR = \left[\left(\sum_{i=1}^{n} w_{股} \right) - w_{股,b} \right] R_{股,b} + \left[\left(\sum_{j=1}^{m} w_{债} \right) - w_{债,b} \right] R_{债,b}$$

$$+ \left[\left(\sum_{l=1}^{h} w_{期} \right) - w_{期,b} \right] R_{期,b} + \left[\left(\sum_{k=1}^{q} w_{基} \right) - w_{基,b} \right] R_{基,b}$$

$$SR = \left(R_{股,p} - R_{股,b} \right) \left(\sum_{i=1}^{n} w_{股} \right) + \left(R_{债,p} - R_{债,b} \right) \left(\sum_{j=1}^{m} w_{债} \right)$$

$$+ \left(R_{期,p} - R_{期,b} \right) \left(\sum_{l=1}^{h} w_{期} \right) + \left(R_{基,p} - R_{基,b} \right) \left(\sum_{k=1}^{q} w_{基} \right)$$

可以证明：

$$TR = AR + SR + 其他$$

2. 子资产类别归因分析

接下来，我们可以继续采用 Brinson 模型分解股票部分的超额回报 $\left(R_{股,p} - R_{股,b} \right) \left(\sum_{i=1}^{n} w_{股} \right)$，采用 Campisi 模型分解债券部分的超额回报 $\left(R_{债,p} - R_{债,b} \right) \left(\sum_{j=1}^{m} w_{债} \right)$。

需要注意的是，在对各类子资产进行分解前，需要先对个券占比进行归一化处理，即计算个券在所属资产类别中的占比，然后再将各类资产按照适用的归因模型进行分析。

Brinson 模型计算公式如下：

$$R_{股,p} = \frac{\sum_{i=1}^{n} w_{股,i,p} r_{股,i,p}}{\sum_{i=1}^{n} w_{股}} = \sum_{i=1}^{n} \frac{w_{股,i,p}}{\sum_{i=1}^{n} w_{股}} r_{股,i,p}$$

$$R_{股,b} = \sum_{i=1}^{n} w_{股,i,b} r_{股,i,b}$$

可得股票资产部分的行业配置贡献：

$$AR_{股} = \left(\sum_{i=1}^{n} w_{股} \right) \sum_{i=1}^{n} \left(\frac{w_{股,i,p}}{\sum_{i=1}^{n} w_{股}} - w_{股,i,b} \right) r_{股,i,b}$$

股票资产部分的个股选择贡献：

$$SR_{股} = \left(\sum_{i=1}^{n} w_{股} \right) \sum_{i=1}^{n} \left(r_{股,i,p} - r_{股,i,b} \right) \frac{w_{股,i,p}}{\sum_{i=1}^{n} w_{股}} = \sum_{i=1}^{n} \left(r_{股,i,p} - r_{股,i,b} \right) w_{股,i,p}$$

可以证明：

$$（R_{股,p} - R_{股,b}）\left(\sum_{i=1}^{n} w_股\right) = AR_股 + SR_股$$

同理，我们以 Campisi 分解债券资产的超额收益$（R_{债,p} - R_{债,b}）\left(\sum_{i=1}^{n} w_债\right)$。其中，$（R_{债,p} - R_{债,b}）$即债券组合归因分析章节的分解对象，也即是

$$\sum_i w_i R_i^p - \sum_i W_i R_i^b$$

其可以进一步分解为收入效应超额收益、国债效应超额收益和利差效应超额收益，分解方法与债券组合一致，只是其中的 w_i 不是单只债券在多资产组合中的权重，而是在债券类资产中的占比。

第 9 章　尽职调查

经过基金风险收益特征分析、基金风格分析和基金归因分析等定量分析筛选后，庞大的基金数据库已经缩减为一个满足投资人筛选标准的候选基金名单——长名单。但是以上的定量分析和筛选均是基于基金历史数据的评估，并不能保证基金未来的表现。尤其是基于基金历史业绩推测基金未来的收益，已经被很多研究证明是行不通的。因此，接下来我们需要运用定性分析的方法对候选管理人进行评估，评估的核心是一只基金在未来重现其过往投资业绩的能力，以及使得投资更加增值的能力。这个评估过程就是基金的尽职调查。图 9.1 为 FOF 标的基金筛选的流程图，尽职调查的目的是确定 FOF 投资的核心基金池——短名单。

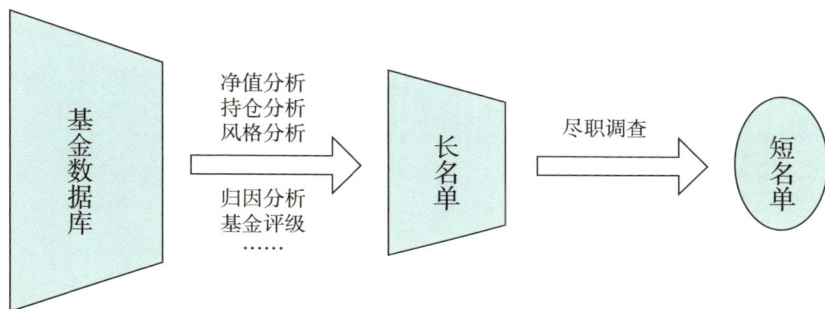

图 9.1　FOF 标的基金筛选流程

国内最早开展委托投资尽职调查的机构是社保基金理事会。在 2002 年，社保基金理事会进行第一次投资管理人选聘 / 评价时，由于没有任何可借鉴的境内机构经验，社保基金理事会以当时新加坡央行的选聘 / 评价体系为主，同时参考了加拿大养老基金（CPPIB）和加州公务员退休基金（CalPERS）的选聘 / 评价经验，形成了境内委托投资机构选聘 / 评价尽职调查体系的最初版本。

此后，2007—2010 年，中国投资管理有限公司、国家外汇管理局等机构也相继借鉴了社保基金理事会的经验，并结合自身的实际业务，逐步形成了境内机构委托投资管理人选聘 / 评价尽职调查的经典体系。这个体系主要从公司基本面（Company Fundamentals）、客户服务（Customer Service）、人员情况（Person）、投资理念（Philosophy）、投资流程（Process）、投资业绩（Performance）六个维度（2C+4P）来全面衡量管理人的公司治理水平和资产管理能力。2012 年后，保险机构也开始开展委托投资业务，并在经典尽职调查体系的基础上增加了风控、交易等评价内容。总体上看，虽然各类机构在选聘 / 评价尽职调查体系的具体细则上稍有区别，但基本上都没有脱离经典的 2C+4P 评价体系。

9.1 公司基本情况（Company Fundamentals）

公司基本情况考查公司名称、注册地址、法定代表人，以及公司股权结构、组织架构、部门分工情况等公司基本信息。考查的核心是公司为基金管理人的投资决策提供基础设施、运营和资源支持的能力。此外，尽职调查还关注公司企业文化、发展愿景、战略及目标等，以评估公司未来的发展方向。以下为一份典型的公司基本情况尽职调查问卷。

1. 公司基本信息 *

	公司基本信息
公司名称	
注册地址	
注册资本	
成立时间	
法定代表人	
公司主页	
主营范围	
员工人数	
管理规模	
量化产品管理规模	
管理产品数量	
量化产品数量	

2．公司股权结构 *

请列出公司主要股东的情况

股东名称	出资金额（百万元）	出资方式	股权比例
	请输入数字		请输入数字

3．公司实际控制人变更情况

请填入公司自设立以来的实际控制人情况

起始日期	截止日期	实际控制人	股权占比
⊙至今 请选择日期	⊙至今 请选择日期		请输入数
⊙至今 请选择日期	⊙至今 请选择日期		请输入数

4．公司组织架构

请上传公司组织架构图

⬆

点击或拖放文件到这里进行上传，文件大小不能超过 20 M

5．公司部门职能

请填入公司各部门职能

部门名称	部门人数	部门职能	部门负责人
	请输入数字		
	请输入数字		
	请输入数字		

6．请详细描述公司自成立以来的重大历史事件及未来规划

请输入...

7．请阐述相对行业内其他公司，贵公司的主要优势

> 请输入...

8．请阐述相对行业内其他公司，贵公司的主要劣势，以及主要改进方法

> 请输入...

9．公司所获荣誉

> 请输入...

10．尽职调查联系人 *

姓名	职务	联系电话	邮件

9.2　客户服务（Customer Service）

客户服务考查基金管理人对于资金方信息交互需求的保障程度，包括基金具体投资情况的信息披露效率，是否有周报、月报、季报等。投资者希望及时了解基金的运行情况，以便随时根据市场变化作出调整，高效的客户服务是投资者掌握资金运行情况的途径。

1．请描述客户服务相关的人员配置、工作流程和客户服务的内容

> 请输入...

9.3　核心团队（Persons）

核心团队是尽职调查过程中需要考查的最重要的因素。基金投资管理的本质是人作出的投资决策，核心团队的职业背景、专业能力，甚至性格都是影响

决策是否科学、合理、稳定的因素。此外，团队的稳定性也是考查的重点。核心团队的高流动性是一个需要警惕的信号，意味着核心决策者的流失或更替。以下为一份典型的核心团队尽职调查问卷。

1. 团队规模

年度	公司员工数	投资团队员工数	量化团队员工数	后勤
	请输入数字	请输入数字	请输入数字	请输
	请输入数字	请输入数字	请输入数字	请输

◀ ▶

2. 公司管理层人员简历

姓名	职务	入职日期	履历
		⊙ 至今　请选择日期	
		⊙ 至今　请选择日期	
		⊙ 至今　请选择日期	

◀ ▶

3. 量化核心团队简历

姓名	职务	入职日期	从业年限
		⊙ 至今　请选择日期	请输入数字
		⊙ 至今　请选择日期	请输入数字
		⊙ 至今　请选择日期	请输入数字

◀ ▶

4. 关键团队人员离职情况

姓名	职务	离职时间	离职原因
		⊙ 至今　请选择日期	
		⊙ 至今　请选择日期	

◀ ▶

5. 是否有员工持股激励制度？

如果是，请在备注中阐明员工持股激励情况。

○ 是

○ 否

6. 员工考核激励情况

请描述量化人员、研究人员、IT人员等员工的考核激励情况

人员类型	考核标准	收入结构	激励机制

7. 请描述公司如何稳定核心团队

请输入...

9.4　投资理念（Philosophy）

投资理念是基金管理者关于如何为投资增值的信念和观点。基金管理者需要有一个清晰的投资理念，并能够清楚地说明在投资理念下风险和收益的驱动力以及如何使投资增值的具体方式。投资理念没有绝对的好坏，FOF 管理人倾向于选择投资理念差异明显的基金管理人，以分散风险。以下为一份典型的投资理念尽职调查问卷。

1. 请清晰阐述投资理念

请输入...

2. 请清晰阐述如何保证投资理念的有效执行

请输入...

3. 股票类投资策略

请描述股票类投资策略，并在备注中评价各策略的优缺点

策略名称	所属策略类型	关注股票类型	股票分散数量	交易

4. 期货类投资策略

请描述期货类投资策略，并在备注中评价各策略的优缺点

策略名称	所属策略类型	期货合约品种	保证金比例	日类标

5. 其他类投资策略

请描述其他类投资策略，并在备注中评价各策略的优缺点

策略名称	债券最低信用评级	中小企业私募债	逆回购参与程度	正回

6. 策略占比

策略名称	所属策略类型	策略占比

9.5 决策流程（Process）

决策流程是在做出投资决策时所基于的架构，是集体决策制或者基金经理负责制等具体决策方式的执行过程。决策流程应当是清晰易懂、可操作、可重复的。一个科学且可重复的决策流程可以提高历史业绩重现的概率。即使是在核心团队成员有流失的情况下，决策流程的正确也能避免重大失误的出现。以下为一份典型的决策流程尽职调查问卷。

1. 请阐述公司的投资流程

请输入...

2. 上传公司投资流程图

⬆

点击或拖放文件到这里进行上传，文件大小不能超过 20 M

3. 投资流程各环节说明

描述投资流程中主要环节的实现方法、所依据的主要数据或系统、关键负责人，以及对该投资环节的调整频率、方法及触发调整的起因等内容。

投资流程	实现方法	依据的数据/系统	负责人	调整频

4. 投资决策委员会情况

公司是否设立投资决策委员会？组成人员有哪些？投资最终决策人为谁？是否有定期投研例会和投资决策委员会例会制度以讨论投资内容及决策流程？

请输入...

5. 实地调研情况

公司每年有几次实地调研？是否对重仓股反复调研？投资团队是否参与调研？

请输入...

6. 外部研报咨询系统情况

请详细介绍公司外部研报支持及咨询系统，并说明该系统对投资决策起到的作用。

请输入...

9.6 业绩表现（Performance）

业绩表现是尽职调查的最后一个环节。这里对于业绩表现的考查和之前的量化分析筛选不同,此时我们的目的是考查基金业绩在不同市场条件下的表现,以及业绩表现与基金管理者的投资理念和决策流程是否一致,从而确认投资理念和决策流程在实际投资过程中是否有切实的执行。以下为一份典型的业绩表现尽职调查问卷。

1. 历史产品概况

请在下表中提供贵公司(或新产品主要投资经理在其他工作单位)管理过的产品概况(包括产品主要针对的市场(A股、B股、H股等)、投资标的(股票、期货、债券等)、主要策略、投资经理、与目前准备与XX合作的新产品的相关性。

产品名称	成立日期	续存状况	针对市场	投资标的

2. 历史产品规模(亿元)

请在下表中提供贵公司(或新产品主要投资经理在其他工作单位,请备注)管理过的各产品,自成立以来的资产规模变化情况。

产品名称	2017	2016	2015	2014
	请输入数字	请输入数字	请输入数字	请输入数字
	请输入数字	请输入数字	请输入数字	请输入数字

3. 未来资产管理规模估计

假设投资理念/策略不变,未来三年内公司最理想的管理规模是多少?公司如果达到资产规模上限时有何对策?

请输入...

4. 基金业绩

请填写基金基本信息、基金业绩、基金规模、基金经理任职信息等。

基本信息　累计净值　净资产

请输入名称　　--请选择基金类型--

起始日期 请选择起始日期　　结束日期 ⊙至今 请选择结束日期

请选择投资策略　　请选择投资基准

请输入管理人名称　　请输入投顾公司名称

基金经理(可不填写)

姓名	开始时间	结束时间
	⊙至今 请选择日期	⊙至今 请选择日期

9.7 风险控制（Risk Control）及 IT 系统（IT System）

随着机构投资者对风险控制重视程度的提升，以及 IT 系统在投资流程中扮演越来越重要的角色，尽职调查对这两方面的考查也变得不可或缺。以下为典型的关于这两方面的尽职调查问卷。

风险控制相关：

1. 投资风险监控流程 *

请详细描述投资过程中的风险控制流程和方法，并请介绍贵公司控制投资风险的量化工具及监控指标。

> 请输入...

2. 风险控制人员

请描述是否有专职风险管理人员，如何考核，由谁来负责风险监控？由谁作出风险管理的最终决策等。

> 请输入...

3. 产品风险管理

针对每一类策略，请具体说明风险管理监控哪些风险因素，这些风险因素的暴露是如何计算的，以及暴露的风控阈值、止损设定。

策略名称	风险因素	计算方式	风控阈值设定	止损

4. 产品风控要点描述

	详细描述
投资组合是如何做风险对冲的？对风险对冲的动态调整频率是多少？	
描述一下杠杆使用的原则，以及在不同市场周期如何管理杠杆水平？	
投资组合的分散化程度？	
如何控制投资组合之间的相关性？如何处理不同产品/投资组合间的公平交易问题？	
如何保证流动性（赎回、头寸流动性）？如何衡量头寸的最低流动性需求？	

5. 运营风险控制

请描述贵公司的运营风险管理框架，以及如何识别、评估、监控和控制运营风险

> 请输入...

IT 系统相关：

1. IT系统

请描述贵公司自行研发或者所使用标准化IT产品，IT系统服务器的托管方式（是托管在自有机房还是托管机房），以及敏感数据和关键系统的保存与灾备机制（如何应对电源、电脑软、硬件系统瘫痪或网络通信中断等突发事件）。

请输入...

2. 交易系统情况

描述用于投资交易的交易系统逻辑结构、供应商及软件版本（如为自身开发的系统，简要说明主要功能范围）。

请输入...

3. 接入交易商的情况

请描述接入交易商的情况，简要说明接入主要交易商系统，说明相关系统的开发商及版本，以及接入的技术实现方式（如协议、API、交换文件的版本等）。

请输入...

4. 自主开发交易系统情况

自主开发交易系统依赖的环境说明，如对行情系统、资讯系统的要求等。

请输入...

9.8　参考文献

尤拉姆·拉斯汀．资产配置投资实践 [M]．孙静，郑志勇，李韵，译．北京：电子工业出版社，2016.

第 10 章　基金评价体系

在第 5 章"基金净值分析"中，我们介绍了基于基金净值的收益指标、风险指标、风险调整收益指标以及基准相关指标等定量分析指标；在第 9 章"尽职调查"中，我们关注对于标的基金的定性分析，包括公司基本情况、客户服务、核心团队、投资理念、决策流程和业绩表现等。那么如何综合看待和评价以上这些定量分析指标和定性分析结果呢？

本章"基金评价体系"给出了解决方案：我们首先简单阐述海外专业评级机构 Morningstar 的基金评级体系，然后将详细介绍况客 QT-CIO 系统支持的用户自定义基金评级的逻辑。Morningstar 的五星级基金评价体系是基金评级行业的标杆，其关于基金分类的处理、指标及指标权重的选择对于用户自定义评级体系的构建具有不错的借鉴意义。况客 QT-CIO 系统支持用户自定义基金评级体系的构建，系统化解决构建过程中基金分类、指标标准化和异常值处理等问题，满足用户的个性化需求，同时避免第三方评级机构独立性不足的缺陷。

图 10.1 为基金评级总体架构图：基金评级分为基金定量评级和基金定性评级两大部分。况客 QT-CIO 系统问卷调查模块为基金的定性评级提供支持，基金评分体系模块则为基金的定量评级提供支持。

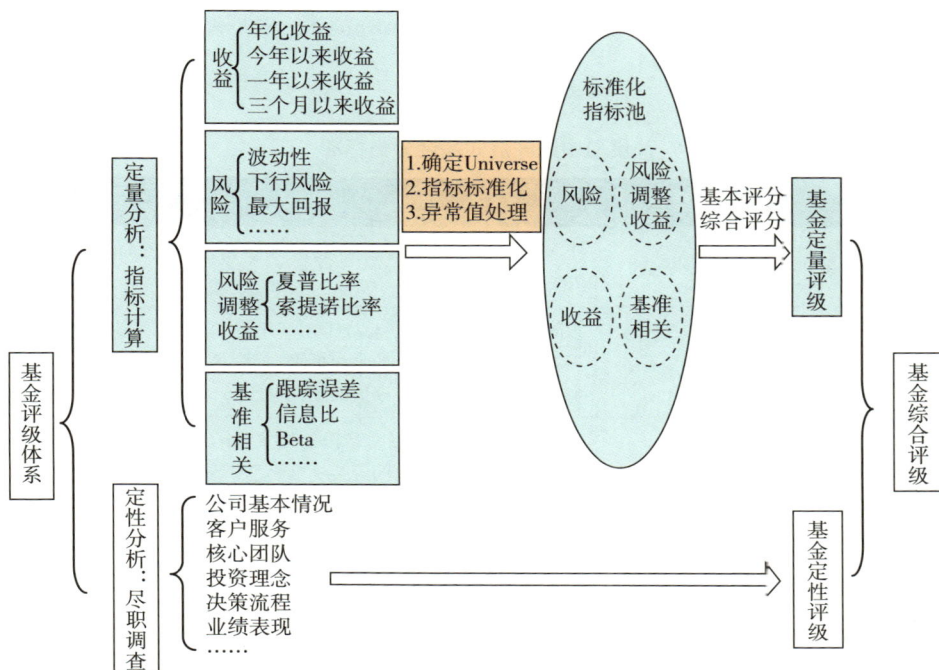

图 10.1 基金评级总体架构

10.1 Morningstar 基金评级

Morningstar 于 1985 年首次推出基金评级，通过星级评价的方式，协助投资人更加简便地分析每只基金在同类基金中的过往业绩表现。Morningstar 的五星级基金评价体系是基金评级行业的标杆，其关于基金分类的处理、指标及指标权重的选择对于用户自定义评级体系的构建具有不错的借鉴意义。其评级思路如下：

（1）对基金进行分类；

（2）衡量基金的收益，计算基金的风险调整后的收益 MRAR（Morningstar Risk-Adjusted Return）；

（3）采用星级评价的方式，根据风险调整后收益指标，对不同类别的基金分别进行评级，划分为五个等级。

其中较有借鉴意义的是 Morningstar 对于基金的分类。基金分类是基金评级的基础，科学的分类可以保障基金之间"苹果与苹果"的比较，即相同类型基金之间的对比。对于国内的开放式基金，Morningstar 根据基金的资产类型，分为以下七类：

表 10.1   晨星中国开放式基金分类标准

大类	基金类型	说明
股票型基金	股票型基金	主要投资于股票的基金，其股票投资占资产净值的比例≥70%
配置型基金	积极配置型基金	投资于股票、债券以及货币市场工具的基金，且不符合股票型基金和债券型基金的分类标准；且固定收益类资产占净值的比例＜50%
	保守配置型基金	投资于股票、债券以及货币市场工具的基金，且不符合股票型基金和债券型基金的分类标准；且固定收益类资产占净值的比例≥50%
债券型基金	普通债券基金	主要投资于债券的基金，其债券投资占资产净值的比例≥70%，纯股票投资占资产净值的比例不超过20%；且不符合短债基金的标准
	短债基金	主要投资于债券的基金，其债券投资占资产净值的比例≥70%，纯股票投资占资产净值的比例不超过20%；且债券组合久期不超过3年
货币市场基金	货币市场基金	主要投资于货币市场工具的基金，货币市场工具包括短期债券、央行票据、回购、同业存款、大额存单、商业票据等
保本基金	保本基金	基金招募说明书中明确规定相关的担保条款，即在满足一定的持有期限后，为投资人提供本金或收益的保障

注：固定收益类资产＝现金＋债券。

10.2 基金评价体系构建

况客 QT-CIO 系统有专门的模块支持基金评级，其中问卷管理模块支持定性分析的尽职调查（详情请阅读第 9 章"尽职调查"）。基金评分体系模块则支持基金的定量评级，大致流程如下：

（1）基金风险收益指标计算；

（2）基本评分：基金分类，指标标准化（异常值处理），得到单一指标的基本评分；

（3）综合评分：多指标加权，得到基金定量评级的综合评分。

图 10.2 为况客 QT-CIO 系统基金定量评级的流程；图 10.3 为况客 QT-CIO 系统基金评分体系构建界面。

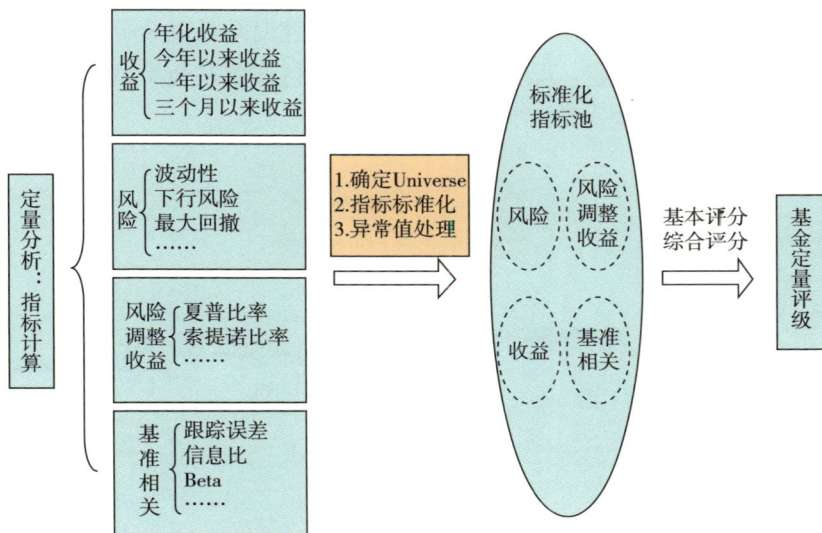

图 10.2　况客 QT-CIO 系统基金定量评级流程

图 10.3　况客 QT-CIO 系统基金评分体系构建界面

10.2.1　可用于评级的风险收益指标

可用于基金定量评级的指标包括基金收益指标、风险指标、风险调整收益指标、基准相关指标、持仓相关指标等多分析维度、多时间维度的指标，所有指标都储存在况客 QT-CIO 系统的指标数据库中。

10.2.2　基本评分

基金基本评分给出基金单一指标的评分，构建时涉及基金分类、指标标准化和异常值处理三个问题。况客 QT-CIO 系统支持按照基金类型或者投资策略对基金进行分类，具体分类标准如图 10.4 所示。

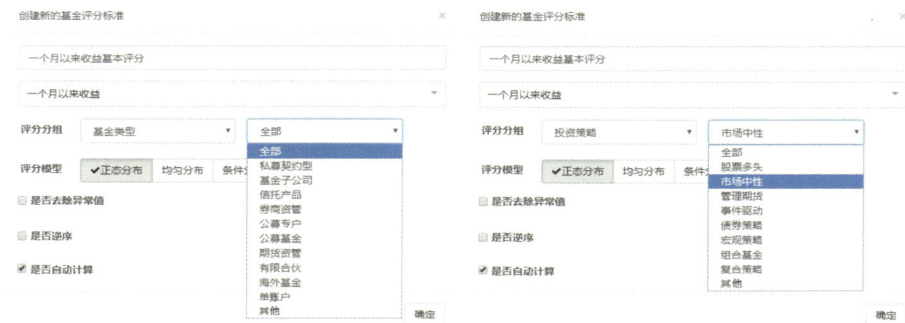

图 10.4　基金评分体系的基金分类

指标的标准化支持五种映射方式：正态分布、均匀分布（可自定义评分区间）、条件分布（可自定义条件和分数）、排名和占比分位。选择"是否去除异常值"将会过滤掉 3 个标准差以外的值；选择"是否逆序"将会根据创建指标的逆序排列。

图 10.5　基金评分体系的指标标准化

10.2.3　综合评分

基金综合评分给出基金多个指标的综合评分，构建时涉及各个指标权重的问题。况客 QT-CIO 系统支持用户自定义各个指标的权重。

图 10.6　基金评分体系的综合评分

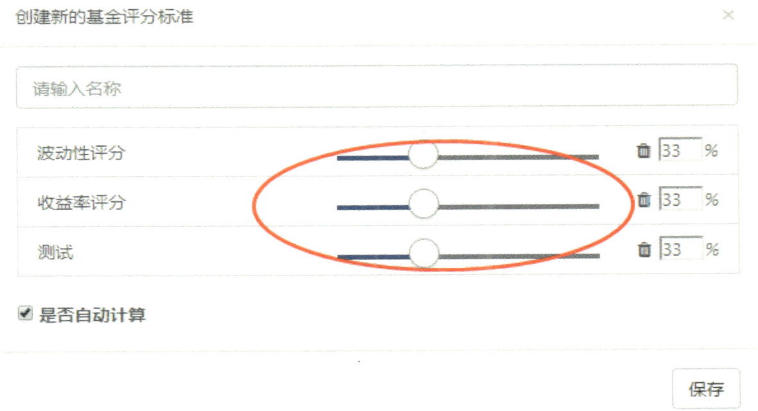

图 10.7　综合评分权重设置

10.3　况客 QT-CIO 系统基金评级解决方案

况客 QT-CIO 系统的基金评级体系为用户提供了构建自定义基金评级体系的工具。除此之外，系统还提供了一个基金评级的解决方案——西筹基金评价。

西筹基金评价是在西筹指标数据库的基础上，以西筹基金二级分类作为比较的 Universe，抽象出了 6 大评价维度，以综合评价基金表现，6 大维度分别为收益管理能力、风险管理能力、风险调整收益、规模、机构偏好和基金经理任职年限。

其中，收益管理能力评价由年化收益、一年以来收益、三年以来收益、五年以来收益和牛市月度收益五个指标构成,分别反映基金的年化收益管理能力、短期收益管理能力、中期收益管理能力、长期收益管理能力和牛市收益管理能力。每个指标在综合收益管理能力评价中各占 20% 的权重。

风险管理能力评价由波动性、一年以来最大回撤、三年以来最大回撤、五年以来最大回撤和熊市月度收益五个指标构成,分别反映基金的波动管理能力、短期回撤管理能力、中期回撤管理能力、长期回撤管理能力和熊市收益管理能力。每个指标在综合风险管理能力评价中各占 20% 权重。

风险调整收益能力评价由一年以来夏普比率、三年以来夏普比率、五年以来夏普比率、一年以来索提诺比率、三年以来索提诺比率和五年以来索提诺比率六个指标构成，分别反映短期、中期、长期的风险调整收益能力。每个指标在综合风险调整收益能力评价中占 16.67% 的权重。

规模以最新一期季报披露的基金规模为评价指标，反映基金与同类基金相比的规模大小。机构偏好以机构持仓占比为评价指标，反映基金与同类基金相比，受机构的欢迎程度。基金经理任职年限以最近基金经理任职年限为评价指标，反映基金在基金经理层面的稳定性。

以上六大评价维度适用于除货币基金外的所有类型的基金。除此之外，针对股票型基金、债券型基金和混合型基金，我们还设计了相应的持仓风格评价。其中，股票型基金的持仓风格评价包括价值、成长、市值、个股集中度和行业集中度五个维度；债券型基金的持仓风格评价包括久期、杠杆率、信用债占比和可转债占比四个维度；混合型基金的持仓风格评价则包括股票持仓占比、债券持仓占比以及股票型基金持仓风格评价的五个维度和债券型基金持仓风格评价的四个维度。

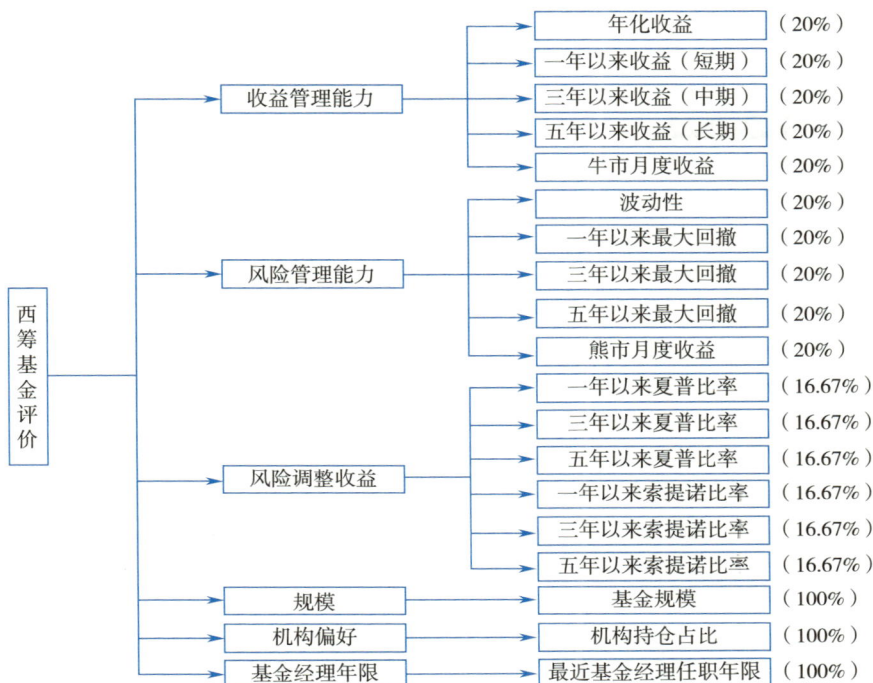

图 10.8　西筹基金评价体系

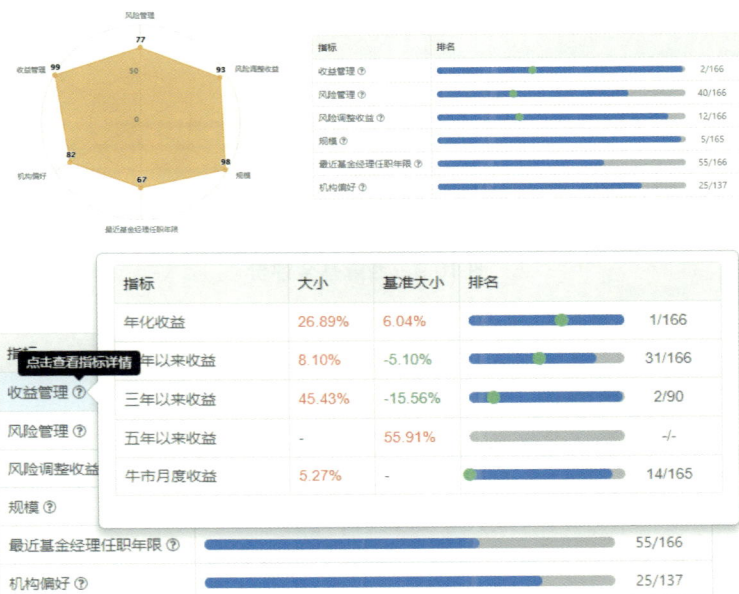

指标	大小	基准大小	排名
波动性	23.87%	26.46%	84/166
一年以来最大回撤	-17.70%	-23.86%	53/166
三年以来最大回撤	-24.96%	-32.87%	4/90
五年以来最大回撤	-	-46.70%	-/-
熊市月度收益	-2.60%	-	45/165

指标　收益管理　风险管理　风险调整收益　规模　最近基金经理　机构偏好　　25/137

点击查看指标详情

指标	大小	基准大小	排名
一年以来夏普比率	48.67%	-32.84%	26/166
三年以来夏普比率	57.10%	-24.57%	2/90
五年以来夏普比率	-	39.04%	-/-
一年以来索提诺比率	68.04%	-42.45%	26/166
三年以来索提诺比率	76.08%	-31.69%	2/90
五年以来索提诺比率	-	53.03%	-/-

指标　收益管理　风险管理　风险调整收益　规模　最近基金经理任职　机构偏好

所属兴喜一级分类：股票型　二级分类：股票型主动管理　基准：沪深300

● 持仓风格评价

指标	大小	沪深300	中证500	排名
价值打分	67.4333	-	-	27/161
成长打分	55.3445	-	-	68/161
市值打分	76.9836	-	-	42/161
个股集中度	36.91%	24.66%	5.63%	120/166
行业集中度	36.87%	73.70%	62.76%	122/166

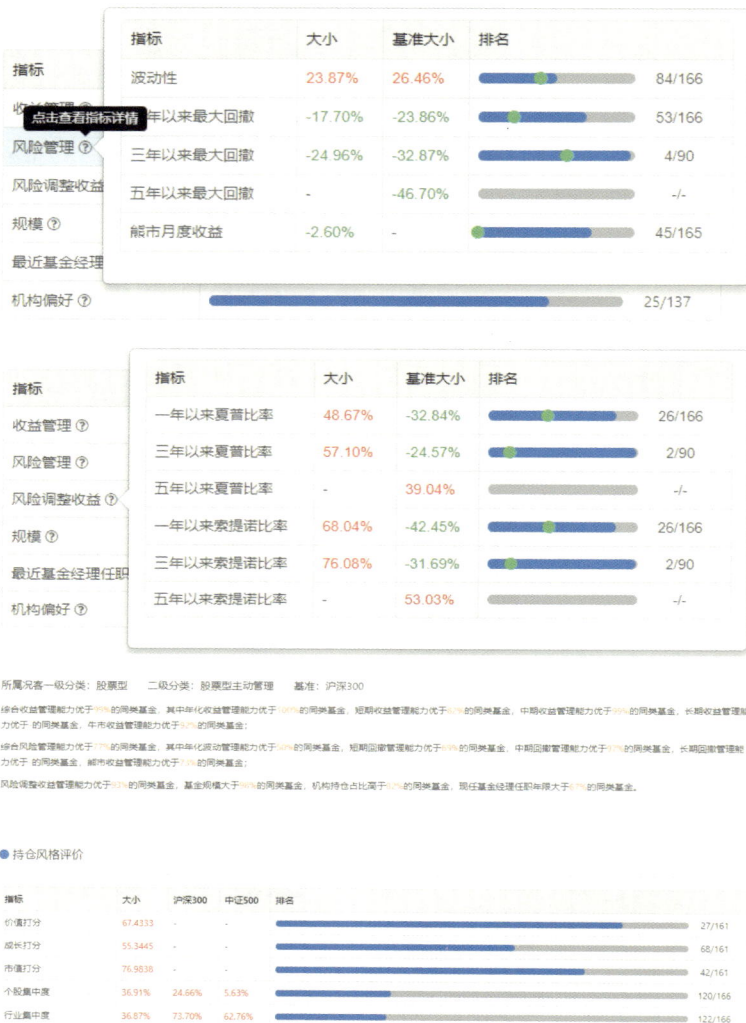

图 10.9　西筹基金评价

10.4　参考文献

戴维·达斯特. 资产配置的艺术：所有市场的原则和投资策略 [M]. 段娟，史文韬，译. 北京：中国人民大学出版社，2014.

丁鹏. FOF 组合基金 [M]. 北京：电子工业出版社，2017.

【阅读材料】基金绩效考核评价体系设计

1.绩效考核评价体系

绩效考核评价是委托投资业务的核心环节之一，科学、合理的评价体系不仅能够准确评估管理人的真实业绩水平及风险暴露情况，还可以监测各管理人对委托投资方案的执行情况，并为后续的激励方案设计及组合再平衡提供决策依据。因此，对于追求长期、稳定回报的委托人而言，建立完善、有效的投后管理及绩效考核评价机制，要比管理人筛选及委托方案的设定更重要。

国内外机构的委托投资管理经验表明，成熟的管理人绩效考核评价体系应该覆盖公司基本面、投资经理、投资业绩、组合管理和客户服务等多个维度。

在实践中，根据评价方法的不同，我们将绩效考核评价体系分解为定量评价、定性评价和现场检查三大模块，并列举了各模块的考核内容及参考权重。

1.1 定量评价模块内容

定量评价模块主要涉及投资业绩、投资经理和公司基本面三个维度。

其中以投资业绩评价为主，评分权重达到50%。投资业绩评价的内容包括两个方面：一是考核投资目标完成情况，考查组合是否达到约定的业绩基准、是否实现了超额收益，以及组合风险控制情况；二是考核同类组合的排名，综合长、中、短期的收益、风险及风险调整收益指标，对同类型委托组合进行排名，并打分。

投资经理定量评价包括：投资经理稳定性，这是确保委托组合投资风格、投资业绩稳定的基础，委托期内更换投资经理对于委托人来说隐藏了极大的风险，必须予以重视；同时，在未更换投资经理的情况下，还需要监测其投资理念与实际执行情况是否有偏离，如果出现了理念转变或风格漂移，需要及时沟通，必要时要求管理人进行调整，以确保整体组合的风格稳定及拟定投资目标的顺利实现；最后，基于业绩归因等模型对组合的收益来源进行拆分，评价投资经理的投资能力。

公司基本面定量评价主要考核资产管理规模及业绩（规模增长情况、业绩是否稳定等），这是管理人整体业务发展情况及投资管理能力的最直观体现，也是评价管理人综合能力的主要指标。

表 1   定量评价考核内容及评分权重（参考值）

考核内容		评分权重
投资业绩评价	投资目标完成情况	30%
	同类组合排名	20%
投资经理评价	投资经理稳定性	2%
	投资理念、投资风格及实际执行情况	2%
	投资能力评价	1%
公司基本面评价	资产管理规模及业绩	2%
定量评价合计		57%

1.2　定性评价模块内容

定性评价模块主要涉及投资经理、组合管理、客户服务、公司基本面四个维度。

投资经理的定性评价主要考核两个方面：一是工作态度，是否真的做到了勤勉尽责，在管理期间与委托人的沟通是否积极、观点表达是否明晰等；二是关注该投资经理在管理人公司内部的业绩考评及排名情况，这一指标可以反映出管理人对委托组合的重视程度及资源支持情况。

组合管理评价是对投资全流程的监测，包括考查投资经理是否严格按照委托投资合同和投资指引约定的投资标的、投资比例进行操作，交易团队在执行过程中是否遵循了公平、公正原则等，如有需要，也可考核券商交易量的执行情况。

客户服务评价不仅要关注日常报告的准确性及报送效率，还需要考核知识转移服务情况，比如管理人是否为委托人提供了培训、经验分享，是否提供了策略会、委托课题、研究报告等研究支持服务等。

最后，还需要从公司治理、投研体系、风控体系三个方面对公司基本面进行定性评价。良好的公司治理结构决定了企业中长期经营的稳定性，是管理人基业长青的基石，也是管理人和委托人建立长期、稳定合作的重要基础。投研体系和风险体系的重要性同样不言而喻：科学、持续进化的投研体系是管理人获取优秀投资业绩的核心动力，严谨、全面的风险控制体系则是确保委托人利益的基本保障。

表2   定性评价考核内容及评分权重（参考值）

考核内容		评分权重
投资经理评价	工作态度，包括勤勉尽责、投资策略沟通等	3%
	管理人公司内部考评结果	2%
组合管理评价	委托投资合同、投资指引执行	7%
	交易执行	3%
客户服务评价	日常报告报送	5%
	知识转移服务	5%
公司基本面评价	公司治理	2%
	投资研究体系建设	3%
	风险控制体系建设	3%
定性评价合计		33%

1.3 现场检查

每半年或一年对管理人进行一次现场检查。其中，对于在定性和定量评价中整体排名靠后的管理人，建议可采取突击式现场检查。

2. 绩效考核指标设定

考核评价体系建立后，我们需要针对每一环节设定清晰、可执行的考核指标。从成熟机构的经验来看，长期考核有利于提升管理人业绩，因此在设定考核指标时，我们倾向于选择中长期指标。但考虑到当前的市场环境及现实需要，短期指标同样不可或缺。

基于此，我们在进行定量及定性评价时，选取了合适的短、中、长期指标，并赋予中、长期指标更大的权重（在实践中可根据组合实际运作情况进行调整），以践行中长期考核的理念。同时，为确保评价的一致性，建议在组合运作满2年后开始正式评估，未满2年的组合仅进行业绩跟踪及年度检查。

各评价环节相应的指标组合及权重设置如表3所示。

表3

绩效考核指标设定（参考值）

评价内容	评价指标	评分细则
投资目标完成情况（30%）	是否完成了投资收益目标（20%）	1. 完成投资收益目标得80分，超额投资收益每增加$x\%$（根据各组合资产类别及投资策略设置相应标准）加5分，上限20分； 2. 若未完成投资收益目标，投资基准与投资收益率增加$y\%$（根据各组合资产类别及投资策略设置相应标准），减10分，当y超过约定的阈值时，得0分。
	是否完成了风险控制目标（10%）	1. 满足委托投资合同及投资指引中的风险控制目标（如波动性或最大回撤等，根据各组合资产类别及投资策略设置相应标准）可得100分； 2. 风险指标超过约定最大阈值时，得0分（可根据各组合资产类别及投资策略设置缓冲阶段及对应得分）。
同类组合排名（20%）	收益管理能力排名（10%）	1. 由年化收益，一年以来收益，三年以来收益，五年以来收益，短期收益管理能力，中期收益管理能力，长期收益管理能力，分别反映基金的年化收益和牛市熊市收益管理能力； 2. 指标按收益大小排名，以均匀分布映射得到每个指标的评分； 3. 加权得到综合收益管理能力评分，每个指标在评价中的权重占比分别为：20%、10%、30%、30%和10%。
	风险管理能力排名（5%）	1. 由波动性，一年以来最大回撤，三年以来最大回撤，五年以来最大回撤，中期回撤管理能力，长期回撤管理能力，分别反映管理能力； 2. 指标按风险大小排名（波动性逆序），以均匀分布映射得到每个指标的评分； 3. 加权得到综合风险管理能力评分，每个指标在评价中的权重占比分别为：20%、10%、30%、30%和10%。
	风险调整收益管理能力排名（5%）	1. 由一年以来夏普比率，三年以来夏普比率，五年以来夏普比率，一年以来索普提诺比率和五年以来索普提诺比率，分别反映短期、中期、长期的风险调整收益能力； 2. 指标按大小排名，以均匀分布映射得到每个指标的评分； 3. 加权得到综合风险调整收益管理能力排名，每个指标在评价中的权重占比分别为：10%、20%、20%、10%、20%和20%。
投资经理稳定性（1%）	投资经理调整频率（1%）	1. 未对投资经理进行调整，或投资经理调整后对组合投资表现到优化得100分； 2. 本年度经委托方批准后对投资经理进行1次调整得70~95分； 3. 本年度经委托方批准后对投资经理进行2次调整以上或调整得40~70分； 4. 变更投资经理后通知委托人或不告知委托人得0分。

续表

评价内容	评价指标	评分细则
投资理念、投资风格及实际执行情况（2%）	投资经理风格稳定性（1%）	权益型组合 1. 对投资经理多期持仓标的分别从价值、成长、市值、成长、波动、反转等维度进行打分; 2. 计算各指标得分在考核周期内的标准差，等权重加权后在同类基金从大到小到排序，计算该基金排名分位数，得25分，0~25% 说明风格稳定性极差，得25分，25%~75% 得50分。 3. 分位数在75%~100% 说明风格稳定，得100分。 固收组合 1. 将组合净值数据和债券因子进行回归分析，观察组合在各因子上的风险暴露情况; 2. 根据各因子风险暴露排名等权重加权计算综合排名; 3. 根据排名情况按照4分位制打分：得分分别为100分、75分、50分和25分。
	投资经理持仓稳定性（1%）	权益型组合 1. 从行业偏好、换手率、个股集中度等多个维度进行排名; 2. 等权重加权计算综合排名; 3. 根据排名情况按照4分位制打分：得分分别为100分、75分、50分和25分。
投资能力评价（2%）	组合业绩归因分析（1%）	权益型组合 1. 通过 Brinson 模型对组合超额收益进行分解，可得到组合的行业配置收益率、个股选择收益率; 2. 以上述两个指标对同类组合进行分位数排名，等权重加权计算综合排名; 3. 根据排名情况按照4分位制打分：得分分别为100分、75分、50分和25分。 固收组合 1. 通过 Campisi 模型对组合收益进行分解，可得到各组合的收入效应贡献、国债效应贡献、利差效应贡献; 2. 以上述三个指标分别对同类组合进行分位数排名，等权重加权计算综合排名; 3. 根据排名情况按照4分位制打分：得分分别为100分、75分、50分和25分。 多资产组合 1. 通过 Brinson 模型对组合超额收益进行分解，可得到各组合的资产配置贡献; 2. 以该指标对同类组合进行分位数排名; 3. 根据排名情况按照4分位制打分：得分分别为100分、75分、50分和25分。
	择时、选券能力（1%）	1. 统计基于 H-M 模型和 T-M 模型的择时选股能力在同类基金中的排名和分位数; 2. 根据百分位排名按照4分位制打分：得分分别为100分、75分、50分和25分。

续表

评价内容	评价指标	评分细则
资产管理规模及业绩（2%）	资产管理规模（1%）	1. 统计各管理人各类资产管理规模（或增速）排名百分位； 2. 将排名各百分位等权加权得到综合排名； 3. 按照4分位制打分：得分分别为100分、75分、50分和25分。
	各类型产品业绩（1%）	1. 统计各管理人各类产品平均业绩的排名百分位； 2. 将排名各百分位等权加权得到综合排名； 3. 按照4分位制打分：得分分别为100分、75分、50分和25分。
工作态度，包括勤勉尽责、投资策略沟通等（3%）	投资策略沟通情况（2%）	1. 就市场情况及投资策略积极与委托方进行沟通得100分； 2. 就市场情况及投资策略经常与委托方进行沟通得60~95分； 3. 就市场情况及投资策略与委托方沟通不及时，或问询后不予回应得0分。
	勤勉尽责（1%）	1. 工作态度积极、勤勉得100分； 2. 工作态度比较积极、基本能够勤勉尽责得60~95分； 3. 工作态度消极、不能勤勉尽责得0分。
管理人公司内部考评结果（2%）	内部考评结果（2%）	1. 内部考评优秀或排名处于前15%得100分； 2. 内部考评良好或排名处于前30%~15%得60~95分； 3. 内部考评较差或一般得0~60分。
委托投资合同、投资指引执行（7%）	委托投资合同、投资指引执行（7%）	1. 严格按照合同、指引进行操作得100分； 2. 出现被动违规，限期内纠正偏差至规定范围得60~95分； 3. 出现主动违规，或被动违规但限期内未能纠正至规定范围得0分。
交易执行（3%）	交易执行（3%）	若考核券商交易量执行情况 1. 严格按照分仓指令进行操作，得100分； 2. 基本按照分仓指令进行操作，限期内对偏差进行调整，得60~95分； 3. 未按照分仓指令进行操作，限期内不对偏差进行调整，得0分。

续表

评价内容	评价指标	评价细则
日常报告报送（5%）	日常报告报送（5%）	1. 报送全面、及时、准确得100分； 2. 报送全面、比较及时、差错率低得60~95分； 3. 报送存在漏报、瞒报、故意拖延、重大差错等情况，得0分。
知识转移服务（5%）	知识转移服务（5%）	1. 委托课题完成质量高，积极提供业务培训等机会，得100分； 2. 能够配合完成委托课题，经常提供业务培训等机会，得60~95分； 3. 未能完成委托课题，或不提供业务培训等机会，得0分。
公司治理（2%）	股权结构是否稳定（1%）	1. 近三年股权结构稳定或股权有变化的新股东资质高得100分； 2. 近三年股权权有变化但新股东资质一般得50分； 3. 近三年股权权有变化且新股东资质较差得0分； 4. 如果有员工持股计算其他股东或其他股东持股，加30分。
	高管离职率（1%）	1. 计算近三年高管团队离职率； 2. 近三年高管团队离职率>70%，得0分；50%~70%，得40分；40%~50%，得60分；30%~40%，得80分；20%~30%，得90分；低于20%，得100分。
投资研究体系建设（3%）	投研团队人数（1%）	投研团队40人及以上得100分，35~40人得80分，30~35人得60分，25~30人得40分，25人以下得0分。
	投研团队平均从业年限（1%）	投研团队平均从业年限5年及以上得100分，4.5~5年得90分，4.0~4.5年得80分，3.5~4.0年得70分，3.0~3.5年得60分，3年以下得0分。
	投研团队三年以来离职率（1%）	离职率<10%得100分，离职率10%~30%得50分，离职率30%以上得25分。
风险控制体系建设（3%）	风险管理、合规管理、绩效评估人员配置	合规、风控人员岗位在公司总人数占比超过5%，得100分；占比3%~5%，得60分；占比1%~3%，得30分；占比不足1%，得0分。
	风险管理、合规管理、绩效评估人员三年以来离职率	离职率<10%得100分，离职率10%~30%得50分，离职率30%以上得25分。
	重大风险事件	近三年公司资产及产品、高级管理人员是否有违法、违规、违约行为，若无得100分，有得0分。

随着委托投资经验及历史数据的积累，在进行考核评价时，静态的切面数据指标已越来越难以满足精细化管理需求，委托人还需要持续跟踪指标的动态变化，并结合市场细分领域的动态数据进行评估。显然，在这种情况下，人工统计和分析很难满足准确性和时效性的要求，也存在很大的误判风险。因此，建立结构化、信息化的高技术含量的评价分析系统作为投资管理辅助工具是未来的发展趋势。

3. 激励机制设计

科学的业绩考核体系建立了公平评估并激励投资人员的基础。当前国内外机构在委外投资领域的收入分配已基本形成了一套普遍认可的模式，即固定管理费加浮动管理费。其中固定管理费的高低依据委托投资标的、投资策略的不同而有高低之分，浮动管理费则要依据收益基准的高低而定。上述收入分配方式基本上体现了激励因素，固定管理费和浮动管理费的高低设定在一定程度上会影响到管理人的投资风格。尤其是浮动管理费，其本质是投资管理的超额收益分成，过高可能会对管理人产生过度激励而诱发激进投资风险，过低也可能会因管理人不积极而降低委托人自身取得超额收益的机会。

除了管理费之外，根据综合考评结果，还可以对管理人采取其他的奖优罚劣措施，包括但不限于公开表扬、追加资金首选对象、追加资金的备选对象、继续履行合同、设置关注期、减少委托资金和终止合同等。

整体来看，委外投资的管理和评价应该是多维度的，既要平衡好受托人的投资决策自由度和委托人的干预程度，还需要综合考虑收益情况、风险情况、策略执行效果等加以评判。绩效考核评价机制的作用主要有两个：一是监控委托资金的收益和风险暴露情况，进行持续性跟踪管理，在投资收益偏离委托投资目标或者委托资金出现风险时及时发现并采取应对措施；二是对管理人的投资管理能力和综合实力进行验证，筛选长期可持续的合作对象，共同成长。

基金评价与筛选·实践篇

第 11 章　私募基金的评价与筛选

11.1　私募管理人评价的非标准化特点

站在委托投资的角度，"什么是好的管理人？"是一个绕不过去的问题，我们可能会条件反射般地回答：历史业绩。确实，业绩是一个简单直接的评价方法，标准统一，你总是可以把管理人的业绩排个三六九等出来——如果我们有一个市场上所有管理人所有产品的数据库，这样做似乎就更合理一些。可是我们仔细考虑一下，是不是有些地方逻辑有些问题？

– 所有管理人所有产品的数据库是否容易获取？否则永远都有选择性披露的隐患存在。

– 历史业绩代表的是过去，过去好的未来一定好吗？排名反转的故事依然客观存在。

– 将历史业绩最好的管理人选出来构建投资组合就可以了吗？就好比把得分能力最高的 5 个人组合起来并不是一支篮球队一样。

所以，对于委托投资方来说"好的管理人"与"好的历史业绩"之间似乎有着非常脆弱的联系，从历史业绩去选管理人存在比较明显的弊端。而且往往会把人们带向一个极端，"我要选出最好的管理人"，而这也往往难以实现，更不要说每年都能做到了。

如果我们将问题改一下，"这家管理人好在哪？什么情况下会好？"其实是更为现实的问题，对于投资来说或许更有意义。尤其在私募管理人的筛选方面，截至 2020 年 3 月底，全国已登记私募证券投资基金管理人 8885 家，已备案私募证券投资基金 44117 只。面对不断更新的私募管理人、层出不穷的产品和非公开披露的信息，投资者更现实的情况是通过各种渠道收集来的只是一个管理人的"便利样本"。更有意义的事情实际就在于如何最大化利用好自己手中的名单，搞明白管理人的能力圈，形成管理人"投资策略画像"的认知。进而在进行资产配置时，对各底层管理人投资策略的业绩表现形成合理预期。

私募与公募不同，公募相对比较适用于标准化的评价方法，也就是将同一套评价体系应用在不同基金管理人或产品上，形成可以横向比较的统一标准，主要原因在于：

－基金经理有公司统一的平台提供投研支持。而各家基金公司的投研体系、与卖方的沟通机制也类似；

－基金合同的投资范围、仓位上下限等受到证监会统一管理办法的限制；

－基金净值数据每日披露，历史业绩较长，量化方法适用范围更广泛；

－有定期披露的基金持仓报告，可获取信息较多。

这些特征都使标准化的评价方法发挥很好的效果。而评价的重点，将聚焦在评价体系的完备和量化能力上，同时还需要有完善的数据库和系统工具给予足够的支持。

但在私募方面，所面临的情况很不同。在私募管理人评价方面有一个核心理念：每一个私募管理人都是独一无二的。如果非要加上条件，那也只是规范运作、合规经营的基本要求。我们并不会试图按照一个标准化的定量或者定性的框架，套用到不同的私募管理人身上，做一个看起来可以横向比较的标准化评估结果。这一方式在私募管理人方面，我们认为实用性相对不高。主要的考量是：

－私募管理人投资策略自由度相对较高，可比性低。

－私募基金产品存续期通常较短、净值以周频披露，使得相当多的指标缺失，新产品和新锐管理人比较吃亏。

因此我们更倾向于用非标准化的方式对私募管理人进行评价，通常沿着两个路径进行：

（1）沿着管理人自评的方向打开。当资金端并没有明确的配置需求时，我们可以沿着私募管理人自评的方向不断深入进行展开和验证。每一家管理人对于投资策略各个维度都会有自己的特色或者优势点。我们不妨沿着管理人自评的范畴，进行深入的挖掘，一方面确定自评的优势点可信可靠，另一方面搞清楚优势可以发挥的市场条件，从而形成这家管理人独有的"投资策略画像"。

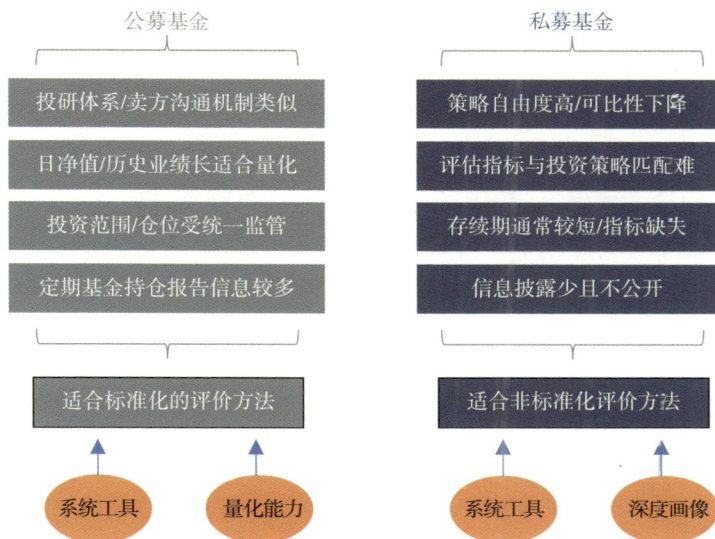

公募基金

| 投研体系/卖方沟通机制类似 |
| 日净值/历史业绩长适合量化 |
| 投资范围/仓位受统一监管 |
| 定期基金持仓报告信息较多 |

私募基金

| 策略自由度高/可比性下降 |
| 评估指标与投资策略匹配难 |
| 存续期通常较短/指标缺失 |
| 信息披露少且不公开 |

适合标准化的评价方法 → 系统工具 / 量化能力

适合非标准化评价方法 → 系统工具 / 深度画像

图 11.1　公募、私募基金特征比较及适用的评价方法

（2）沿着客户的需求方向打开。有经验的委外机构通常有着明确的资产配置策略，可以在结合自身配置需求的基础上，生成贴近投资需求的调研清单，从而在长名单筛选、短名单尽调的全流程中，贯彻客户的评价需求。同时结合管理人"投资策略画像"的信息，将资金端需求和管理人能力相结合，生成更有价值的管理人尽调成果，为投资决策直接提供有价值的信息。

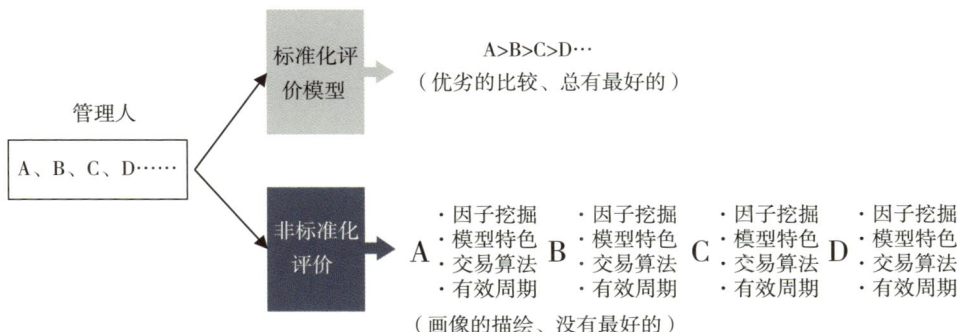

管理人
A、B、C、D……

标准化评价模型 → A>B>C>D⋯
（优劣的比较、总有最好的）

非标准化评价 →
A · 因子挖掘 · 模型特色 · 交易算法 · 有效周期
B · 因子挖掘 · 模型特色 · 交易算法 · 有效周期
C · 因子挖掘 · 模型特色 · 交易算法 · 有效周期
D · 因子挖掘 · 模型特色 · 交易算法 · 有效周期
（画像的描绘、没有最好的）

图 11.2　标准化与非标准化评价的区别

非标准化评价的目标，是希望能够让委托人对管理人形成理性或感性的"投资策略画像"的认知，对私募管理人的策略特色有比较清晰的理解。从而解决

"这家管理人好在哪？什么情况下会好？"的关键问题，比如以量化私募为例列举部分调研清单的内容：

– 选股模型是什么？多因子、AI 还是其他？

– 因子挖掘的方式？量化研究员、AI？

– 因子组合如何确定？投资总监来确认还是交由算法？

– 目前库中各类型因子的构成比例？量价（包括不同时间窗口）、基本面、情绪、另类等？

– 选股数量？

– 换手率的情况？低频、中频、高频？

– 算法交易的性能？是否有自研能力？

……

从以上管理人的各个细节进行不断深入挖掘，就可以逐渐描绘出管理人的投资策略画像，让委托人对私募管理人形成更为具体的认知。而这些细节所能提供的信息还远不止如此，在一定条件下（结合定量的净值分析和持仓分析），甚至能够帮助我们识别管理人投资策略的宽度，在不同市场条件下阿尔法获取能力的区别等。若委托人对市场周期有判断还可以对策略未来表现形成合理预期。

但是非标准化的评价结论在横向比较方面有所欠缺，另外比较深度地依赖尽调过程，管理人的配合程度将会从很大程度上左右最终成果。但一旦建立起联系，这种委托关系将会更加牢靠。毕竟委外投资领域最重要的不只有业绩，还有信任，而且是有理由的信任。

另外，委外投资不只需要建立管理人数据库（这方面有很多市场供应商都可以提供帮助），更重要的是建立自己的管理人核心库，对核心库的管理人进行深度研究和定期跟踪，形成对管理人投资策略研究的时间线。

我们依然无法保证入库的管理人会跑出当年的最好业绩，但入库的都将是经过非标准化的深入评价，并定期进行持续跟踪的管理人和产品。策略是有周期性的，管理人也是有能力圈的，这些认知都会帮助委托方在进行资产配置时作出正确的决策。

以量化市场中性策略的私募产品为例，以下是实施非标准化评价的一些考量重点，有助于我们对管理人的收益来源进行拆分，以帮助我们更好地把握其投资策略的周期性：

– 多头端 Alpha 的收益：选股模型中各类型因子的构成比例。通常需要考查有相对成熟理论支撑的因子类型，包括量价类因子（市值、波动、动量、

ERC）和基本面类因子（价值、成长、红利、质量），对管理人投资策略超额
收益部分（扣除对冲成本后）的解释力大小。

－对冲端成本的情况：长期来看，股指期货的年化基差水平是一个重要考
量因素。短期来看，具体到日净值频率，需要剥离基差扩大或缩小对净值的影响。

－风险敞口的情况：是否有市值敞口，非完全对冲的情况。是否行业、风
格中性化。这部分需要更为详细的管理人估值表持仓信息才可以进行系统分析。
假设在投后实施的话，则比单纯的净值分析更为准确。

－资金利用率水平的变化：由于对冲使用股指期货，有保证金比例的要求，
因此全对冲情况下无法满仓进行操作。另外私募管理人的产品规模也会随着募
资的情况、对冲成本的高低而有所不同，在考查时需要确认管理人投资策略对
资金利用的安排方式。

－来源于交易的收益：可以分为两部分，第一部分为收益增强，比如增
加 T0 日内回转交易。第二部分为成本节约，可以考虑交易算法战胜通用模块
TWAP 或者 VWAP 的百分比。

当对市场中性策略进行收益来源拆分后，我们可以有针对性地对其策略表
现进行预估。比如对多头端 Alpha 收益部分，可以利用调研的信息，创建管理
人净值表现的周期分析框架，从而评估管理人投资策略 Alpha 收益的潜在未来
表现并不断加深对管理人投资策略周期性的理解。

不过上述分析的可行性也取决于我们尽调可以获得信息的程度，而管理人
投资策略本身又可能存在更复杂的逻辑，都需要根据调研进行调整。而这也是
非标准化评价的意义所在。

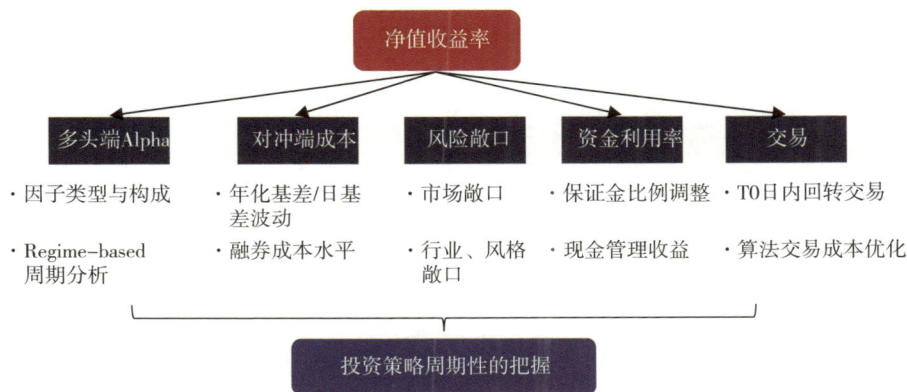

图 11.3　投资策略收益来源拆分

11.2　私募管理人投前与投后流程

从机构投资者的角度，我们可以将投资流程主要分为投前和投后两个阶段，每个阶段的侧重点不同。以下主要以机构投资常见的 FOF 形式为例，总结私募管理人投资流程中的关键环节和重点工作内容。

投前的主要流程步骤：

– 基础数据库构建：包括清洗私募数据和进行维护。由于私募产品非公开的特点，通过各类渠道收集而来的私募管理人数据的缺失、重复等问题比较多，需要设定相关的门槛标准进行统一清洗，得到可供研究使用的数据。另外，后期的数据更新和维护等工作也同样重要。由于我国的私募产品通常时间较短，产品新开和关闭的现象比较普遍，因此需要在后期维护时及时跟进。

– 核心池产品研究：基础数据库的构建只是提供挖掘产品信息的来源，实际开展工作时，大部分的精力会放在核心池的产品上。因此需要设定具体的入池和出池标准，结合自身的资源条件，构建核心产品池，并对核心池中的管理人/产品进行更为深度的跟踪研究工作，如对产品进行更为细致的标签分类（投资风格、疑似因子类型等）。

– 管理人尽职调查：这是投前非常关键的一步。因为私募管理人的信息非公开的属性，因此大部分投资决策所需的关键信息需要通过尽职调查获得。通常需要从核心池中筛选出产品长名单，进而发放线上尽职调查问卷（RFP）收集数据，并基于收集到的信息，确定现场尽职调查的短名单以及针对性的问题。在尽职调查的过程中，需要考查私募管理人的资质、运营、风控等情况，更重要的是对其投资策略的细节进行深入理解，进而形成该管理人的"投资策略画像"。

–FOF 资产配置方案：如果是以 FOF 形式进行投资，还需要涉及资产配置方案的问题，这部分不是本章的重点，但应该注意落实资产配置方案的前提，是通过尽职调查对私募管理人投资策略的周期性有足够充分的认识，这样预设的配置方案才能够真正落地。

投后的主要流程步骤：

– 风险监控：主要通过设定相应的各类风险监控指标，对私募管理人的投资运作进行监控。并制订风控方案，当发生触及风控条件的事件时能够及时响应并执行风控方案。但在私募管理人投资领域，风控方案的设定需要结合管理人可披露信息的程度，比如净值数据的频率、持仓披露的细节、交易数据是否可获得等。

– 业绩归因：业绩归因是投后的关键环节。需要厘清管理人的投资策略是否按照投前考查时的认知正常运作。另外站在 FOF 的角度，需要针对底层各产品的风险暴露情况进行定期考查，并从整体上把控顶层投资组合在各类风险因子上的暴露状况，为再平衡提供支持。

– 管理人绩效考核：管理人的绩效考核需要结合投资机构自身的需求以及管理人投资策略的特性而定制化，包括整个考核体系以及考核周期的设定。不同的体系和周期将导致完全不同的考核结果。另外需要注意的是，考核中定量的部分不应该过分依赖，与管理人的沟通也同等重要。

– 再平衡方案确认：根据考核结果以及投资机构的资产配置方案，进行定期再平衡。

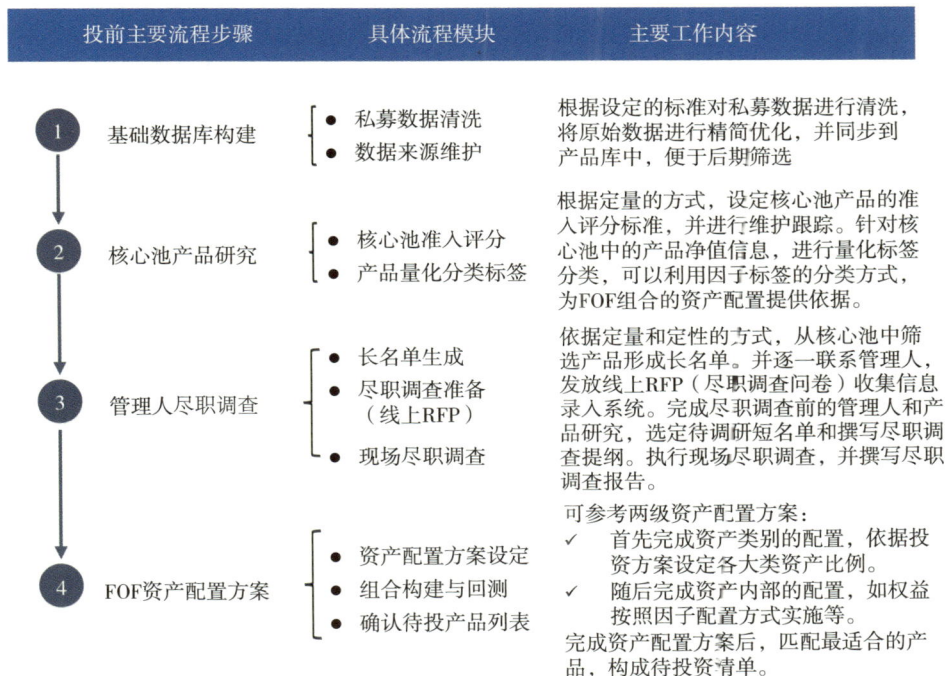

投前主要流程步骤	具体流程模块	主要工作内容
1 基础数据库构建	• 私募数据清洗 • 数据来源维护	根据设定的标准对私募数据进行清洗，将原始数据进行精简优化，并同步到产品库中，便于后期筛选
2 核心池产品研究	• 核心池准入评分 • 产品量化分类标签	根据定量的方式，设定核心池产品的准入评分标准，并进行维护跟踪。针对核心池中的产品净值信息，进行量化标签分类，可以利用因子标签的分类方式，为FOF组合的资产配置提供依据。
3 管理人尽职调查	• 长名单生成 • 尽职调查准备（线上RFP） • 现场尽职调查	依据定量和定性的方式，从核心池中筛选产品形成长名单。并逐一联系管理人，发放线上RFP（尽职调查问卷）收集信息录入系统。完成尽职调查前的管理人和产品研究，选定待调研短名单和撰写尽职调查提纲。执行现场尽职调查，并撰写尽职调查报告。
4 FOF资产配置方案	• 资产配置方案设定 • 组合构建与回测 • 确认待投产品列表	可参考两级资产配置方案： ✓ 首先完成资产类别的配置，依据投资方案设定各大类资产比例。 ✓ 随后完成资产内部的配置，如权益按照因子配置方式实施等。 完成资产配置方案后，匹配最适合的产品，构成待投资清单。

投后主要流程步骤	具体流程模块	主要工作内容
① 风险监控	• 监控指标设定 • 风险管理方案	基于单只基金或FOF组合，设定多项业绩指标/持仓信息的监控和提醒，当触发设定阈值时发送提醒。不断丰富监控指标库。风险管理方案设计，包括触及风控指标时的应对措施，包括纳入管理人绩效考核体系或再平衡方案。
② 业绩归因	• 收益归因 • 风险归因	基于净值、持仓，进行收益归因和风险归因。针对在投产品定期进行各类归因研究，从而为管理人绩效考核提供依据。
③ 管理人绩效考核	• 考核方案设定 • 业绩评价报告 • 管理人沟通	编制绩效考核方案，包括依据产品性质和资金属性设定考核周期、指标、管理人评级体系等。根据考核方案，出具在投管理人的业绩评价报告。建议从业绩和可解释性两个角度进行。针对考核靠后的特定管理人，进行业绩沟通，以确认是否进行调整。
④ 再平衡方案确认	• 组合评估 • 再平衡方案	根据投前的资产配置方案，评估组合整体配置的偏离程度。根据当前配置的偏离程度以及管理人绩效考核结果，确定再平衡方案。

图 11.4　投前、投后主要流程

11.3　没有最好的管理人：理解私募投资策略的周期性

"没有最好的管理人，只有在特定周期下有相对优势的管理人"，这是本书私募基金评价与筛选的一个重要理念。本节将介绍开放式的研究框架构建，对策略周期性的研究能针对管理人的产品净值，进行前期的策略特征验证、定位，并打通投后的业绩跟踪，使投资工作的展开有"锚"可依。

11.3.1　周期性的理解

周期性是对不同状态交替出现的规律进行总结。宏观上看，经济具有周期性，根据宏观经济指标进行周期划分，对大类资产配置有指导意义；而从微观上看，单类资产、投资策略、单个因子也会有它们的周期，只是划分周期的维度有所不同。

投资策略一般来说会有"大小年"之分，没有一种策略是万能的或者任何时候都是好的。这种"大小年"就可以理解为投资策略的周期性。例如CTA的趋势追踪策略，在行情有持续上涨或下降时会有良好表现，而在震荡行情下表现得则常常不理想。

投资策略的周期性恰好为私募管理人的评价和筛选带来了新视角：

– 通过判断周期的方式，选择在当前状态下有相对优势的管理人。

– 将当前状态下的产品收益，与过去同状态下的历史收益进行对比，为产品当前的表现提供评价依据。

– 不同的投资策略，受到的影响因素不同，其对应周期也有所不同。投资策略与周期具有对应关系，可以用于策略特征的验证：对私募产品净值套用各种周期框架，找到最能捕捉产品净值规律的框架，即能反映出所对应的投资策略。

11.3.2 指标相关性 vs 周期性

周期需要选择指标进行划分，那么自然会有一个问题——为什么不直接计算指标与标的之间的相关性，反而要用复杂的方法划分周期？

下面的例子能说明一切：

假设有一个指标（环境变量）和一个标的（目标变量），它们的关系如图11.5 所示：

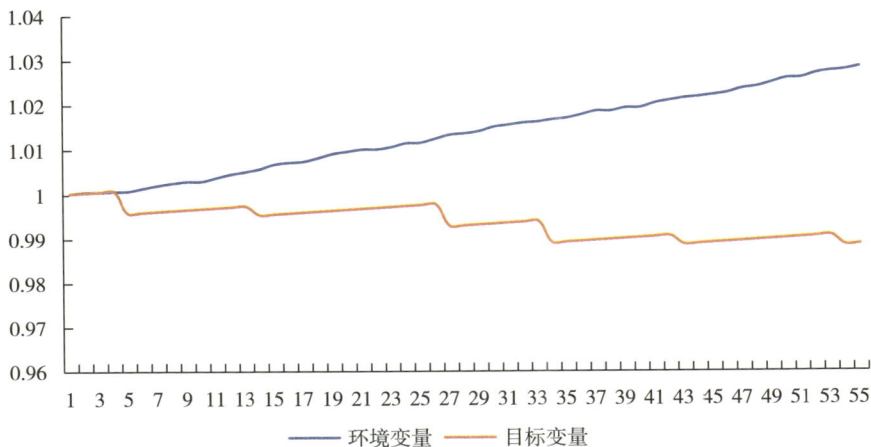

图 11.5　指标相关性 vs 周期性举例

若用周期框架来表达，可以说：在环境变量上行这个周期状态下，目标变量是下行的。但若用相关系数来表达，两者相关系数为 0.05，仅能说明两者没有线性相关关系，并不能表现出两者间负向变化的关系。

遗憾的是，资本市场常常出现图里这种情况，资产的价格就是目标变量，它并不是随环境变量线性变化的，而是经常出现跳跃，此时用衡量线性关系的相关系数，很难反映出环境变量和目标变量之间的关系，更不用说进行更详细深入的后续研究。因此，周期性框架虽然更加烦琐、复杂，却是更加实用、有效的选择。

11.3.3 建立周期性框架

11.3.3.1 框架构建指标——影响策略的主要因素

不同的投资策略都有各自的特点，受到的影响因素也不同。因此，要构建最适合投资策略的周期框架，首先要找到与投资策略最息息相关的市场因素及相应的指标。

选取指标时，有以下几点值得注意：

- 对于指标的选择其实较为灵活，因为一个策略不可能仅受特定的某一个因素影响。表 11.1 总结了一些策略及相应的指标选择。列在这里的指标已经受过测试，较为有效，但并不代表是唯一可用的指标。

表 11.1　　　　　　　　典型投资策略与框架构建指标选择

策略名称	指标选择	选择原因
Alpha 策略	中证 500 横截面波动率	Alpha 策略对冲掉了系统性风险，组合收益取决于选股，横截面波动率将影响量化选股策略成功捕捉个股的概率
高频 T0	中证 500 日内振幅	高频 T0 收益和中证 500 日内振幅相关性高，日内振幅大，有趋势，才有 T0 获取收益的空间
CTA 策略（短期）	Wind 商品日内振幅	这里短期 CTA 策略主要是日内趋势跟踪。商品指数日内振幅大时，日内趋势也会较为明显
CTA 策略（中长期）	Wind 商品指数趋势	中长期趋势跟踪 CTA 策略通常在持续的上涨和下跌趋势行情中赚取收益
期权套利策略	上证 50ETF 期权波动率	这里的期权套利策略主要是进行波动率统计套利，往往隐含波动率放大时，市场的套利机会比较多，所以使用上证 50ETF 期权波动率指标

- 当有多个指标备选时，可以分别建立框架并进行适应性比较，选择最优的一个。评价方法会在后面具体介绍；
- 划分框架可以用单一指标，也可以用多个指标，通常不超过 3 个。例如美林时钟就是用两个指标——经济增长和通胀，共同构建周期框架的。本章第 6 节将会讲解用两个指标共同构建框架。

11.3.3.2 框架构建方法

构建周期框架的目的是捕捉资产净值走势的特点，并将具有不同特点的走势区间归类，划分开来。单个指标构建框架相对比较简单，但也有特殊情况需要特殊处理，本节将对常规的构建方法和"特殊情况"分别举例介绍。

● 常规构建

常规构建方法即是直接根据选取指标的数值大小划分。首先对指标的时间序列计算平均值和标准差，然后将时间序列进行分类，数值在平均值 ±0.5 个标准差范围内时属于状态"中"，数值大于平均值 +0.5 个标准差时属于状态"高"，数值小于平均值 –0.5 个标准差时属于状态"低"。

表 11.2　　　　　　　　框架构建——周期状态常规划分

时间序列数值 X	对应周期状态
X>（均值 +0.5* 标准差）	高
（均值 –0.5* 标准差）≤ X ≤（均值 +0.5* 标准差）	中
X<（均值 –0.5* 标准差）	低

需要注意的是，此处的 0.5 个标准差并不是规定的标准，可以根据实际情况进行灵活选择；另外，指标的数据频率将影响周期切换的频率，例如日频数据每天都会对应周期状态，此时一个周期状态持续的最短时间可能仅有一天，好比把 10 个东西划分成 10 类，这样已经失去了划分的意义。因此，建议至少使用月频数据进行周期划分。

● 特殊情况举例——趋势状态划分

对于趋势跟踪 CTA 策略，上升、下降趋势是主要的收益来源，而震荡状态下则难以获利。划分指标趋势，需要找到各趋势的转折点，此时常规构建的方法并不适用，这里将使用双均线方法。

双均线由一个短周期趋势和一个长周期趋势构成。大趋势由长周期均线捕捉，而短周期均线起到的是择时（寻找拐点）的作用。计算长、短周期的时间窗口就是双均线策略的参数。使用短均线减去长均线计算一个新指标，当该指标大于 0，说明短均线在长均线上方，为上升趋势；当该指标小于 0，说明短均线在长均线下方，为下降趋势，指标正负交替即为趋势拐点。上升和下降趋势有时并不能持续，表现为长短均线频繁相交，此时为震荡状态。

总而言之，无论是指标、周期划分方法，还是划分过程中所需要的参数都是主观而灵活的，需要具体情况具体分析。

11.3.4 框架的适应性评价

11.3.4.1 适应度评分

尽管划分好了框架，其相对资产的适应性仍有待评价。如果不能有效地将资产净值的不同走势特征划分开，周期性框架也就失去了存在的意义。

评判的标准为产品在各个周期状态上行和下行次数的分化程度。若资产净值在某种周期状态的历史中上行和下行次数相差不大，可以说这种周期状态没能捕捉到资产净值的走势特征，周期框架相对于资产的适用性低，此时就需要更换指标，重新建立周期框架。为了判断净值在周期框架中各个状态的走势分化程度，这里建立了一个定量指标，以加权分数的形式表示，具体计算如下：

$$overall - score = \sum_{每个周期} \frac{|净值上行次数 - 净值下行次数|}{周期发生数} \times 周期发生概率$$

其中，周期发生概率为权重，权重以外的部分表示了资产净值在每个周期的分化情况，称为适应度得分。若资产净值在一个周期的历史中全部上行（或全部下行），则分子部分等于分母部分，该得分为1；若资产净值在一个周期的历史中有一半上行，一半下行，则分子部分为0，得分也为0。在周期状态中上行、下行次数分化越明显，得分越高，而周期框架相对于资产的适应度就越好。

11.3.4.2 风险收益的合理性

风险收益计算的是资产在每种周期状态下的历史表现，具体方法如下：

- 选取一种状态，明确历史中该状态每次出现的起始和终止时间；
- 计算该状态每个阶段的收益；
- 将该状态每个阶段的收益累乘之后再进行年化，得到年化收益；
- 对每一种周期状态重复上述步骤，得到每种状态历史中的收益情况；
- 风险指标同理，也是对各个状态分别进行计算并年化。

风险收益从收益的角度考查了框架的合理性，弥补了适应度评分的局限性——只考虑了净值走势的方向，而没有考虑幅度。在有多个框架备选的情况下，仅从适应度评分得到的"最优"框架，从收益角度看可能并不符合投资策略的风险收益特征。

以CTA策略为例，从定性角度分析，选择期货指数趋势划分周期框架较为合理，但由于期货指数细分类别较多，需要建立多个框架分别进行评价，才能最终确定最优的指标。

根据趋势策略的特征，合理的周期框架中，趋势上升和下降状态下收益应该较高，而震荡状态下收益较低甚至可能为负。带着这个预期，来看看各个指标对应框架的适应度，以及收益情况：

表 11.3　　CTA 策略举例——框架适应度得分与框架收益特征比较

框架打分	案例1	案例1	上升趋势	下降趋势	震荡
Wind煤焦钢矿	0.3667	Wind煤焦钢矿	5.95%	11.17%	27.81%
上证50期货当月连续	0.3333	上证50期货当月连续	13.69%	22.83%	14.20%
Wind软商品	0.3095	Wind软商品	8.71%	23.88%	8.14%
Wind商品指数	0.2698	Wind商品指数	8.98%	28.56%	-3.74%
Wind能源	0.2667	Wind能源	4.92%	30.87%	6.48%
沪深300期货当月	0.2429	沪深300期货当月	11.29%	40.81%	11.85%
中证500期货当月连续	0.2000	中证500期货当月连续	16.95%	23.87%	15.11%
Wind非金属建材	0.1556	Wind非金属建材	1.52%	28.01%	18.67%
南华商品指数	0.1190	南华商品指数	9.14%	24.83%	14.41%
Wind有色	0.0889	Wind有色	12.61%	30.83%	6.60%
Wind化工	0.0667	Wind化工	8.26%	21.23%	19.68%
Wind谷物	0.0667	Wind谷物	23.56%	3.20%	20.44%
Wind贵金属	0.0595	Wind贵金属	16.51%	-9.51%	25.32%
Wind油脂油料	0.0000	Wind油脂油料	4.46%	35.27%	18.71%
Wind农副产品	-0.0278	Wind农副产品	-6.50%	17.10%	42.43%
		平均	9.34%	22.20%	16.41%

从表 11.3 中可以看出，得分最高的框架——Wind 煤焦钢矿，对应的收益特征并不符合预期；而最符合预期的收益特征来自适应度评分排名第 4 的 Wind 商品指数。

为了探寻问题的根源，图 11.6 绘制了 Wind 煤焦钢矿对立框架和 CTA 趋势策略类产品净值：

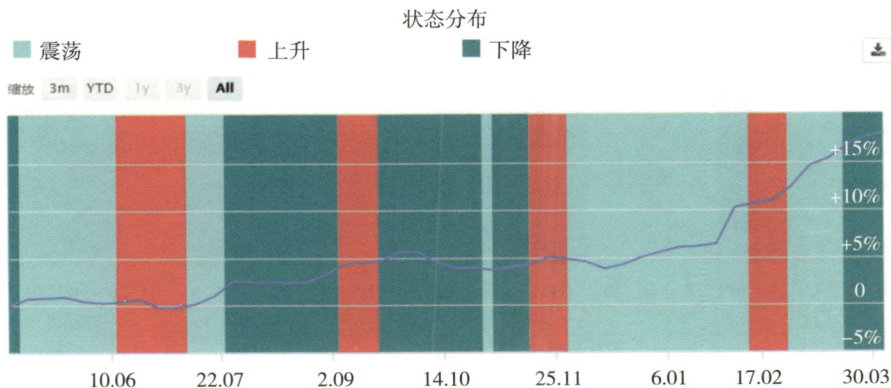

图 11.6　Wind 煤焦钢矿对应框架和 CTA 趋势策略类产品净值

从图 11.6 中可以更详细地看出：

– 震荡区间，净值 2 次下行，但幅度非常小；3 次上行，但都是明显上涨。上、下行分化不明显，适应度评分偏低，而收益偏高，收益率为年化 27.81%。

– 上升区间，净值 1 次下行，幅度非常小；3 次上行，幅度同样较小。上、下行分化明显，适应度评分偏高，但收益偏低，收益率仅有 5.95%，远小于震荡区间。

– 下降区间，净值 1 次下行，幅度中等；4 次上行，幅度中等偏小。上、下行分化明显，适应度评分偏高，但收益偏低，收益率为 11.17%，仍小于震荡区间。

综合来看，适应度评分偏高，但收益情况与预期截然相反，Wind 煤焦钢矿趋势框架用于评价该策略并不理想。这个具体的例子进一步证明了适应度评分的局限。因此，将适应度评分和风险收益两者结合起来进行评价，才最为合理。

比较理想的方法是，将框架先按适应度评分排序，选出排名靠前的几个框架，再通过风险收益的合理性作最后决定。

11.3.5　投资策略的周期性

上面已经充分讨论了周期的理解、周期的构建以及框架的评价，下面将展示一些具体的例子，看看究竟这些框架是否能够展示和区分不同策略的特点。

● 量化 Alpha 策略：

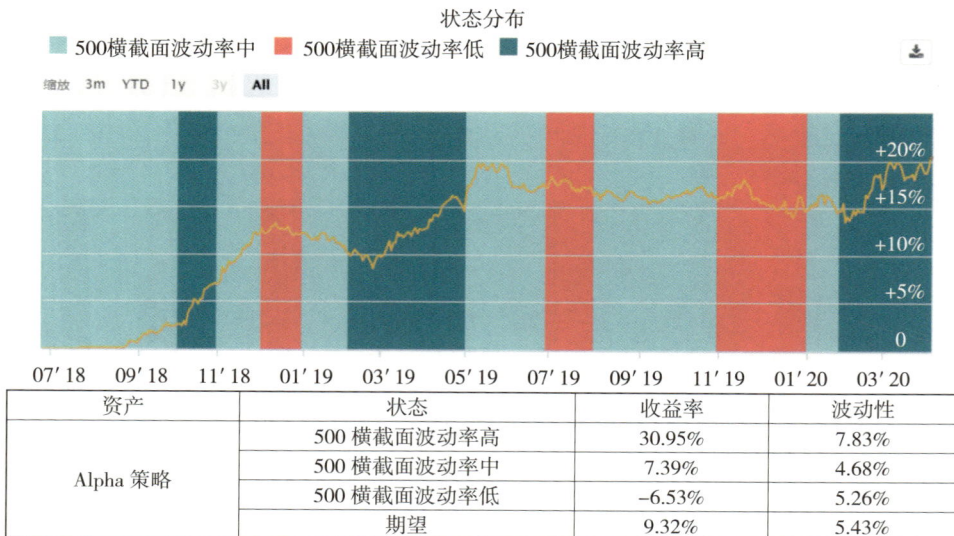

资产	状态	收益率	波动性
Alpha 策略	500 横截面波动率高	30.95%	7.83%
	500 横截面波动率中	7.39%	4.68%
	500 横截面波动率低	−6.53%	5.26%
	期望	9.32%	5.43%

图 11.7　500 横截面波动率框架与各状态下 Alpha 策略收益、风险指标

对于 Alpha 选股策略，横截面波动率越高，量化选股策略越容易成功捕捉个股，收益也相应越高。横截面波动率框架恰好捕捉到了该特点，状态从"高"到"低"，策略收益率依次减小。因此中证 500 横截面波动率框架适用于 Alpha 选股策略。

● 高频 T0 策略：

状态分布

■ 500 日内振幅低　　■ 500 日内振幅中　　■ 500 日内振幅高

缩放　3m　YTD　1y　3y　**All**

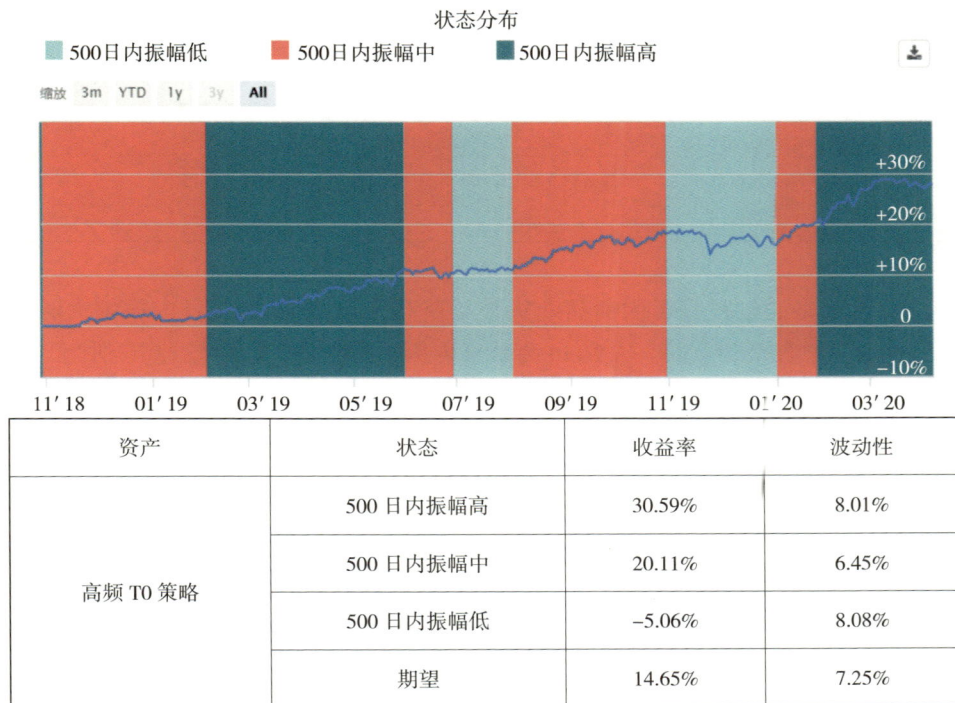

资产	状态	收益率	波动性
高频 T0 策略	500 日内振幅高	30.59%	8.01%
	500 日内振幅中	20.11%	6.45%
	500 日内振幅低	−5.06%	8.08%
	期望	14.65%	7.25%

图 11.8　500 日内振幅框架与各状态下高频 T0 策略收益、风险指标

对于高频 T0 策略，日内振幅越高，趋势越明显，T0 发挥空间越大，收益也相应越高。图 11.8 中可以看出，日内振幅从"高"到"低"，策略收益率依次减小。因此中证 500 日内振幅框架适用于高频 T0 策略。

● CTA 策略（短期、中长期）：

表 11.4　Wind 商品日内振幅框架与各状态下 CTA 策略收益、风险指标

资产	状态	收益率	波动性
CTA 短期日内策略	Wind 商品日内振幅中	22.56%	4.79%
	Wind 商品日内振幅低	17.57%	5.75%
	期望	13.38%	3.51%
CTA 中长期策略	Wind 商品日内振幅高	11.16%	10.37%
	Wind 商品日内振幅中	20.13%	10.89%
	Wind 商品日内振幅低	15.10%	6.78%
	期望	15.46%	9.35%

　　CTA 策略通过跟踪日内商品期货趋势获利，与 T0 同理，日内振幅大时，趋势明显，才有获利空间。在 Wind 商品日内振幅框架中，从状态"高"到"低"，短期策略确实符合预期，收益逐渐降低。但对于中长期策略，在"振幅中"状态下收益最高，而"振幅高"状态下收益最低，很明显这个框架并不适合中长期策略。

表 11.5　商品指数趋势框架与各状态下 CTA 策略收益、风险指标

资产	状态	收益率	波动性
CTA 短期策略	Wind 商品指数趋势上升	8.98%	3.54%
	Wind 商品指数趋势下降	28.56%	6.47%
	Wind 商品指数趋势震荡	12.46%	3.51%
	期望	16.67%	4.50%
CTA 中长期策略	Wind 商品指数趋势上升	24.84%	10.31%
	Wind 商品指数趋势下降	20.62%	10.32%
	Wind 商品指数趋势震荡	−0.42%	5.89%
	期望	15.01%	8.84%

　　中长期趋势跟踪 CTA 策略通常在持续的上涨和下跌行情中赚取收益，将指标更换成商品指数趋势后划分的新框架很明显适合于中长期策略——趋势上升、下降时收益为正且较高，指数震荡时收益为负。但对于短期策略，新框架不再适合，周期状态与收益率之间没有合理的对应关系。

● 期权套利策略：

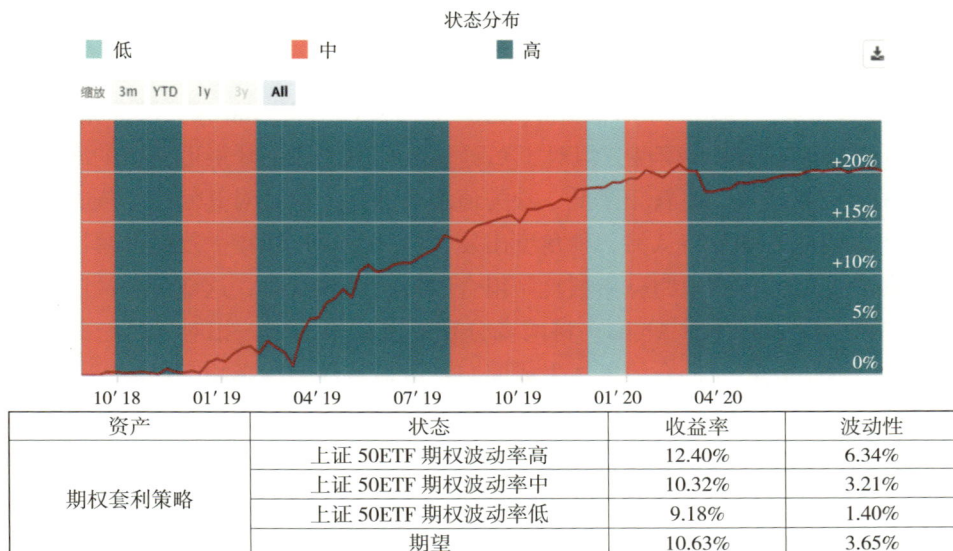

状态分布
■ 低　　　■ 中　　　■ 高

缩放　3m　YTD　1y　3y　**All**

资产	状态	收益率	波动性
期权套利策略	上证 50ETF 期权波动率高	12.40%	6.34%
	上证 50ETF 期权波动率中	10.32%	3.21%
	上证 50ETF 期权波动率低	9.18%	1.40%
	期望	10.63%	3.65%

图 11.9　上证 50ETF 期权波动率框架与各状态下期权套利策略收益、风险指标

这里的期权套利策略主要是进行期权波动率统计套利。套利策略的回撤较小，净值走势几乎都是上行，回顾适应度评分的局限性，对这类策略产品，若只使用适应度评分，任何框架得分都会偏高，此时从收益角度进行进一步判断尤为重要。

由于统计套利获利于隐含波动率向历史均值的回归，当隐含波动率放大时，策略才会有更好的表现。对于上证 50ETF 期权波动率框架，状态从"高"到"低"，策略收益率依次减小，符合预期，因此该框架适用于期权套利策略。

根据上述的框架划分图的绘制、历史状态收益率的计算以及框架与投资策略的一一对应关系，在本节第一部分中提到的，投资策略的周期性在私募管理人的评价和筛选过程中的三点功能已经全部得以实现。周期框架的作用远不止于此，本书的其他章节也将对周期的更多作用及实际应用场景进行深入讨论。

11.4　基于净值的投资能力评价：主观多头

11.4.1　主观评价方法

在基金市场中，基金管理人获取 Alpha 能力是否值得投资者为其支付管理费用，是投资者非常关心的问题。Alpha 收益，是指基金管理人获取的，除去市场风险暴露补偿以外的超额收益。

本节将关注两种 Alpha 能力的衡量——择时 Alpha 和选股 Alpha。衡量择时选股能力通常可以使用传统的 T-M（Treynor-Mazuy）模型和 H-M（Henriksson-Merton）模型。但对于私募基金，由于从公开渠道获取的净值数据存在历史数据少、更新频率低、缺失值多等问题，很难对其使用常规方法进行分析。因此，本节将从另一种角度出发，尝试使用市场指数复制私募净值，当私募净值能够持续地跑赢指数复制组合取得超额收益时，这部分超额收益应包含选股 Alpha 和择时 Alpha，将两者分别提取出来即可。相对于传统的评价模型，这种方法不受持仓信息缺失或回归系数显著性问题影响，提供了一个全新的动态评价视角。

11.4.2　指数复制策略

● 前期准备：

市场上指数数量众多，其中有些指数不可避免地会暴露于相似的风险因子，导致相关性非常高。尽管选用的模型能够一定程度上处理多重共线性，但在指数过多的情况下，高相关性仍会对模型产生影响，因此需要先对指数数据进行处理，基本思路是将所有的指数通过聚类的方式分类，每一类有一个"中心"，可以理解为该类指数的平均，然后挑选距离"中心"最近的指数。这样就可以尽可能地降低挑选出的指数之间的相关性。

判断同类指数到"中心"的距离，可以通过以下方式：

$$D_i = 1 - \text{correlation}\,(r_i, c_i)$$

其中，c_i 即该类指数的平均收益，r_i 即第 i 个指数的收益率。D_i 越小，表示指数 i 距离中心的距离越近。

● 模型建立：

使用指数复制私募基金净值的方法有很多，例如直接使用回归模型进行拟合，或使用比较常见的机器学习算法，例如岭回归（Ridge）、套索回归（Lasso）、弹性网络回归（Elastic Net）模型等，但这些模型都有各自的局限性。

对于回归模型来说，局限性很明显：

– 自变量过多，样本量则由于周度披露净值，数量较少；

– 尽管进行了数据处理，指数间仍然存在一定的相关性，多重共线性会影响回归结果；

而岭回归的局限性则在于不能将回归系数压缩至零，起不到筛选指数的作用，这会影响到：

－模型的解释性不佳。使用指数复制基金净值也是在模拟基金的调仓情况，若所有指数都在模型里则很难观察调仓和风格变化；

－容易过拟合。

那么最后的 Lasso 回归和弹性网络回归是比较理想的备选模型，表 11.6 对两种模型进行了详细对比：

表 11.6　　　　　　　　　LASSO 回归与弹性网络回归模型详细对比

对比项	LASSO	Elastic Net
模型切入点	损失函数加入惩罚项，压缩不显著的回归系数至零	损失函数加入两种惩罚项，压缩回归系数的同时处理多重共线性
模型的理论基础	回归模型基于资本资产定价理论	同 LASSO
指数相关性对模型的影响	不能处理群组效应问题，模型不稳定	根据 LASSO 和岭回归的配置比例，受影响情况不同，整体小于 LASSO
样本量小于自变量数量的影响	LASSO 不适用于这种情况，受影响较大	受影响程度相对小于 LASSO
优点	不限制组合中每期指数的数量，具有灵活性；挑选指数，与配置权重一步到位；回归方程有经济理论支撑	继承 LASSO 的优点，克服 LASSO 的问题，在 LASSO 基础上进一步提升；回归方程有经济理论支撑
缺点	不能处理群组效应；不能处理样本量少于变量数的问题	有变量筛选的效果，但对回归系数的压缩力度不如 LASSO，导致组合每期的指数数量太多，加大研究目标基金调仓的难度；模型惩罚系数与 LASSO 配比都需要进行调参，增大计算量和计算时间；基于定价理论而产生的问题同 LASSO

根据对各模型优缺点的讨论，本节选用弹性网络（Elastic Net）回归模型，对私募产品净值进行复制。

● 调仓频率：

调仓频率可以理解为复制组合进行再平衡的频率。考虑到管理人风格漂移、交易频繁等特征，为了不断减少跟踪误差，保证指数复制组合尽量跟踪基金产品走势，减少跟踪误差，指数复制组合需要进行动态的再平衡。组合中所用指数和相应权重都在再平衡的时点由模型重新计算得出。由于择时 Alpha 的评价受到复制策略调整频率的影响，频率的选择将放到下一部分详细讲解。

11.4.3 基于指数复制的择时选股能力评价

11.4.3.1 择时 Alpha 与选股 Alpha

实际上指数的复制组合是通过指数所代表的风格去捕捉管理人在其投资组合中的这部分信息。当基金经理能够持续地跑赢指数复制组合取得超额收益时，这部分超额收益里主要体现了以下两部分的 Alpha：

- 风格择时 Alpha：不管选用什么调仓频率，都会相对于管理人实际有所滞后。再加上复制策略是使用近一年的数据进行滚动，调仓的节奏也会相对缓慢，有黏性。这些都将使得管理人的实际投资组合在不同指数所代表的风格配置上与指数复制组合相比有了风格择时的部分。因为周频调仓的组合会在目标基金进行调仓后更快地作出反应，所以将其作为计算风格择时的基准。相比于周频调仓（1W），月频（1M）、三月频（3M）和六月频（6M）调仓对信息的滞后依次增加，因此这种"滞后性"恰好提供了衡量择时能力的窗口：用周频 1W 组合收益依次减去其他更低频的组合收益（1W—1M，1W—3M，1W—6M），分别用于衡量短、中、长期择时，也就是说择时 Alpha 来源于调仓时间差。

- 选股 Alpha：如果管理人可以稳定地选出能够跑赢其所在各类指数篮子的个股，那么他将会不断打败指数复制组合。假设相对于目标基金，周频复制组合及时反映了目标基金的调仓情况，由调仓时间差带来的复制误差很小，那么目标基金和复制组合之间的差异就来源于管理人挑选个股的能力。因此可以用目标基金收益减去周频组合收益（目标基金—1W）来衡量选股 Alpha。

11.4.3.2 动态择时选股评价方法的有效性

本节主要介绍如何评价私募的投资能力，一种好的评价方法应该能够把好的基金顺利筛选出来，反过来同理，如果一种方法筛选出的基金表现良好，那么这种评价方法就是靠谱的。

接下来验证择时选股评价方法的有效性，将根据拆分的择时 Alpha 和选股 Alpha，对基金进行排序，挑选基金构建组合，根据组合的表现情况来评价指标是否能挑选出好基金（由于私募主观多头和公募灵活配置型基金在这方面有很大程度相似，考虑到数据的可获取性，我们这里主要用公募灵活配置型基金数据来进行说明）。

• 择时组合 family

根据择时 Alpha 生成的方式，从三个维度创建组合，考查不同维度对组合表现的影响，这三个维度分别是：

✓ 择时 Alpha 统计区间（统计区间内的复制组合与目标基金净值将用于计算择时 Alpha）：近一季度、近半年、近一年；

✓ 择时 Alpha 测度周期（复制组合内部指数调仓频率）：1M、3M、6M；

✓ 策略组合的调仓频率（策略组合层面基金调仓频率）：季度、半年度、年度。

据此，一共构建出 3×3×3=27 个择时组合的 family，另外共选取两个指数作为比较基准，分别为与测试基金同策略的基金指数以及 50% 中债综合 +50% 沪深 300。

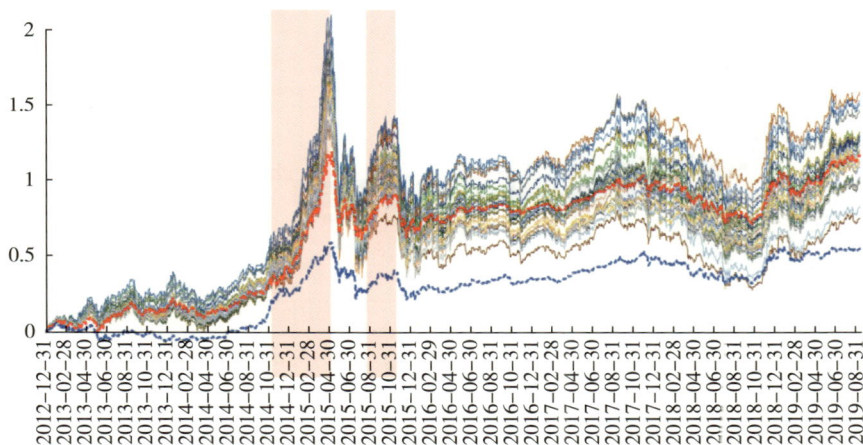

图 11.10 择时组合 family 与基准累计收益走势

对比择时组合 family 和 50% 中债综合 +50% 沪深 300 以及基金指数的累计收益情况：

✓ 2012 年 12 月 31 日起至 2019 年 12 月 10 日，几乎所有择时组合 family 都跑赢了股债 50：50 基准；

✓ 在市场单边上行和反弹时期（如 2014 年底至 2015 年初、2015 年下半年），几乎全部择时组合 family 都可以跑赢基金指数；

✓ 择时组合策略整体的回撤控制比较一般，没有体现出相对基准更好的表现。最终回测区间有超过一半的择时组合可以跑赢基金指数。

择时组合 family 整体上展现出一种特征，即取得最佳收益的策略往往倾向于更为高频和短期的构成指标。比如，选择 1M 的择时周期并季度或半年度对择时组合进行调仓等，这些组合在图 11.10 中分别排名第一和第二。

但是客观地讲，择时 Alpha 是一个比较稀缺的能力，在我们评价和测算的大部分基金中并不会普遍存在或者稳定存在。比如，我们考查了在 2018 年至 2019 年上半年换手率最高的四只公募股票型产品（言外之意就是择时倾向较高），发现其真正的择时 Alpha 不显著也不稳健。换手率高与择时 Alpha 之间并没有必然联系。

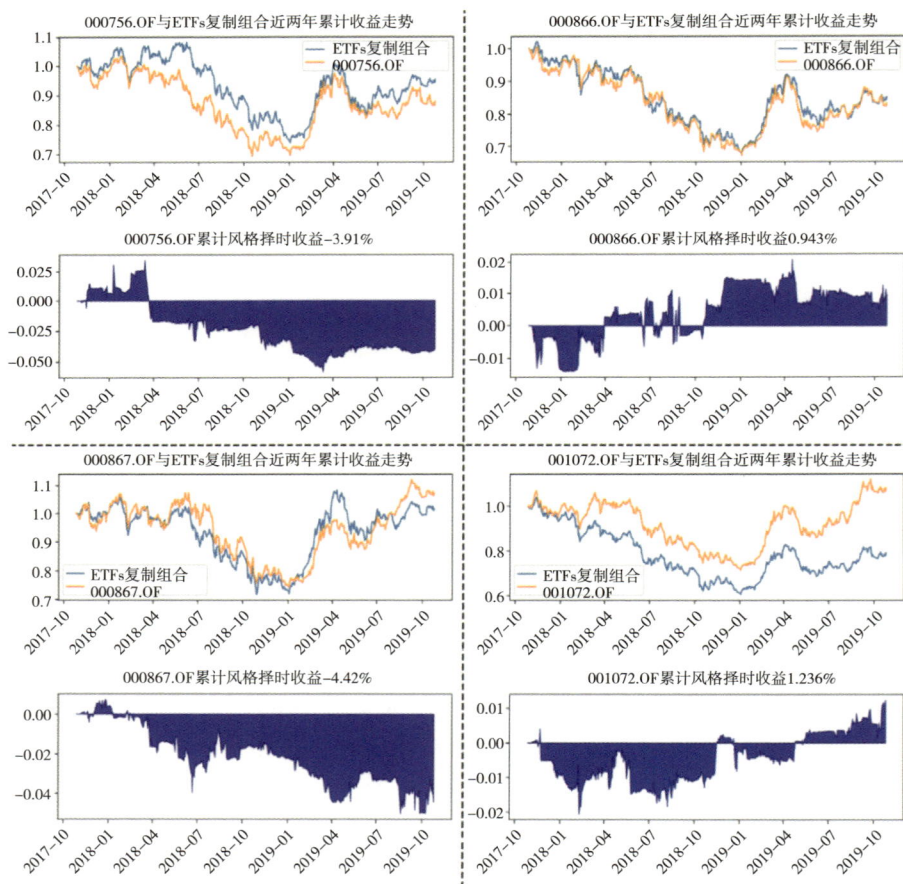

图 11.11　基金、ETFs 复制组合累计收益与择时收益计算举例

从全市场来看，择时 Alpha 收益是相对稀缺的。在统计的近 700 只公募股票型和混合偏股型基金中，择时 Alpha 排名前列的基金只在近两年取得了 10% 左右的择时收益，比如以下 4 只：

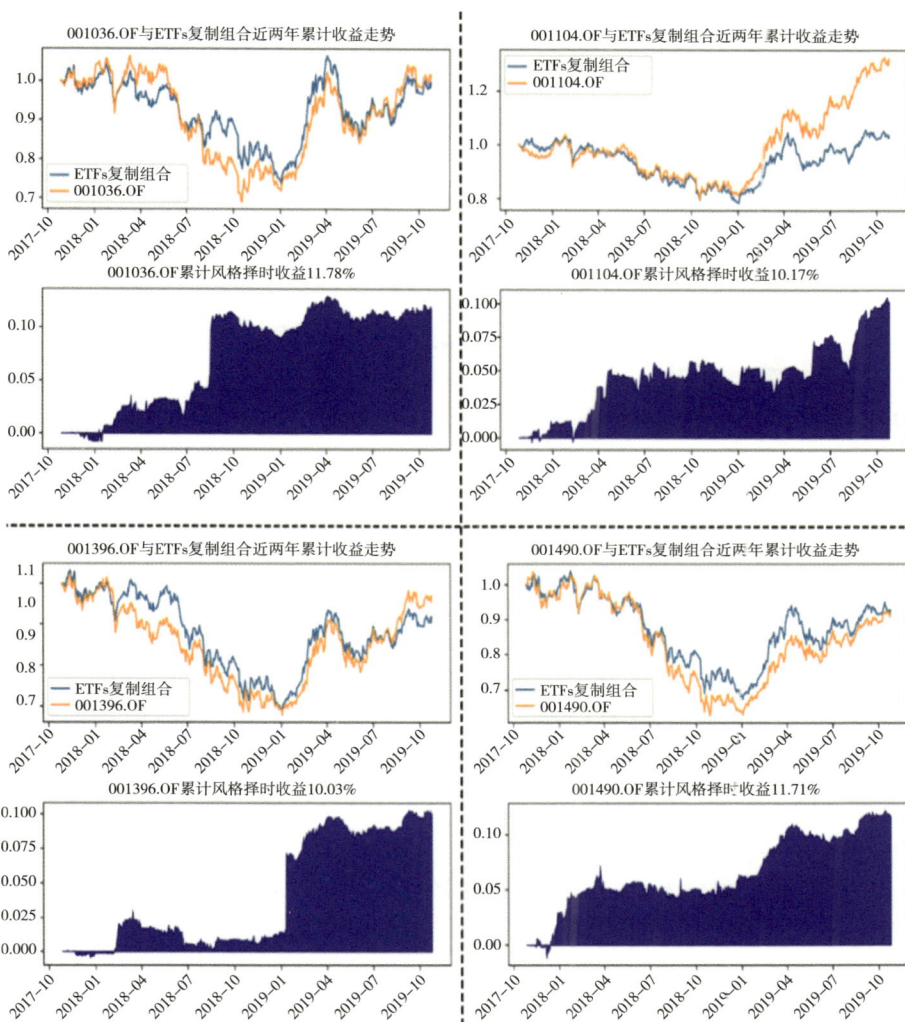

图 11.12　择时 Alpha 排名靠前的基金举例

- 选股组合 family

相比择时 Alpha，选股 Alpha 的策略相对简单，因为选股 Alpha 没有周期之分，因此只能在数据统计区间和调仓频率上做文章：

✓ 选股 Alpha 统计区间：近一季度、近半年、近一年；

✓ 策略组合的调仓频率：季度、半年度、年度。

据此，构建出 3×3=9 个选股组合的 family。同样选取两个指数作为比较基准，分别为与测试基金同策略的基金指数以及 50% 中债综合 +50% 沪深 300。

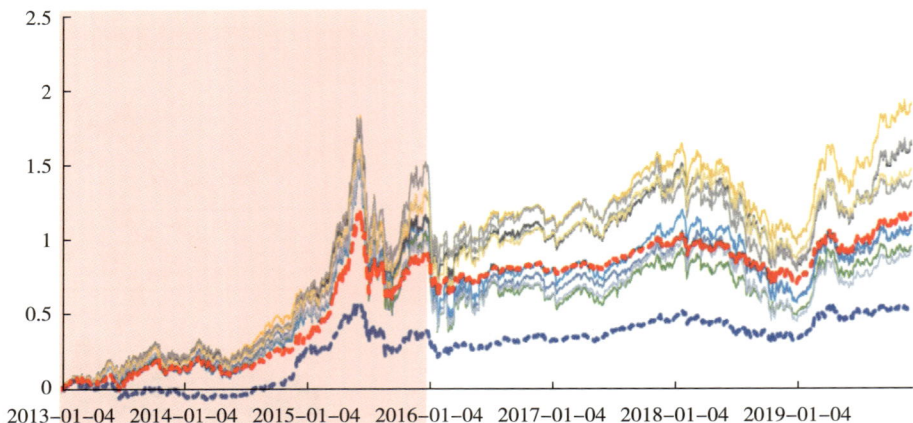

图 11.13 选股组合 family 与基准累计收益走势

对比选股组合 family 和 50% 中债综合 +50% 沪深 300、以及基金指数的累计收益情况：

✓ 回测区间所有选股 family 组合都跑赢了股债 50：50 基准；

✓ 2016 年以前，所有选股组合 family 都可以跑赢基金指数，体现出 2016 年以前选股策略的有效性。

选股 family 整体上展现出一种特征，即取得最佳收益的策略往往倾向于更为长期的构成指标。比如使用近一年数据进行排名和年度调仓。这一点和择时 family 截然相反。

综上所述，根据复制净值的特性拆分出的择时、选股指标确实能够持续、有效地筛选出未来可能表现好的基金，并且相对于传统的评价模型，不受持仓信息缺失或回归系数显著性问题影响，尤其适用于信息披露不足的私募产品，提供了一个全新的动态评价视角。

11.5 基于净值的投资能力评价：量化策略

与主观投资策略不同，量化投资策略不太适用于使用选股 / 择时能力来进行评估。因为量化策略的持股数量一般比较多，不会通过集中持股来创造超额收益（不适用于考查选股能力），也往往不会在仓位或者行业 / 风格上进行轮动择时，也就是所谓的中性化对冲（不适用于考查择时能力）。有鉴于此，通常我们会对量化类私募管理人创造的 Alpha 收益来进行能力评估。

目前，国内通常的量化选股管理人的产品分为两类：指数增强和市场中性。两者收益完全同源，区别在于是否使用对冲。但正因为有对冲的存在，对于市场中性产品来说其 Alpha 的剥离需要考虑更多的因素。下面我们以市场中性产品为例，说明其 Alpha 的剥离方式。

假设产品使用股指期货进行对冲，那么其净值的收益率主要由以下四个部分构成：

- 多头端的选股超额收益率（Alpha）；
- 股指期货基差波动收益率；
- 产品的资金利用率（仓位）；
- 已知的行业／风险因子暴露收益率（若没有进行中性化）。

以上四个部分进行加总后，就是投资机构可以获得的净值收益率。那么我们可以从净值收益率的角度进行反推，得到管理人真正的选股超额收益（Alpha）：

$$Alpha\text{收益率} = \frac{\text{净值收益率}}{\text{资金利用率（仓位）}} - \text{基差波动收益率} - \text{已知风险因子暴露} \times \text{风险因子溢价率}$$

公式中，净值收益率、基差波动收益率、风险因子溢价率是客观已知的部分。而资金利率用（仓位）和风险因子暴露情况，则是需要与管理人进行沟通或者通过尽调获得的部分。也再次印证我们的理念，即好的评价离不开与管理人的充分沟通。这一点即使在定量的评价部分也是如此。

通过以上方法，我们就可以得到经过层层剥离后，市场中性产品真实 Alpha 收益率的序列了。如图 11.14 所示，这是一个市场中性产品某月的净值收益率的剥离情况。表面上只有 0.48% 的某月净值收益率经过详细拆分后，实际上管理人的真实 Alpha 收益率可达到 3.41%。这样可以比较客观地评估管理人的能力，也有利于横向进行比较。

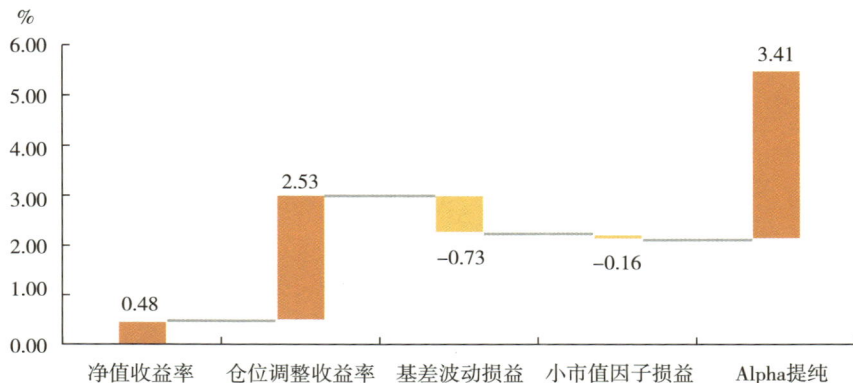

图 11.14 Alpha 收益提纯

当我们得到管理人提纯后的真实 Alpha 收益率序列时，实际上我们还可以进一步作更详细的 Alpha 质量评价，比如胜率和赔率：

– 胜率 =Alpha 正收益率的天数 / 考查期总天数；

– 赔率 = 盈亏比 +1= 平均正 Alpha 收益率 /| 平均负 Alpha 收益率 |+1

可以证明，当胜率 × 赔率 >1 的时候，管理人总的 Alpha 收益期望将是正的。但实现的路径不止一条，比如有高胜率 + 低赔率、低胜率 + 高赔率、高胜率 + 高赔率几种。我们通常认为理想的标准是胜率 >50% 和赔率 >2 的情况。

到此为止，我们不仅拆分出了量化管理人真实 Alpha 能力的高低，并且对 Alpha 能力的质量也有了更深刻的认识。

11.6 基于持仓的业绩归因：风险暴露分析

在前面的章节，我们尝试剥离过管理人的真实 Alpha 收益，其中有个比较关键的风险因子暴露的考量。所谓风险因子，即管理人承担了某种系统性风险，而获得了相应的溢价。但风险因子并不能作为 Alpha 收益来源，只能作为 Beta 收益。

一方面，我们不愿意为 Beta 收益付费（市场上有很多很便宜的获得 Beta 的方式，如 ETF 产品、Smart Beta 产品等）。另一方面，单一系统性风险过高的暴露将使产品的业绩表现趋于不稳定。如果我们可以从私募管理人方获得持仓信息，如估值表，就可以利用系统的方式对其风险因子的暴露情况进行分析。

以下示例为我们对管理人的持仓进行风险暴露分析。基于系统解析管理人估值表的持仓股票，并对各类风险因子的得分进行汇总，得到以下单期结果：

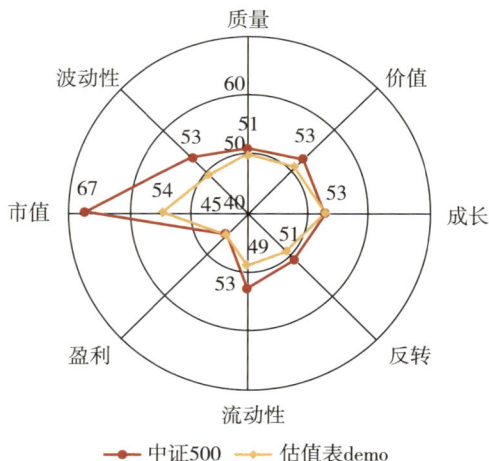

图 11.15 风险暴露分析

我们可以发现，该产品与对标的中证 500 指数相比，在市值因子上的偏离最为显著，呈现小市值的特征，同时在波动性因子方面也有一定程度的偏离。如果这是一个使用中证 500 股指期货进行对冲的市场中性产品，那么即使它完全对冲了持股市值的总敞口，但是在小市值、波动性风险因子上都是不完全对冲，依然会受到这些风险因子溢价波动的影响。

以上是单期的情况，如果我们连续解析多期的估值表，就可以看到更为清晰的风险因子暴露变动趋势。

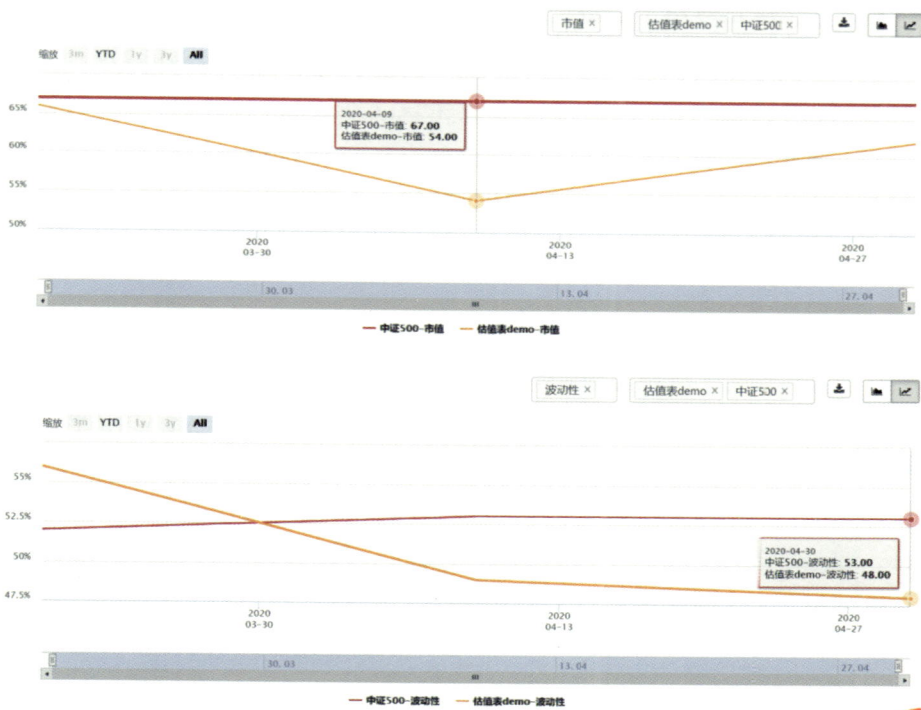

图 11.16　风险因子暴露变动趋势

我们针对发现的小市值因子、波动性因子暴露情况，进一步解析该管理人的多期估值表数据，看到其暴露的变动趋势如图 11.16 所示。小市值依次经历了无暴露、很大暴露、暴露缩小的历程，而波动性则经历了正向暴露、负向暴露、负向暴露扩大的历程。如果结合对应时点的私募产品净值表现，就可以分析得到其 Alpha 质量更真实的还原情况了。

11.7 基于周期框架的私募风格分类

本章前面部分对于周期性的解释主要针对不同策略类型建立合适的周期，而除开策略之外，私募产品还可以从其他不同角度进行分类。本节将延续基于周期框架的思路，从构造适用于私募产品的周期划分框架开始，根据新构建的周期框架过滤因子，选择适用于该框架的因子，从而对私募产品进行风格分类及标签化，建立自上而下的、系统的私募产品分类逻辑。

11.7.1 建立适用于私募产品的周期划分框架

在战略型大类资产配置模型中，用于周期划分的经济指标需要尽量反映整个宏观经济状况，对主要投资于权益市场的私募产品来说过"大"；而评价单一私募策略时所用指标具有较强的针对性，对于市场上所有私募产品的重新分类来说又过"小"。继续使用这些指标和框架对于新问题来说显得有点"不合身"，因此需要重新选择指标，为私募产品重新量身定制周期划分框架。

11.7.1.1 周期划分指标选择

在划分周期时，按照美林时钟的方式，通常习惯于选择 2~3 个指标作为划分标准，以指标的上、下行情况，或数值所属高、中、低的范围对时间轴进行周期划分。为了使划分出的周期既简单明了，具备一定的经济学含义，又能尽量多地捕捉、总结信息，本节选择了两种划分经济场景的方式，每种包含两个指标，通过考查其上、下行情况进行周期划分，最终得到两个周期划分框架，每个框架包含 4 个周期状态（2 个指标 ×2 个状态）。

第一种为月频指标组合：工业企业利润累计同比 –M2 同比，A 股月度换手率。

工业企业利润作为一个经济基本面指标反映了经济增长情况，同时也代表了 A 股大部分企业的盈利状况，而 M2 增速则反映了市场流动性的匹配情况。两个指标的差值，可以指示目前市场是基本面驱动还是流动性驱动的倾向。经济基本面与货币流动性的强弱对比会影响权益市场内不同板块的走势，进而体现在一些基本面类因子和流动性敏感类因子的表现上。而换手率则代表了研究对象是股票二级市场，整体的交易情况将会囊括众多市场信息。

因此第一种周期框架被命名为基本面与流动性框架。

第二种为日频指标组合：股权风险溢价（Equity Risk Premium，ERP），A股日换手率。

股权风险溢价（ERP）是投资者承担股市风险的补偿，也是一种衡量市场风险偏好的手段，风险溢价的计算方式较多，本节根据股票定价模型推导，按照风险溢价＝市盈率倒数 +GDP 增长率 – 国债收益率，来进行隐含风险溢价的计算。其中市盈率倒数使用滚动市盈率（除金融石油石化）的倒数，国债收益率取 3 个月国债到期收益率。不同于上一个框架侧重于反映经济状况的变化，ERP 侧重于识别影响权益市场的投资者情绪和偏好程度。考虑到股权风险溢价作为一种风险补偿是决定股票价格的重要因素，而大多量价类因子都是围绕价格走势来构建的，所以风险溢价逻辑上应该有更好的识别量价类因子表现的能力。此外，换手率的引入原因同上。

因此第二种周期框架被命名为风险溢价框架。

11.7.1.2 各周期状态划分方法

在划分状态时，需尽量控制各状态以适当频率出现，因为若每个周期状态持续的时间过长，一个状态在历史中可能只出现过一到两次，此时可能会由于历史参考太少导致难以判断因子或产品在相应周期上的历史表现。

对于基本面与流动性框架的月频指标组合，为保持周期尽量为月度切换，指标上、下行划分直接根据其月度涨跌幅的符号方向进行，指标值上涨为上行，下跌为下行。从 1997 年 6 月起至 2019 年 6 月，四种周期状态共出现 146 次，其中两指标双上行 28 次，双下行 41 次，基本面与流动性指标上行而换手率指标下行 37 次，基本面与流动性指标下行而换手率指标上行 40 次。

表 11.7　　　　指标变化方向与次数统计（基本面与流动性框架）

分类	基本面与流动性指标上行	基本面与流动性指标下行
换手率指标上行	28 次	40 次
换手率指标下行	37 次	41 次

对于风险溢价框架的日频指标组合，数据频率较高导致噪声较多，因此首先对其日频数据进行滤波处理，然后根据单个指标的上下行情况划分周期。

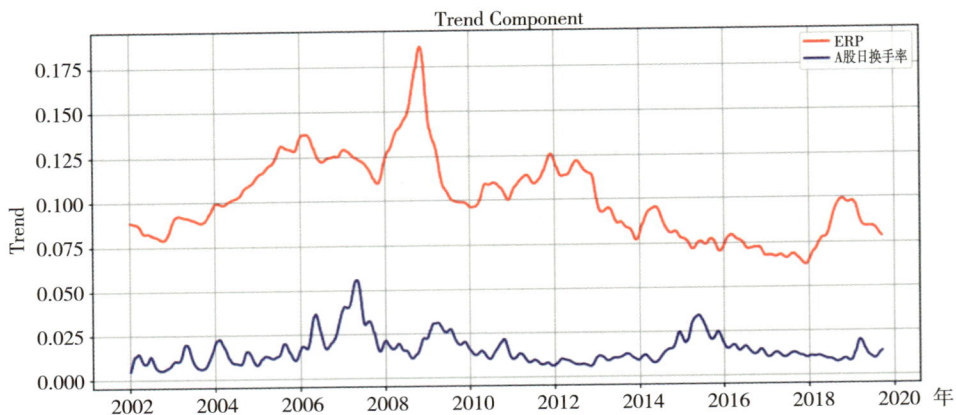

图 11.17　指标滤波处理效果

综合两个指标的上下行情况，划分出 2×2 共 4 种周期状态，即两指标均上行，ERP 上行而 A 股日换手率下行，ERP 下行而 A 股日换手率上行，两指标均下行，得到划分结果如下。

图 11.18 中周期划分较为均匀，大部分周期每次出现只会持续 1~2 个月，四种状态一共出现了 123 次，其中除了 ERP 上行且 A 股日换手率上行这一状态出现了 30 次，其余三种各出现了 31 次。

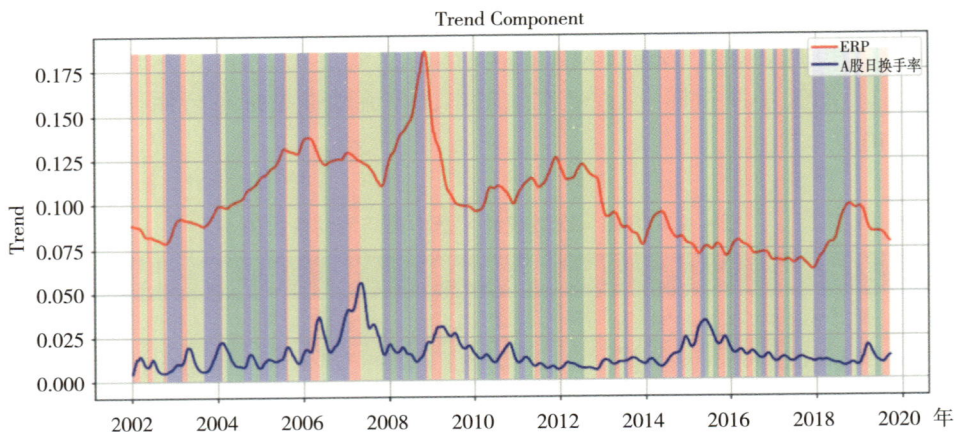

图 11.18　周期状态划分

表 11.8　　　　　指标变化方向与次数统计（风险溢价框架）

分类	风险溢价指标上行	风险溢价指标下行
换手率指标上行	30 次	3⁚ 次
换手率指标下行	31 次	31 次

11.7.2　因子适应度评价与筛选

对因子适应度的评价继续使用本书前面介绍过的周期适应度评分，该评分评价的是周期与周期下产品（或因子）相互之间的适应程度。不同的是，前文是固定了产品，从多个框架中择优；而本节是固定了框架，从多个因子中择优。

这里选取了自有因子以及第三方因子库的超过两百个因子作为备选因子库，对其中所有因子进行了适应度评价与筛选。

根据适应度得分的定义，对所有因子计算其等权重加权（4 种周期状态发生概率均为 0.25）的分数值并从大到小排列，过滤掉了所有分数低于 0.25 分的因子。阈值设置为 0.25 是要求平均而言，因子至少要在一个周期状态上有适应性。

以下为两个框架因子总分排名前十位的因子，根据上述打分规则，分数越大的因子越适用于当前框架，满分为 1。

表 11.9　　　　　各框架因子适应度得分前十

因子	基本面与流动性框架因子总分		风险溢价框架因子总分
换手率相对波动率	0.6208	10 日平均换手率	0.6220
每股营业利润	0.5292	60 日平均换手率	0.5994
20 日成交金额的标准差	0.5232	经营活动净收益	0.5844
5 日平均换手率	0.5226	5 日终极指标 TRIX	0.5791
6 日成交金额的标准差	0.5173	BETA	0.5765
经营活动净收益	0.5030	120 日平均换手率	0.5706

续表

因子	基本面与流动性 框架因子总分		风险溢价框架 因子总分
6 日成交金额的移动平均值	0.4673	资金流量指标	0.5553
5 日平均换手率与 120 日平均换手率之比	0.4560	每股营业利润	0.5516
20 日成交量标准差	0.4417	息税前利润	0.5504
10 日平均换手率与 120 日平均换手率之比	0.4256	流动性因子	0.5469

从因子打分的结果就能看出两个框架的侧重点各有不同。基本面与流动性框架中表现较好的因子，如每股营业利润、经营活动净收益等都能与该框架的基本面指标"工业企业利润累计同比 –M2 同比"相联系。而风险溢价框架中，动量类因子 5 日终极指标 TRIX、BETA 因子等则反映了因子表现与框架指标 ERP 的相关性。两个框架均有换手率这一指标，在排名前十的因子中有不少是与换手率有关的因子，例如日频框架中排名最高的因子即 10 日平均换手率、60 日平均换手率因子。

从筛选出来的因子类型来看，其与之前设定的周期框架有着逻辑上的内在一致性，进一步说明了基于周期框架做因子筛选和管理人标签的合理性。

因子过滤完成后，因子库中的因子数量从原本的近 300 个减少了约一半，但这些筛选出来的因子无论从数量上还是种类上都仍不适用于产品的标签分类，颗粒度太细，还需要对因子进行聚类与数据处理。

11.7.3　因子聚类与数据处理

在私募产品分类法的体系中，因子充当的角色是为私募产品贴标签和分类的辅助工具，最终目的在于方便评价、总结各个私募产品的特性，因此对于因子有如下要求：

- 因子数量不宜过多：私募数据具有历史数据少、更新频率低的特点，而在对私募产品贴标签时涉及滚动回归，在样本数少的情况下，自变量（因子）数量过多会影响回归结果。

- 不同因子尽量覆盖不同方面，以求在对产品进行归因和贴标签时能更加全面地捕捉到其风格暴露。
- 每类因子涵盖面广，而不是细节指标。若大类因子的子因子少且细节化，那么这个大类因子将很难用于"泛化"。例如，若用于贴标签的动量类因子只包含了一个 20 日乖离率，那么这类因子只能捕捉在 20 日乖离率上有暴露的产品，而在除 20 日乖离率以外动量类因子上有暴露的产品就不能被捕捉到了。

基于这些条件，考虑对过滤后的因子进行聚类处理。

由于整套分类体系都以周期框架作为基础，在因子聚类上也应保持关注其在周期上的变化。因此，此处将因子适应度评价中的适应度得分作为特征变量并使用机器学习的聚类算法——K-means 进行聚类。

风险溢价框架下筛选出的 121 个因子以及基本面与流动性框架下的 98 个因子各分出 9 个大类。这些大类因子又一次反映出两个框架不同的侧重点。

在基本面与流动性框架下基本面因子被划分得较为细致。聚类得到的 9 类因子中有 3 类均为公司盈利相关的因子，根据其子因子的特点，分别命名为盈利类因子、盈利稳定性因子以及盈利质量类因子。

而风险溢价框架中，聚类后的结果则侧重于量价类因子的细分。比如动量相关的因子，可以看到不同时间窗口的因子恰好被聚类为不同的类别。

表 11.10　　　　　　子因子对比——中期、短期价格动量类因子

（中期）价格动量类因子	（短期）价格动量类因子
60 日乖离率	20 日乖离率
10 日终极指标 TRIX	5 日终极指标 TRIX
当前股价除以过去三个月股价均值再减 1	当前股价除以过去一个月股价均值再减 1
24 日收盘价格与日期线性回归系数	12 日收盘价格与日期线性回归系数

表 11.10 截取了风险溢价框架下划分出的两种动量类的部分子因子。可以看出两列的因子差别仅在于期限的不同，左列指标的期限比右列更长，例如 60 日与 20 日乖离率对比，10 日与 5 日终极指标 TRIX 对比等。根据子因子的特征，这两个大类分别命名为（中期）、（短期）价格动量类因子。

根据聚类结果，同属一个大类的因子被等权重复合，计算出复合因子的净

值与累计收益率，并根据子因子特点进行命名（图 11.19 分别为两个框架下的因子走势）：

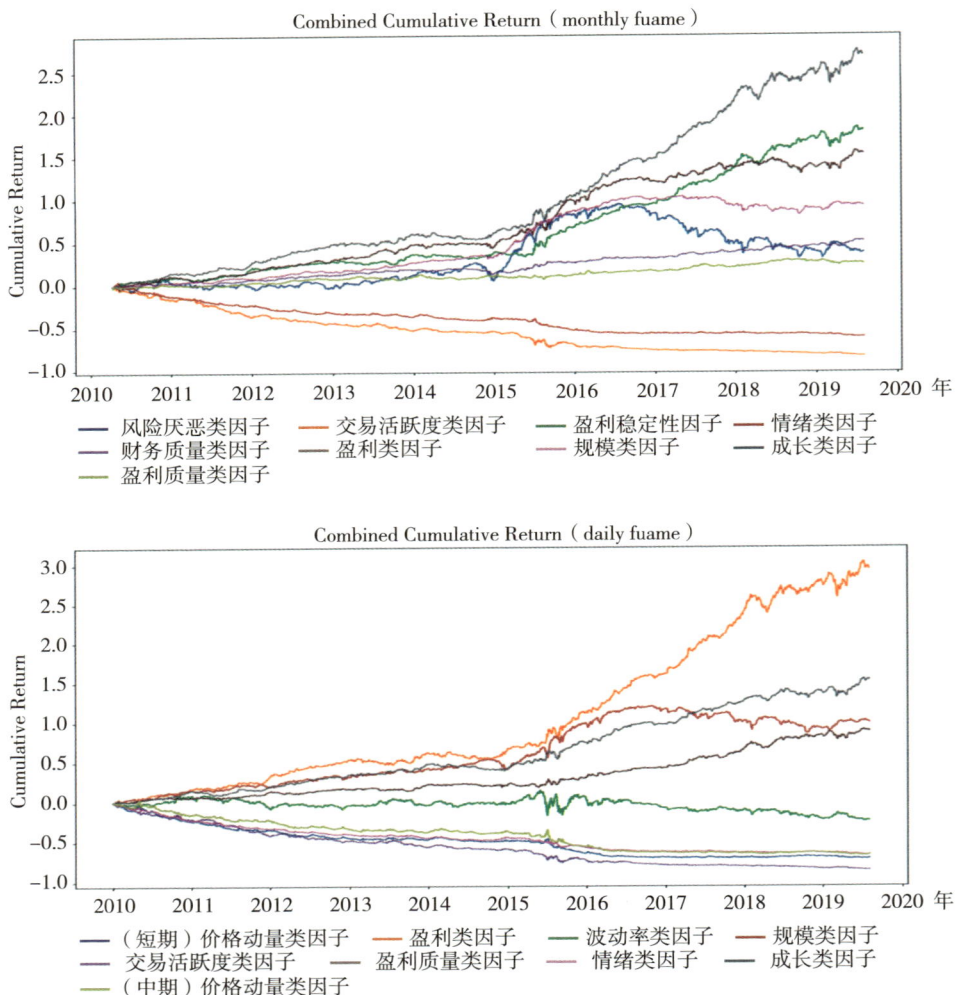

图 11.19　基本面与流动性框架、风险溢价框架下复合因子走势

从图 11.19 中可以看出，两种框架下聚类出的复合因子种类和走势都有一定区别，如果分别使用这两种框架对私募产品进行标签分类将能从不同角度捕捉私募产品的风格暴露情况。

11.7.4　私募产品的标签与分类

上一步结尾得到的复合因子已经能够满足对于私募产品标签分类工具的要求，这些复合因子数据可以作为打磨好的工具，进入最后的贴标签与分类步骤。

剔除了两两相关性过高且数据缺失较多的私募产品，最终对 875 个私募产品进行了标签分类。

产品分类后，各类产品的数量如下：

表 11.11　　　　各框架下产品因子标签分类与各类数量统计

分类	基本面与流动性框架	分类	风险溢价框架
风险厌恶类因子	578	规模类因子	603
交易活跃度类因子	141	波动率类因子	110
规模类因子	65	成长类因子	61
财务质量类因子	30	盈利质量类因子	56
盈利稳定性因子	21	情绪类因子	14
成长类因子	14	交易活跃度类因子	13
盈利质量类因子	13	（短期）价格动量类因子	7
情绪类因子	10	盈利类因子	6
盈利类因子	3	（中期）价格动量类因子	5
总计	875	总计	875

从表 11.11 中可以得到以下结论：

- 无论哪种框架，所有通过过滤、聚类、复合出的大类因子均在标签第一位中出现过，即没有因子是多余的。
- 产品风格暴露较为集中，大部分产品都在风险厌恶类因子（基本面与流动性框架）和规模类因子（风险溢价框架）上暴露较多。
- 不同周期框架的分类集中度不同，例如基本面与流动性框架标签集中在风险厌恶类、交易活跃度类以及规模类因子上，而风险溢价框架标签集中在规模类、波动率类以及成长类因子上，这说明有不同侧重的周期框架确实能够从不同角度捕捉私募产品的风格暴露。

整套基于周期框架的私募产品风格分类体系中的每一步都能体现出框架构建对后续步骤的影响，无论是因子打分过滤、因子聚类复合，还是产品标签分类均是如此。而从框架构建开始到标签分类环环相扣的推导逻辑，也为自上而下地评价、预测、配置私募产品提供了依据。

第 12 章　养老金产品的评价与筛选

12.1　我国养老金产品市场简介

2013 年 4 月，人力资源和社会保障部发布《关于企业年金养老金产品有关问题的通知》（以下简称 24 号文），以及《关于扩大企业年金基金投资范围的通知》（以下简称 23 号文），标志着企业年金养老金产品的正式诞生。与银行理财、信托产品、公募基金、私募基金等不同，养老金产品的投资者并未开放给个人和大部分机构，而是面向企业年金基金定向销售的企业年金基金标准投资组合。在这一点上，养老金产品的受众相对其他资管产品更为有限，主要投资者包括两类：企业年金基金投资管理人所管理的投资组合以及受托人计划层直投。

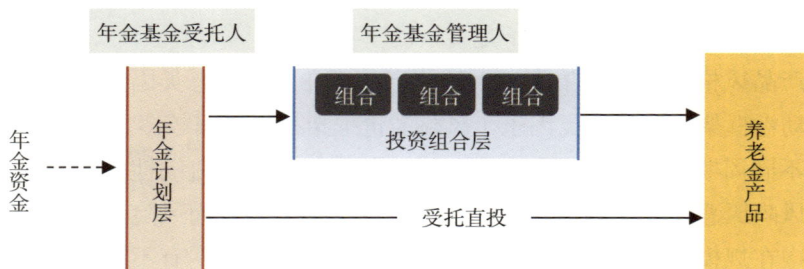

图 12.1　养老金产品投资者结构

根据人社部的养老金产品分类，主要包括以下资产大类和细分类型：

表 12.1   养老金产品分类

养老金产品大类	细分类型	是否属于净值波动
权益类资产	股票型	是
	股权型	否
	优先股型	否
	股票专项型	否
固收类资产	混合型	是
	固收—普通	是
	固收—存款	否
	固收—债券	是
	固收—债券基金	是
	固收—银行理财	否
	固收—信托产品	否
	固收—债权计划	否
	固收—特定资产管理计划	否
	固收—保险产品	否
流动性资产	货币型	是

从以上产品细分类型来看，既包括净值波动型的产品类型，也包括成本计价类的产品类型。我们的研究重点是净值波动类产品（包括股票型、混合型、固收—普通、固收—债券、固收—债券基金、货币型），这是由于养老金产品的信息披露主要为日净值信息，因此可以通过基于净值的研究方法，对养老金产品的投资风格等进行定量评估。

而对于成本计价类的产品来说，很难通过净值进行研究。其波动并没有反映市场因素，而主要是运营和估值方法原因所致，因此不纳入我们的评价范围。

我们统计了从 2014 年第三季度至 2019 年第三季度，所有披露养老金产品的数量和平均规模变动情况，如图 12.2 所示：

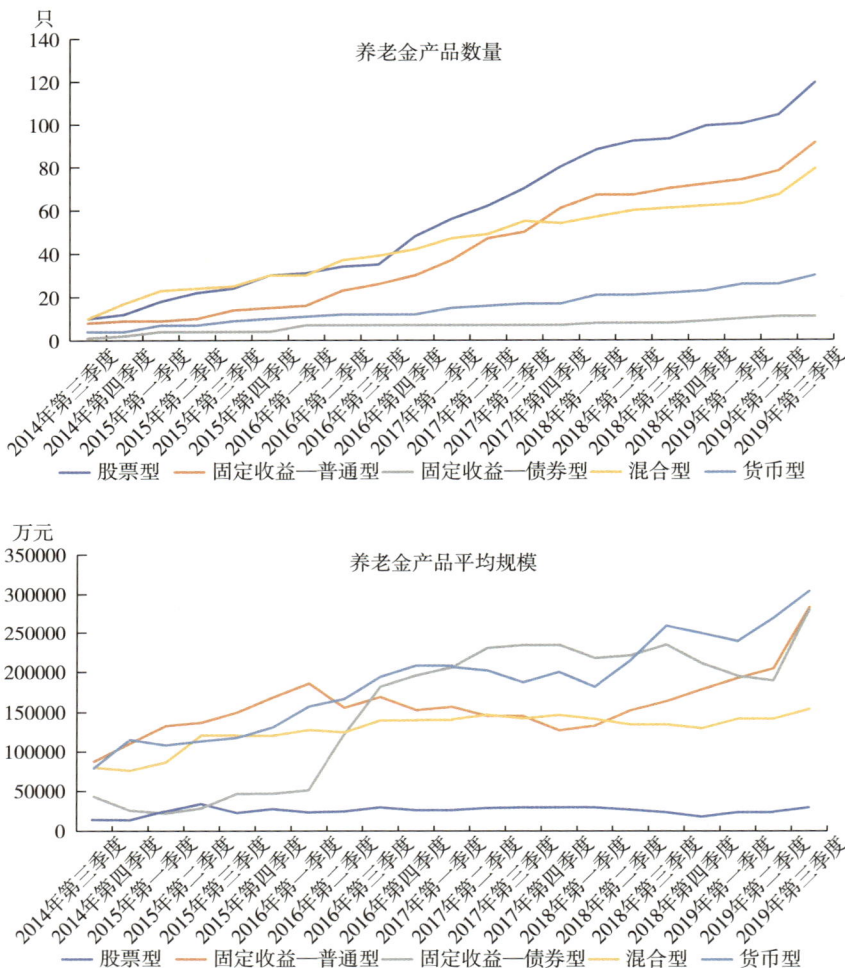

图 12.2　各类养老金产品数量与平均规模变动情况

通过比较各净值波动型产品的数量和平均规模，我们发现：

- 固收—普通型的产品数量和平均规模均保持增长，是养老金产品市场的主要增量来源。

- 固收—债券型的平均规模增长但数量增长缓慢，该类产品的集中度在不断提升；与之相反的是混合型产品，其数量增长较快，但平均规模增长较慢，市场竞争较为充分。

- 股票型养老金产品是数量增长最快、但平均规模增长最慢的类型，市场竞争呈现较为激烈的状态。

养老金产品是一个相对比较特殊的市场，不受资管新规的限制，又展现出标准化集合资管产品的优势和特质。从投资范围、投资比例和日净值披露的角度看，养老金产品更像公募基金，而从投资者限定、持仓披露不公开等角度看，养老金产品又有私募的属性。因此，有必要系统研究我国养老金产品的市场格局以及建立相应的评价机制，希望能给关注养老金产品的投资机构更多的研究视角。

12.2　养老金产品与公募基金的对比分析

我们主要比较股票型、混合型和固定收益型养老金产品与公募基金的异同。剔除保险产品，人社部 24 号文和证监会《公开募集证券投资基金运作管理办法》对养老金产品和公募基金的投资比例规定如下。

表 12.2　　　　　　　养老金产品与公募基金投资比例规定对比

分类	股票型	混合型	固定收益 / 债券型
养老金产品	投资股票、股票基金、混合基金合计高于产品资产净值的 30%	投资股票、股票基金、混合基金合计不得高于产品资产净值的 30%	投资银行定期存款、协议存款、国债、金融债、企业（公司）债、可转换债、短期融资券、中期票据、商业银行理财产品、信托产品、基础设施债权投资计划、特定资产管理计划、债券基金合计高于产品资产净值的 80%；不得投资股票基金、混合基金，可以投资股票一级市场，且应当在上市流通后 10 个交易日内卖出，但不得投资股票二级市场
公募基金	80% 以上的基金资产投资于股票	投资于股票、债券、货币市场工具或其他基金份额，并且股票投资、债券投资、基金投资的比例不足 80%	80% 以上的基金资产投资于债券

- 对于股票型养老金产品：其配置权益类资产的比例下限仅为 30%，实际上与公募股票型的 80% 比例下限有较大差距，因此对于股票型养老金产品，其与混合型公募基金实际上更为接近。
- 对于混合型养老金产品：其权益类资产的配置比例上限为 30%，而公募二级债基的权益配置上限为 20%，实际上混合型养老金产品与公募的二

级债基更为接近。

- 对于固定收益型养老金产品：其固收类资产的配置比例要求高于资产净值的 80%，这一点与公募债券型基金比较接近。同时固收型养老基金产品禁止二级权益类资产投资，因此更接近公募一级债基或纯债基金。

此外，从杠杆的角度来比较，根据资管新规以及人社部 24 号文，养老金产品和公募基金的杠杆率限制也是相同的，均为 140% 的上限。

表 12.3　　　　　　　　　　养老金产品与公募基金杠杆率限制

分类	杠杆率限制
养老金产品	债券正回购的资金余额在每个交易日均不得高于产品资产净值的 40%
公募基金	每只开放式公募产品的总资产不得超过该产品净资产的 140%

因此我们认为，从投资范围、投资比例以及杠杆率限制等诸多方面进行综合比较，可以将养老金产品与公募基金建立如下的产品类型映射关系，从而进行业绩比较。

表 12.4　　　　　　　　　养老金产品与公募基金产品类型映射

养老基金产品	可比较公募基金类型
股票型养老金产品	公募混合型基金
混合型养老金产品	公募二级债券型基金
固定收益型养老金产品	公募一级债券型基金、公募纯债基金

我们从收益、风险、风险调整收益三个角度分别比较各类型养老基金产品与对应可比较公募基金的差异。养老金产品按照人社部分类，分别为股票型、混合型、固收—普通型，对应可比公募基金使用 Wind 分类，分别为混合型、混合债券型二级基金、中长期纯债基金、混合债券型一级基金。数据统计时间为 2014 年 12 月 31 日至 2019 年 12 月 31 日。

首先我们需要明确的是养老金产品在费率方面与可比公募相比较而言有优势。因此下文的业绩比较需要与费率优势结合来看。整体上养老金产品在综合费率上比公募要低 30~70 个基点。

表 12.5 养老金产品费率情况

分类	平均管理费	平均托管费	合计	与可比公募相比
股票型养老金产品	0.63%	0.04%	0.67%	（－）73 个基点
混合型养老金产品	0.48%	0.04%	0.52%	（－）29 个基点
固收型养老金产品	0.32%	0.04%	0.36%	（－）45 个基点
公募混合型基金	1.19%	0.21%	1.40%	
公募二级债基	0.64%	0.17%	0.81%	
公募一级债基	0.61%	0.20%	0.81%	—
公募纯债基金	0.37%	0.11%	0.48%	

12.2.1 股票型养老金产品与公募混合型对比

表 12.6 股票型养老金产品与公募混合型收益、风险、风险调整指标对比

分类	年化收益率		近一年收益率		近三年收益率		近五年收益率	
	平均值	中位值	平均值	中位值	平均值	中位值	平均值	中位值
股票型养老金产品	14.03%	14.91%	39.88%	40.26%	31.39%	27.31%	74.09%	76.94%
公募混合型基金	12.83%	12.51%	32.03%	30.45%	24.09%	20.97%	60.13%	51.35%

分类	年化波动率		下行风险		最大回撤		夏普比率	
	平均值	中位值	平均值	中位值	平均值	中位值	平均值	中位值
股票型养老金产品	14.84%	15.76%	8.11%	8.64%	−20.63%	−22.86%	0.17	0.08
公募混合型基金	14.24%	13.98%	9.77%	9.01%	−21.96%	−16.88%	−0.81	0.08

分类	索提诺比率		卡玛比例	
	平均值	中位值	平均值	中位值
股票型养老金产品	0.48	0.11	0.29	0.23
公募混合型基金	0.24	0.11	0.28	0.21

- 从收益角度对比：统计区间的股票型养老金产品的年化收益率以及中长期收益率均优于公募混合型基金。
- 从风险角度对比：统计区间的股票型养老金产品波动率与最大回撤略逊于公募混合型基金，但下行风险更优。
- 从风险调整收益角度对比：统计区间的股票型养老金产品风险调整收益均优于公募混合型基金。

12.2.2　混合型养老金产品与公募混合债券型二级基金对比

表 12.7　混合型养老金产品与公募混合债券型二级基金收益、风险、风险调整指标对比

分类	年化收益率		近一年收益率		近三年收益率		近五年收益率	
	平均值	中位值	平均值	中位值	平均值	中位值	平均值	中位值
混合型养老金产品	6.38%	6.32%	9.85%	9.33%	18.22%	18.49%	35.91%	35.72%
公募二级债基金	4.29%	4.84%	10.30%	8.69%	12.44%	12.85%	22.18%	25.09%

分类	年化波动率		下行风险		最大回撤		夏普比率	
	平均值	中位值	平均值	中位值	平均值	中位值	平均值	中位值
混合型养老金产品	2.77%	2.54%	1.04%	0.74%	−3.18%	−1.71%	0.52	0.30
公募二级债基金	5.36%	4.23%	3.70%	2.85%	−9.19%	−5.78%	0.15	0.10

分类	索提诺比率		卡玛比例	
	平均值	中位值	平均值	中位值
混合型养老金产品	2.26	0.43	0.92	0.76
公募二级债基金	0.54	0.15	0.73	0.47

- 从收益角度对比：统计区间的混合型养老金产品的年化收益率及中长期收益率均优于公募二级债基金。
- 从风险角度对比：统计区间的混合型养老金产品的各项风险指标均优于公募二级债基金，尤其是下行风险和最大回撤。
- 从风险调整收益角度对比：统计区间的混合型养老金产品风险调整收益均优于公募二级债基金。

12.2.3　固收—普通型养老金产品与公募中长期纯债基金、混合债券型一级基金对比

表 12.8　固收—普通型养老金产品与公募中长期纯债基金、混合债券型一级基金对比

分类	年化收益率		近一年收益率		近三年收益率		近五年收益率	
	平均值	中位值	平均值	中位值	平均值	中位值	平均值	中位值
固收型养老金产品	5.35%	5.22%	6.77%	6.44%	15.92%	16.54%	29.53%	29.03%
公募纯债基金	5.09%	5.06%	4.36%	4.19%	12.80%	13.18%	27.56%	27.47%
公募一级债基金	4.61%	4.81%	6.42%	5.39%	12.41%	12.83%	24.73%	25.93%

续表

分类	年化波动率		下行风险		最大回撤		夏普比率	
	平均值	中位值	平均值	中位值	平均值	中位值	平均值	中位值
固收型养老金产品	1.11%	0.72%	0.39%	0.01%	−1.10%	−0.26%	1.05	0.86
公募纯债基金	1.34%	1.06%	0.75%	0.50%	−1.58%	−0.63%	0.43	0.37
公募一级债基金	3.72%	2.86%	2.52%	1.87%	−7.21%	−4.95%	0.17	0.15

分类	索提诺比率		卡玛比例	
	平均值	中位值	平均值	中位值
固收型养老金产品	19.43	2.78	2.20	2.17
公募纯债基金	1.07	0.70	2.24	1.52
公募一级债基金	0.28	0.22	0.93	0.81

- 从收益角度对比：统计区间的固收型养老金产品的年化收益率及中长期收益率均优于公募纯债基金和一级债基金。
- 从风险角度对比：统计区间的固收型养老金产品的各项风险指标均优于公募纯债基金和一级债基金，尤其是下行风险。
- 从风险调整收益角度对比：统计区间的固收型养老金产品风险调整收益均优于公募纯债基金和一级债基金。

需要指出的是，固收型养老金产品全面优于公募纯债和一级债基金的原因，很大程度上在于其可配置成本计价类的非标资产，从而改善了其风险收益特征。

12.3　权益类养老金产品评价框架

目前养老金产品公开定期披露的信息常见为净值，而持仓方面的信息则较难获得，或者定期获得不易。因此对潜在投资机构来说比较难以分析不同养老金产品的收益来源。有鉴于此，本书尝试通过回归的方式，结合业内常见的对基金产品的风格分析方法，建立养老金产品的投资风格分析框架，从而帮助潜在投资机构对养老金产品进行更系统的研究与分析。

12.3.1　样本选择

为了分析随时间推移，风格暴露的变化情况，根据人社部按季度披露的企业年金养老金产品业务数据，共测试了两个时段的产品风格暴露：2018 年第三季度至 2019 年第三季度、2018 年第四季度至 2019 年第四季度。随后，产品经过筛选，仅保留了符合以下标准的产品：在人社部全国企业年金业务数据摘要（2018 年第三季度至 2019 年第三季度）中披露了期末资产净值，且产品在被测时段中净值数据完整（即在取样时间之前就已开始实际投资运作）。

12.3.2　研究框架搭建

根据人社部对养老金产品的分类，对股票型和混合型产品分别进行了风格分析。风格分析主要考查了养老金产品在不同风格指数上的暴露情况，并将同类型产品的风格暴露进行了汇总。

选择的两组指数分别对应产品的行业风格以及指数风格：

– 中信风格指数（金融、周期、消费、成长、稳定）+ 中债综合财富指数；

– 宽基指数（沪深 300、中证 500、中证 1000）+ 中债综合财富指数。

其中，选择中债财富指数的目的是模拟养老金产品持仓中的固定收益部分。

接下来，对每一种类型的产品风格分析具体步骤如下：

第一步，建立回归模型——各风格指数收益率作为自变量，产品收益率作为因变量，进行限制性回归。考虑到养老金产品可以进行不超过 40% 的债券正回购，限制条件设置为回归系数均大于 0，且总和大于 100%，小于 140%。得到的回归系数即为产品在相应风格上的暴露。

第二步，处理回归系数——由于产品在权益部分中的行业风格和指数风格是主要研究对象，因此将剔除掉产品中有固定收益特征的部分，即剔除中债财富指数的回归系数。随后对剩余系数进行归一化处理。

第三步，净值加权——对每一只产品，使用步骤 2 得到归一化后的系数乘以产品的期初、期末平均资产净值，得到该段时间中的风格暴露净值。

第四步，同类产品汇总——对同类产品，按风格加总风格暴露净值，得到该类产品整体的风格暴露情况。

12.3.3　风格分析方法的有效性验证

在对各类养老金风格暴露结果进行分析之前，为确保方法本身的有效性，首先对分析方法进行验证。

在风格分析方法中，限制性回归的系数可以作为风格指数组合仓位的模拟。由于养老金产品都应该符合人社部对其所属类型的资产投资比例规定，通过考查回归得到的仓位系数与相应规定是否吻合，即可验证风格分析方法的可靠性。

表 12.9 统计了与规定股债比例不吻合的产品数量及比例（由于两测试时段情况非常相似，仅以 2018 年第四季度至 2019 年第四季度这一测试区间为例）。

表 12.9　　　　样本中与规定股债比例不吻合的产品数量及比例

指标	股票型养老金产品	混合型养老金产品
人社部对投资比例的规定	投资股票、股票基金、混合基金的比例，合计高于产品资产净值的30%	投资股票、股票基金、混合基金的比例，合计不得高于产品资产净值的30%
数据可用产品样本总数	90	55
模型与实际不吻合产品数	13	1
不吻合产品数占比	14.44%	1.82%
平均权益仓位水平（权益行业风格指数回归系数和）	81%	10%

总体来说，对 85% 以上的股票型产品，98% 以上的混合型产品，通过回归模拟出的股债比例都与人社部对相应类型产品的规定相吻合。而不吻合的产品，基本上都为量化对冲、打新策略等绝对收益属性，模型对其适用性较低。而其他绝大多数产品策略通过回归方法得出的仓位比例，与产品实际的仓位比例可能较为一致，验证了方法的可靠性。

在验证方法有效性的同时，与股债投资比例规定不吻合的产品被找出并剔除，以免其影响后续的结果分析。根据模型的分析结果，以下统计了不同类型养老基金产品在风格上的变动趋势，以 2019 年第三季度至 2019 年第四季度为例（模型使用近一年数据拟合，即 2018 年第三季度至 2019 年第三季度与 2018 年第四季度至 2019 年第四季度。样本量：股票型 78 只，混合型 54 只）。

为了考查产品在行业风格及指数风格上配置比例的主动调整情况，还需要进一步排除指数自身涨跌对产品比例变动的影响。

12.3.3.1　养老金产品的行业风格变动趋势

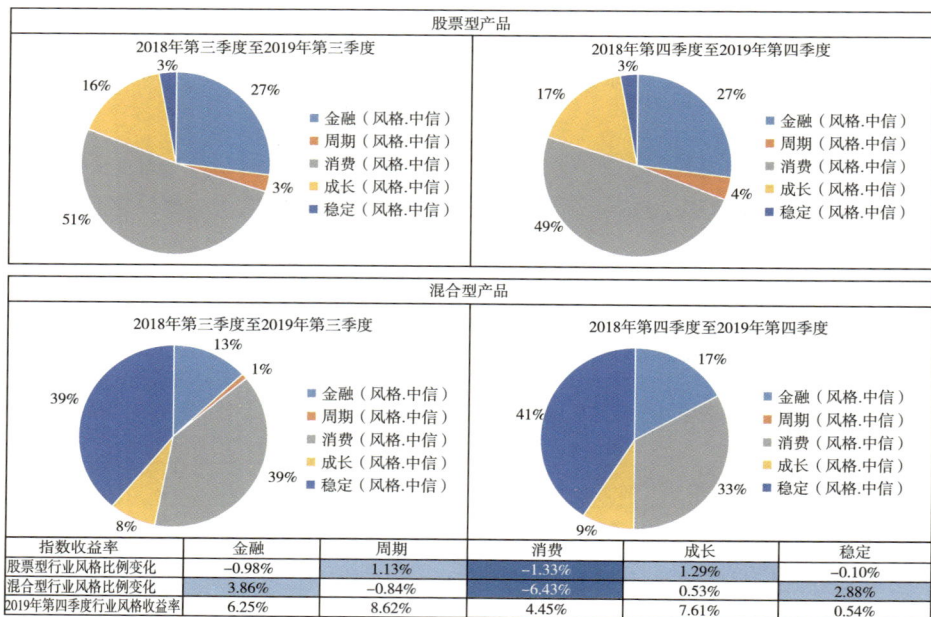

指数收益率	金融	周期	消费	成长	稳定
股票型行业风格比例变化	−0.98%	1.13%	−1.33%	1.29%	−0.10%
混合型行业风格比例变化	3.86%	−0.84%	−6.43%	0.53%	2.88%
2019年第四季度行业风格收益率	6.25%	8.62%	4.45%	7.61%	0.54%

图 12.3　养老金产品行业风格变动

● 对股票型产品：

由于两个时间段的净值数据只相差一个季度，因此整体风格暴露的差距不会很大。从 2019 年第三季度到 2019 年第四季度，股票型产品仍然在消费板块配置比例最大，但将消费、金融上的配置减小了 1.33% 和 0.98%，并在成长和周期上多分配了 1.13% 和 1.29%。结合 2019 年第四季度行业风格收益率来看，股票型产品将一部分配置从消费转移到收益率最高的周期和成长板块，体现出了股票型养老金产品的投资风格对市场变化趋势的判断。

● 对混合型产品：

从 2019 年第三季度到 2019 年第四季度，混合型产品主要在消费和周期风格上的暴露减少 6.43%，而在金融、稳定、成长风格上分别增加 3.86%、2.88% 和 0.53%。相对于股票型产品，混合型产品牺牲了更大一部分消费上的配置，转移到了其他风格上。

12.3.3.2　养老金产品指数风格变动趋势

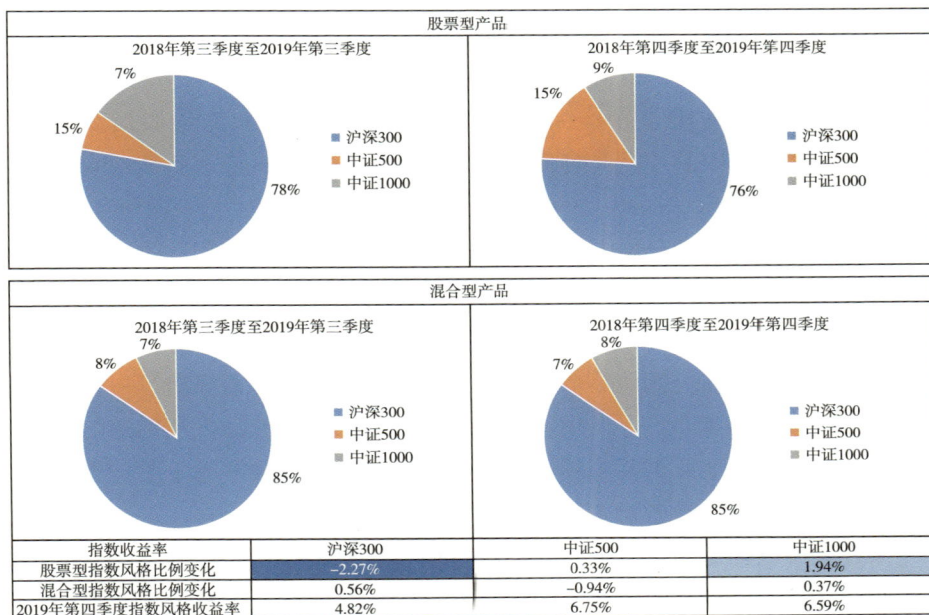

指数收益率	沪深300	中证500	中证1000
股票型指数风格比例变化	−2.27%	0.33%	1.94%
混合型指数风格比例变化	0.56%	−0.94%	0.37%
2019年第四季度指数风格收益率	4.82%	6.75%	6.59%

图 12.4　养老金产品指数风格变动

- 对股票型产品：

剔除指数风格自身的涨跌幅对产品配置比例的影响，从主动比例变化来看，股票型产品减少了 2.27% 在大盘股上的配置，将其配置到了小盘股上。

- 对混合型产品：

混合型产品在沪深 300、中证 500 和中证 1000 之间的配置比例仅有微小变化，说明不同于股票型产品，混合型产品的指数风格相对更为稳定。

总体来看，养老金产品风格分析方法的解析结果不但符合投资逻辑与市场变化，并且能够体现出不同产品的特性。通过建立养老金产品的整体风格基准，可以将个体产品的暴露与其进行比较，从而判断个体产品的投资情况，为养老金产品的评价和分析奠定基础。

12.4　固收型养老金产品评价框架

固收型养老金产品的研究难度体现在以下几点：

- 固收型养老金产品的净值波动比较小，一般的回归研究方法可能面临变量不显著的问题；
- 固收型养老金产品持仓有相当比例的成本计价类资产，由于基准比较难以确定，该类资产的占比估计较困难；
- 固收—混合型养老金产品若投资可转债，其同时具有的股债双重属性将会和持仓中的权益类资产和其他固收资产重合，造成高估或者低估的情况；
- 债券指数家族十分庞杂，管理人持仓债券标的未必能够和选定的拟合指数近似，进一步增加拟合的难度；
- 从外部开展研究时，产品信息的披露只有净值的单一维度。

针对以上量化研究固收型养老产品所面临的困境，本书提出了一个完全基于净值的固收型养老金产品的研究方法：通过详细拆分产品投资标的的属性、建立更加贴近业务实际的持仓模型，以及应用债券因子数据等手段，更好地给出了固收型养老金产品各类资产的持仓测算数据。

该方法可以辅助养老金产品的投资机构有效地识别产品投资风格以及评估产品组合在各类资产的敞口状态——不论是对于筛选养老金产品还是进行持仓分析，都将有所助力。

在进行持仓模型的搭建之前，首先非常基础且关键的一步，是需要重新梳理固收型养老金产品的持仓资产类型。

首先从资产类型上划分，固收型养老金产品的持仓可以划分为三大类：

- 公允价值计量类固收资产，包括利率债、信用债、可转债和公募债券基金。
- 成本计价类固收资产，包括私募债、存款、理财、信托、债权投资计划、特定资产管理计划。
- 权益类资产，包括股票、公募股票型基金。

整体上，此分类和一般养老金产品的报表科目可以一一对应，但私募债的持仓问题需要特别关注。在报表科目上，私募债的科目为企业（公司）债，也就是在报表上私募债和其他公允价值计量的企业债是可能合并在一起的，然而私募债本身却是成本计价，在持仓建模的时候，会与其他公允价值类资产区分开。所以随后的持仓模型测算的结果与养老金产品报表披露的科目可能有一定出入，由于私募债的归属问题，可能会造成模型高估成本计价类资产比例（里面有私募债的成分），并低估企业债的占比（只有公允价值计量的企业债）。

养老金产品的投资机构可以通过比对模型测算的成本计价类资产比例与养

老金产品报表上披露比例的区别，来大体估算出其中私募债的占比情况，也可以为产品的评估和研究提供有意义的信息。

固收型养老金产品的持仓分类、报表科目和进行持仓建模的变量映射，如表 12.10 所示：

表 12.10　固收型养老金产品持仓分类、报表科目、持仓模型分类映射

管理人持仓资产分类（一级）	管理人持仓资产分类（二级）	报表对应科目	持仓模型分类
公允价值计量类固收资产	利率债	央票	利率债（公允）
		国债	
		金融债（政策性）	
	信用债	企业（公司）债	信用债（公允）
		短融	
		中期票据	
	可转债	可转债	可转债
	公募债券基金	公募债券基金	—
成本计价类固收资产	私募债	企业（公司）债	成本计价类资产
	存款	存款	
	理财产品	理财产品	
	信托计划	信托计划	
	债权投资计划	债权投资计划	
	特定资产管理计划（优先级）	特定资产管理计划	
权益类资产	股票	股票	权益
	公募股票基金	公募股票基金	

在随后的建模分析过程中，输出最终的 5 类资产持仓比例的测算，总结如下：

- 利率债（公允）：以公允价值计量的利率债持仓占比；
- 信用债（公允）：以公允价值计量的信用债持仓占比；

- 可转债：可转债的持仓占比；
- 成本计价类资产：包括私募债在内的成本计价类资产持仓占比；
- 权益：股票或股票基金的持仓占比。

公募股票基金、公募债券基金的持仓占比情况不会再额外拆分，理论上这些基金将会被分解到其他各类资产上。

接下来，一切的工作都将围绕上述要测算的 5 类持仓资产展开。首先需要为上述 5 类资产选择适合的代理变量，变量选择主要有以下几点考量：

- 债券指数非常多，选择的指数不同，对结果的影响将很大，这一点主要体现在利率债（公允）和信用债（公允）上，因此暂不选择指数，而通过其他的方法来进行测算，主要依靠分别提取信用债和利率债因子对波动率的贡献程度来进行估算。

- 成本计价类资产的指数缺失，因为该类资产内容较多，无法找到最理想的代理变量。因此通过使用特定类型的养老金产品来构造一个成本计价类因子，即为存款型、理财型、信托型、基础设施债权计划型、特定资产管理计划型的养老金产品净值收益率的平均值。

- 可转债和权益资产都有适合的代理指数，我们使用中证转债和中信风格指数（消费、周期、成长、金融、稳定）。但可转债方面，由于其具有股债双重属性，因此在建模时，为了避免和权益持仓的冲突，我们还将针对转债指数进行权益中性化的操作。

整体模型如下，y 为养老金产品净值收益率：

$$y = \alpha + \beta_1 成本计价类资产 + \beta_2 权益 + \beta_3 公允信用债 + \beta_4 公允利率债 + \beta_5 可转债 + \varepsilon$$

首先我们建立第 1 个模型，用来测算成本计价类资产和权益类资产的持仓：

$$y = \beta_1 成本计价类资产 + \beta_2 权益 + \varepsilon \qquad （模型 1）$$

在这个模型中，β_1 和 β_2 即为成本计价类资产和权益类资产的持仓系数，同时我们取该模型的回归残差项 ε 进入下一个模型中。该残差项 ε 中所包含的信息：首先，它是被权益中性化的，其中无权益贡献的波动。另外它包含其他公允价值计量的利率债、信用债和可转债的波动信息。另外需要注意的是，该模型为无截距项线性回归模型，不设置截距项主要是因为成本计价类资产和截距项有冲突的可能性。

接下来，我们建立第 2 个模型，用来测算利率债（公允）、信用债（公允）和可转债的持仓，此时需要被解释的因变量为模型 1 中的残差项：

$$\varepsilon = \alpha + \beta_3 公允利率债 + \beta_4 公允信用债 + \beta_5 可转债 + \varepsilon' \quad （模型 2）$$

现在回到前面提出的问题，信用债和利率债应该选择什么样的代理指数？指数选择的偏差可能会造成估计误差比较大，所以我们在这个地方不会直接选择某个利率债或者信用债指数，而是利用 Marginal R-square 的方法和编制债券因子，估计构成利率债和信用债的相关因子贡献的组合方差的比例，再从该比例推导出利率债、信用债和可转债的持仓系数。此时的利率债、信用债并不是某个现存指数，而是一个能够贡献对应波动率水平的"等效组合"。在这个过程中，我们不需要去精准挑选适合的利率债和信用债指数，而是只需要估计利率债和信用债的波动率及协方差。

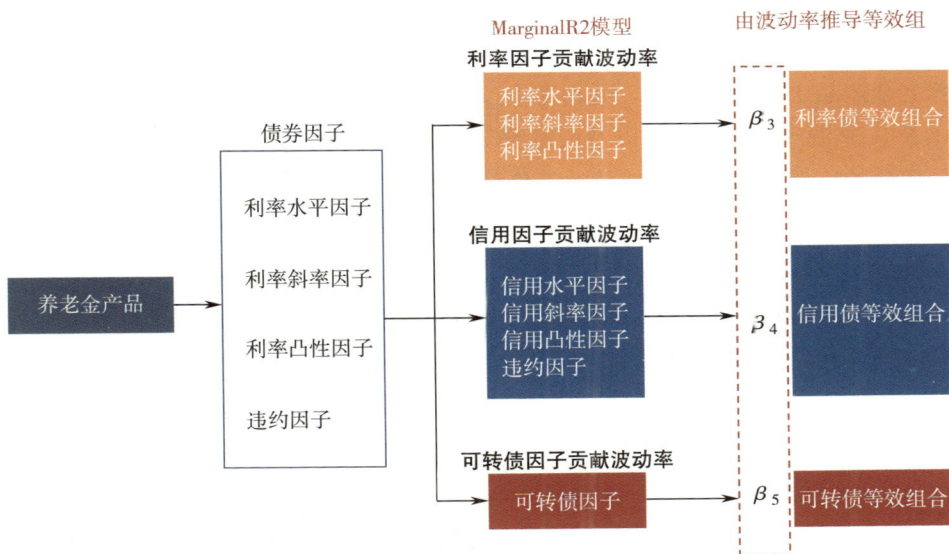

图 12.5 利率债（公允）、信用债（公允）、可转债持仓估计步骤

从这个角度看，不管用什么样的指数，波动率和协方差通常比较相近，且稳定。这样就间接避免了指数选择的误差。鉴于篇幅所限，相关推导过程和方差/协方差的估计本处暂略过。而至于债券因子，是利用指数组合的方法对利率债、信用债的收益贡献因子进行分解，将其拆解到违约、水平、斜率、凸性等细分因子上。

最后，我们再来看模型 2 中所使用的可转债因子，由于因变量 ε 在模型 1 中已经被权益中性化了，但是可转债本身又具有兼顾股性和债性的双重属性，为了避免直接使用可转债的误差，我们也同样将可转债因子相对权益中性化，只提取转债中的债性部分进入模型，从而估计出可转债的持仓系数。但是由于这种直接提取可转债中债性部分的方式有个比较强的线性假设，为了平滑误差，我们再从可转债股性部分的角度，进行第二次持仓比例测算，也就是接下来的模型3。

为了从可转债股性部分的角度进行一次持仓比例测算，我们建立第3个模型：

$$y = \alpha + \beta_2'\text{转债成分中性化后的权益} + \beta_5'\text{可转债成分股指} + \varepsilon \qquad （模型3）$$

该模型使用可转债成分股指数，作为转债中的股性部分的代理变量，并将中信风格指数（消费、周期、成长、金融、稳定）关于可转债成分股指中性化，剔除其中转债的成分股部分。这样回归出来的系数 β_5' 则是可转债股性部分在养老金产品中的持仓占比。到此为止，我们得到了可转债中债性部分的持仓占比 β_5'（来源于模型2），以及股性部分的持仓占比 β_5'，综合考虑债性和股性两部分的比例，再结合可转债的定价简单模型（我们测试了对可转债指数进行回归，股性和债性的系数和大概为1.4），最终输出可转债的持仓比例估算为 $(\beta_5 + \beta_5')/1.4$。

至止，我们使用了3个模型依次得到了5类资产的持仓占比测算数据：成本计价类资产、权益类资产、利率债（公允）、信用债（公允）以及可转债。

下面是3个模型的逻辑关系梳理：

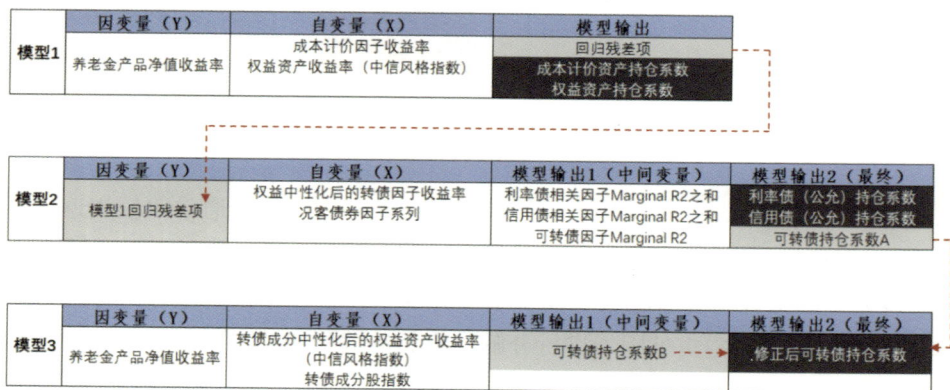

	因变量（Y）	自变量（X）	模型输出	
模型1	养老金产品净值收益率	成本计价因子收益率 权益资产收益率（中信风格指数）	回归残差项	
			成本计价资产持仓系数	
			权益资产持仓系数	

	因变量（Y）	自变量（X）	模型输出1（中间变量）	模型输出2（最终）
模型2	模型1回归残差项	权益中性化后的转债因子收益率 况客债券因子系列	利率债相关因子Marginal R2之和 信用债相关因子Marginal R2之和 可转债因子Marginal R2	利率债（公允）持仓系数 信用债（公允）持仓系数 可转债持仓系数A

	因变量（Y）	自变量（X）	模型输出1（中间变量）	模型输出2（最终）
模型3	养老金产品净值收益率	转债成分中性化后的权益资产收益率（中信风格指数） 转债成分股指数	可转债持仓系数B	修正后可转债持仓系数

图 12.6　固收型养老金产品持仓估计模型逻辑梳理

本章对市场上的固收普通型与混合型养老金产品进行建模分析,结果如下:

首先是对同一时段内,不同类型固收型产品间的比较(2018 年第三季度至 2019 年第三季度,样本量:固收普通型 62 只,混合型 58 只)。

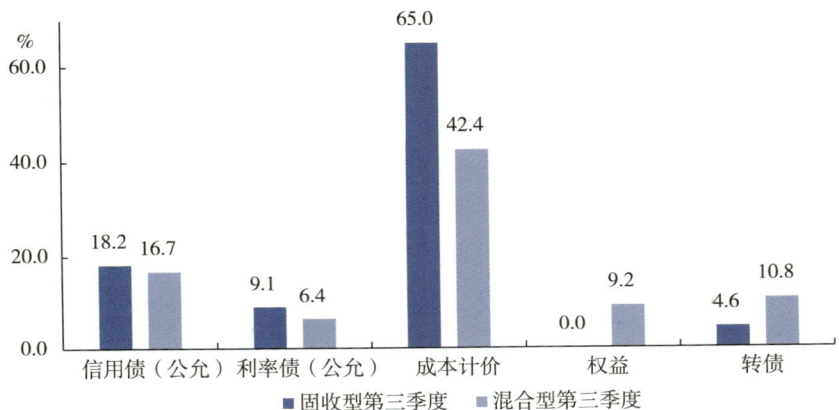

2018年第三季度至2019年第三季度养老金产品配置比例(算木平均)

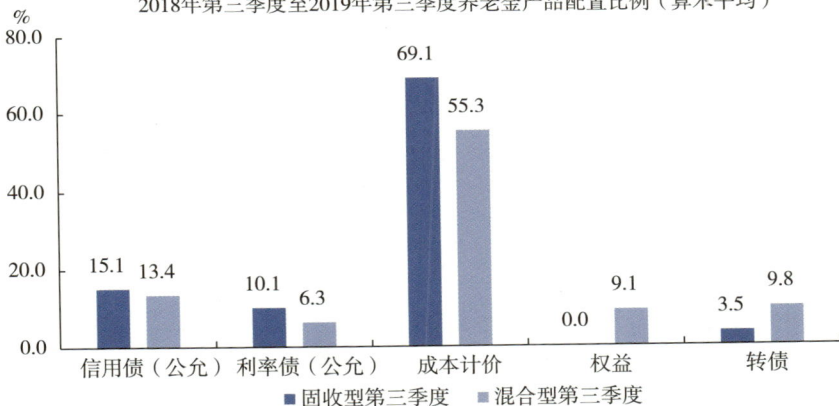

2018年第三季度至2019年第三季度养老金产品配置比例(规模加权)

图 12.7 2018 年第三季度至 2019 年第三季度养老金产品配置比例变化

从两种养老金在不同资产上的暴露程度来看:

- 以普通平均的结果为例,两种产品均在成本计价类产品上配置最多(固收普通型:65%,混合型:42.4%)。而配置最少的资产则有区别,固收普通型在转债上配置得最少(3.5%),混合型在利率债(公允)上配置得最少(6.4%)。固收普通型产品不允许投资权益类产品,其权益占比为 0。

- 两种产品在不同资产上的配置充分反映了其产品类型的特点，且结果与两种产品的投资范围相吻合——固收普通型产品在信用债、利率债、成本计价类产品上的配置均高于混合型产品，而混合型产品则在具有股性的转债产品上配置高于固定收益型产品。

- 对于规模加权算法，其两种产品的暴露比例特征与算术平均法类似。相比之下，规模加权法计算的暴露比例在利率债（公允），成本计价产品上有一定提升，并在信用债（公允）、权益、转债上有下降。说明随着产品规模的扩大，养老金产品更倾向于配置成本计价类资产。

接下来分析各类产品在不同时段的变动趋势，以 2019 年第三季度至 2019 年第四季度为例（模型使用近一年数据拟合，即 2018 年第三季度至 2019 年第三季度与 2018 年第四季度至 2019 年第四季度。样本量：固收普通型 69 只；混合型 59 只）。

由于两个测试时段有三个季度的重复时间，风格暴露的差距不会很大。

（1）固收普通型产品。

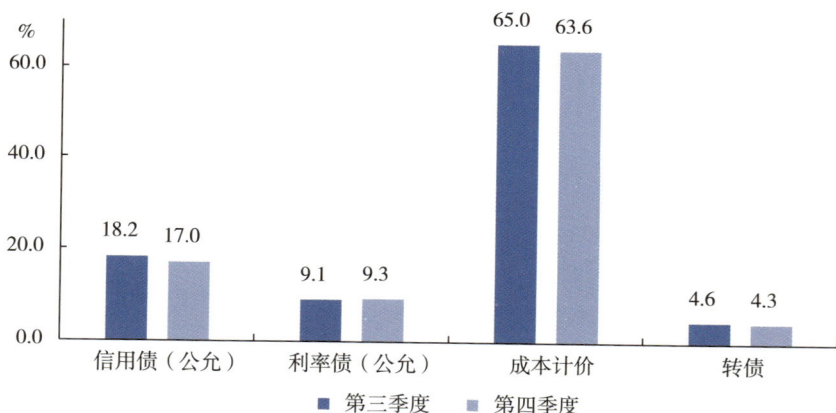

图 12.8　固收普通型产品（算术平均）持仓比例变化

- 从 2019 年第三季度到第四季度，各资产类型占比基本保持稳定。比例变化相对明显的信用债（公允）和成本计价类产品占比均出现下降，其中信用债下降了 1.2%，成本计价类产品下降了 1.4%。

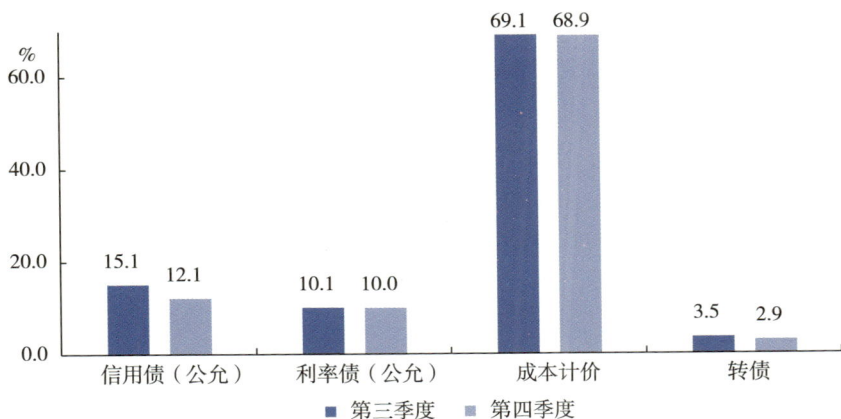

图 12.9　固收普通型产品（规模加权）持仓比例变化

- 从规模加权的结果来看，信用债（公允）的比例下降更加明显，下降了 3%。其原因可能是大部分规模较大（权重高）的产品都在信用债上的配置有所下降（10 只规模最大的产品中有 7 只都下调了在信用债（公允）上的配置）。

（2）混合型产品。

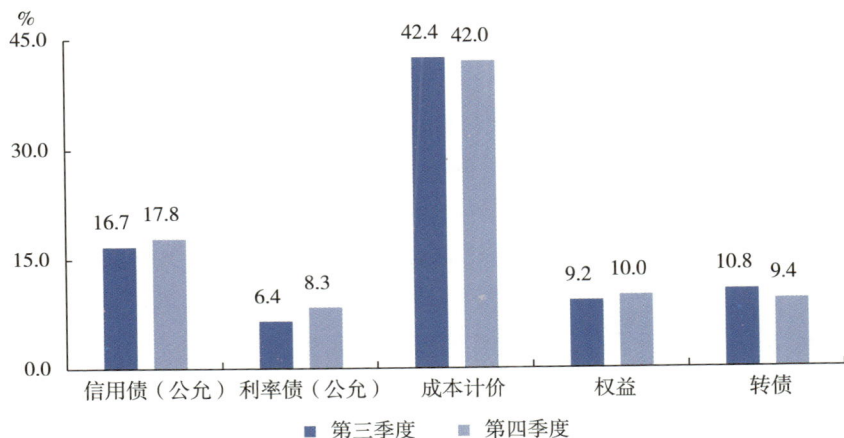

图 12.10　混合型产品（算术平均）比例变化

- 从 2019 年第三季度到第四季度，不同于固收普通型产品，混合型产品在信用债（公允）上升了约 1%。两种产品在信用债的配置调整上出现了不同。

- 利率债（公允）和转债的配置调整方向与固收普通型产品一致。利率债（公允）出现了上升，且上升比例为 2%，是比例变化最大的资产。转债配置进行了下调，下降了 1.4%。

- 权益的配置比例有小幅上升，可能与 2019 年第四季度股票整体的上升有关。但由于混合型产品在权益上的投资限制与偏保守的投资风格，其涨幅仅 0.8%。

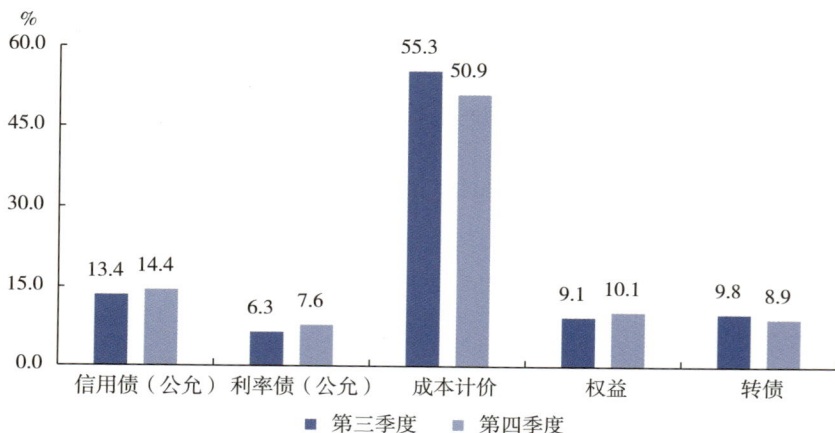

图 12.11　混合型产品（规模加权）比例变化

- 规模加权方法下的比例变化与普通平均法基本一致，成本计价类例外。成本计价类出现了明显的比例下调，下降了约 4.5%。这可能是由于大部分规模较大的产品在成本计价类资产上的配置都有所下降（测算的 10只规模最大的产品中有 8 只都下调了在成本计价上的风格配置）。

　　总体来说，两种产品在各类资产上的配置比例与其本身的投资特征及范围一致。在 2019 年第四季度，固收普通型产品尤其是规模较大的产品，较为看空信用债，而混合型产品则相反看多。两种产品均看好利率债，看空转债和成本计价类资产。

附录——基金投资 50 问

【基金数据 10 问】

公募基金数据的数据源是什么？

答：公募基金数据的最终源头是基金公司的公告披露。公募基金的公告可分为 3 大类，41 子类，共 82 小类。从大类上看，公告可以分为募集信息公告、运作信息公告和临时公告。其中，募集信息公告包括招募说明书、基金产品资料概要、基金合同、托管协议、基金份额发售公告、基金合同生效公告和其他相关法律文件 7 个子类公告；运作信息公告包括净值日报、年度报告、中期报告、季度报告、自主披露定期报告和清算报告 6 个子类公告；临时公告包括澄清公告、上市交易公告、终止上市交易等 28 类子公告。

序号	一级公告类别	二级公告类别	三级公告类别
1	募集信息	招募说明书	招募说明书
2			招募说明书摘要
3			招募说明书更新
4			招募说明书摘要更新
5		基金产品资料概要	基金产品资料概要
6			基金产品资料概要更新
7		基金合同	基金合同
8			基金合同更新
9		托管协议	托管协议
10			托管协议更新
11		基金份额发售公告	基金份额发售公告
12		基金合同生效公告	基金合同生效公告
13		其他相关法律文件	其他法律文件
14	运作信息	净值日报	净值日报
15		年度报告	年度报告
16		中期报告	中期报告
17		季度报告	第一季度报告
18			第二季度报告
19			第三季度报告
20			第四季度报告
21		自主披露定期报告	月度报告
22			其他频度定期报告
23		清算报告	清算报告

续表

序号	一级公告类别	二级公告类别	三级公告类别
24	临时报告	澄清公告	基金澄清公告
25		上市交易公告、终止上市交易	基金份额上市交易公告书
26			基金终止上市交易公告
27		基金份额持有人大会的召开及决定事项	基金份额持有人大会召开（决定事项、决议生效）公告
28			召开基金份额持有人大会的提示公告
29		基金合同终止、基金合同期限延长、基金清算	基金合同终止公告
30			基金合同期限延长公告
31			基金清算公告
32		基金扩募	基金扩募公告
33			基金扩募有关的其他公告
34		转换基金运作方式或与其他基金合并	转换基金运作方式的公告
35			转换基金运作方式的其他有关公告
36			基金合并运作公告
37			基金合并运作方式的其他有关公告
38		更换基金管理人、基金托管人	基金更换基金管理人公告
39			基金更换基金托管人公告
40		更换基金份额登记机构	基金变更基金份额登记机构的公告
41		基金改聘会计师事务所	基金改聘会计师事务所公告
42		基金管理人委托基金服务机构代为办理基金的份额登记、核算、估值等事项，基金托管人委托基金服务机构代为办理基金的核算、估值、复核等事项	基金管理人委托基金服务机构代为办理基金的份额登记、核算、估值等事项的公告
43			基金托管人委托基金服务机构代为办理基金的核算、估值、复核等事项的公告
44		基金管理人、基金托管人的法定名称、住所发生变更	基金管理人法定名称、住所发生变更的公告
45			基金托管人法定名称、住所发生变更的公告
46		基金管理公司变更持有百分之五以上股权的股东，基金管理公司变更实际控制人	基金管理公司变更持有百分之五以上股权的股东事项公告
47			基金管理公司变更实际控制人的公告
48		基金募集期延长或提前结束募集	基金募集期延长的公告
49			基金提前结束募集的公告

续表

序号	一级公告类别	二级公告类别	三级公告类别
50	临时报告	基金管理人高级管理人员、基金经理和基金托管人专门基金托管部门负责人发生变动	基金管理人高级管理人员变更公告
51			基金经理变更公告
52			基金托管人基金托管部门负责人变动公告
53		基金管理人的董事在最近12个月内变更超过百分之五十，基金管理人、基金托管人专门基金托管部门的主要业务人员在最近12个月内变动超过百分之三十	基金管理人的董事在最近12个月内变更超过百分之五十的公告
54			基金管理人主要业务人员最近12个月内变动超过百分之三十的公告
55			基金托管人专门基金托管部门主要业务人员最近12个月内变动超过百分之三十的公告
56		涉及基金财产、基金管理业务、基金托管业务的诉讼或仲裁	涉及基金财产诉讼或仲裁的公告
57			涉及基金管理业务诉讼或仲裁的公告
58			涉及基金托管业务诉讼或仲裁的公告
59		基金管理人或其高级管理人员、基金经理因基金管理业务相关行为受到重大行政处罚、刑事处罚，基金托管人或其专门基金托管部门负责人因基金托管业务相关行为受到重大行政处罚、刑事处罚	基金管理人或其高级管理人员、基金经理因基金管理业务相关行为受到重大行政处罚、刑事处罚
60			基金托管人或其专门基金托管部门负责人因基金托管业务相关行为受到重大行政处罚、刑事处罚
61		基金管理人运用基金财产买卖基金管理人、基金托管人及其控股股东、实际控制人或者与其有重大利害关系的公司发行的证券或者承销期内承销的证券，或者从事其他重大关联交易事项，中国证监会规定的情形除外	重大关联交易事项
62		基金收益分配事项，货币市场基金等中国证监会另有规定的特殊基金品种除外	非货币市场基金分红公告
63			货币市场基金收益支付公告
64		管理费、托管费、销售服务费、申购费、赎回费等费用计提标准、计提方式和费率发生变更	基金管理费、托管费、销售服务费、申购费、赎回费等费用计提标准、方式和费率发生变更的公告
65		基金份额净值计价错误达基金份额净值百分之零点五	基金份额净值计价错误公告
66			货币市场基金偏离度绝对值达到/超过0.5%公告（"影子定价"与"摊余成本法"确定的基金资产净值的偏离度的绝对值达到或者超过百分之零点五）

续表

序号	一级公告类别	二级公告类别	三级公告类别
67	临时报告	开放式基金开始办理申购、赎回；开放式基金发生巨额赎回并延期办理；开放式基金连续发生巨额赎回并暂停接受赎回申请或延缓支付赎回款项；开放式基金暂停接受申购、赎回申请或重新接受申购、赎回	基金开放日常申购（赎回、转换、定期定额投资）业务公告
68			基金暂停（大额）申购（转换转入、赎回、转换转出、定期定额投资）公告
69			基金恢复（大额）申购（转换转入、赎回、转换转出、定期定额投资）公告
70			开放式基金发生巨额赎回并延期办理的公告
71			开放式基金连续发生巨额赎回并暂停接受赎回申请或延缓支付赎回款项的公告
72			基金申赎其他相关公告
73		基金销售相关公告	基金销售、营销活动等相关公告
74		基金份额变更与确认	基金份额拆分、折算等与基金份额变更、确认有关公告
75		提示性公告	基金募集、申赎、扩募、代销、上市基金场内交易价格波动等风险提示公告
76			基金上市交易、发布公告等其他提示性公告
77		补充修订公告	修改基金合同的公告
78			修改托管协议的公告
79			修改招募说明书的公告
80			其他补充修订公告
81		基金信息披露义务人认为可能对基金份额持有人权益或者基金份额的价格产生重大影响的其他事项或中国证监会规定的其他事项	其他重大事项公告
82		更正公告	更正公告

从公募基金的数据源可以获取的基础数据有哪些？

答：从公募基金披露的公告中可以获取的基础数据主要分为4大类，包括基金基本信息、基金净值、基金投资组合数据和基金财务数据。其中，基金基本信息包括基金代码、基金名称、成立时间、投资目标、投资范围等基本要素，以及基金规模、基金费率、持有人结构、申购赎回信息等内容，主要来自基金募集信息公告和临时公告。基金净值包括基金的单位净值和累计净值，主要来自运作信息公告中的净值日报。基金投资组合数据包括基金的资产配置、股票投资、债券投资、基金投资等信息，主要来自运作信息公告中的季度报告、中期报告和年度报告。基金财务数据包括基金的财务指标、资产负债表、利润表、所有者权益表等信息，同样来自基金的季度报告、中期报告和年度报告。初步统计，从公告中可以采集的基础数据点接近 2000 个，其中具有投资研究价值的数据点超过 1000 个。

从公募基金的基础数据可以加工出的衍生数据有哪些？

答：公募基金的衍生数据是由 4 大类基金基础数据加工而来，包括基于基金净值的风险收益指标等业绩信息、基于投资组合数据的持仓指标等，以及基于衍生指标进一步加工的基金分类、基金标签、基金排名、基金评价、基金画像等信息。

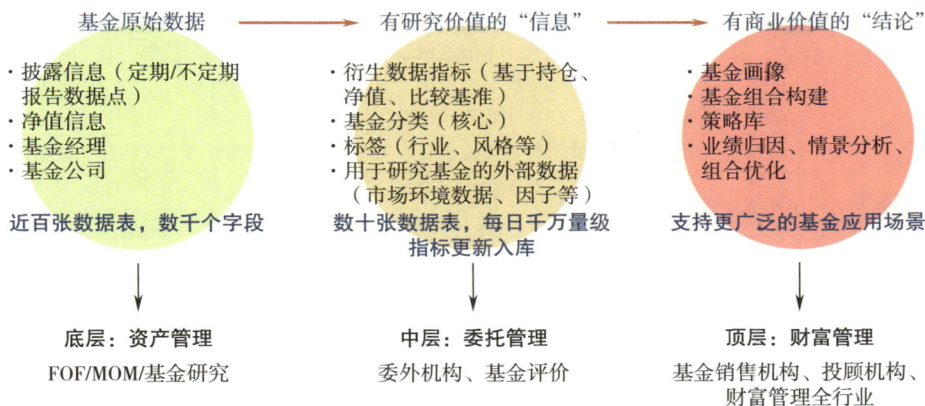

基金原始数据 → 有研究价值的"信息" → 有商业价值的"结论"

- 披露信息（定期/不定期报告数据点）
- 净值信息
- 基金经理
- 基金公司

近百张数据表，数千个字段

- 衍生数据指标（基于持仓、净值、比较基准）
- 基金分类（核心）
- 标签（行业、风格等）
- 用于研究基金的外部数据（市场环境数据、因子等）

数十张数据表，每日千万量级指标更新入库

- 基金画像
- 基金组合构建
- 策略库
- 业绩归因、情景分析、组合优化

支持更广泛的基金应用场景

底层：资产管理
FOF/MOM/基金研究

中层：委托管理
委外机构、基金评价

顶层：财富管理
基金销售机构、投顾机构、财富管理全行业

公募基金的分类体系及分类标准是什么？

答：截至 2021 年第一季度末，全市场基金已接近 15000 只（包括已终止的基金和不同份额的基金）。基金的种类非常复杂，我们可根据基金的投资范围、投资方式和运作方式将基金分成不同的类型。

1. 根据投资范围分类

基金的证监会分类是一种根据投资范围的分类方式。根据中国证监会 2015 年 5 月 11 日颁布的《公开募集证券投资基金运作管理办法》，基金合同和基金招募说明书应当按照下列规定载明基金的类别：

具体类型	基本含义
股票基金	80% 以上的基金资产投资于股票的
债券基金	80% 以上的基金资产投资于债券的
货币基金	仅投资于货币市场工具的
基金中基金（FOF）	80% 以上的基金资产投资于其他基金份额的
混合型基金	投资于股票、债券、货币市场工具或其他基金份额，且投资比例不同于股票型基金、债券型基金和 FOF 投资范围的
其他资金	中国证监会规定的其他基金类别

在证监会分类的基础上，我们还可以按照投资范围对基金进行进一步的细分：

一级分类	二级分类	分类标准
股票型	沪港深	80% 以上资产投资于港股通机制股票的基金，通常基金名称中有"港股通"或"沪港深"等字样
	主动管理	80% 以上资产投资于股票且采取主动管理方式的基金
	行业基金	投资于特定股票行业或特定股票主题，并采取主动管理方式的股票型基金
	指数基金	以标的股票指数为主要跟踪对象进行指数化投资运作，并采取被动管理方式的股票型基金
	分级基金	通过基金合同约定的风险收益分配方式，将基金份额分为预期风险收益不同的子份额（A 份额及 B 份额）的股票型基金
	封闭基金	基金份额总额在基金合同期限内固定不变，基金份额持有人在封闭运作期间不得申请赎回的股票型基金
债券型	纯债	仅投资于固定收益类金融工具，不得投资于股票、可转债等权益资产或者含有权益的资产的债券基金
	一级债基	80% 以上资产投资于债券市场，其余 20% 可参与一级市场股票投资的债券型基金
	二级债基	80% 以上资产投资于债券市场，其余 20% 可投资于公开发行上市的二级市场股票以及中国证监会允许基金投资的权证等其他金融工具的债券型基金
	短期理财	基金名称中有"短期理财"字样的债券型基金
	可转换债	80% 以上资产投资于可转换债券（包括可分离交易可转债）的债券型基金，通常基金名称中有"可转债"字样
	可投转债	基金合同中约定可以投资于可转换债券（包括可分离交易可转债）但未限定投资比例下限的债券型基金
	指数基金	以标的债券指数为主要跟踪对象进行指数化投资运作的债券型基金
	分级基金	通过基金合同约定的风险收益分配方式，将基金份额分为预期风险收益不同的子份额（A 份额及 B 份额）的债券型基金

续表

一级分类	二级分类	分类标准
债券型	封闭基金	基金份额总额在基金合同期限内固定不变，基金份额持有人不得申请赎回的债券型基金
混合型	沪港深	可投资于港股通机制股票的混合型基金，通常基金名称中有"港股通"或"沪港深"等字样
	偏股型	基金合同载明或者合同本义是以股票为主要投资方向，且股票平均投资比例维持在 70% 以上的混合型基金
	偏债型	基金合同载明或者合同本义是以债券为主要投资方向，历史上债券平均投资比例在 70% 以上的混合型基金
	灵活配置	基金名称中有"灵活配置"字样，基金合同载明或者合同本义是股票和债券等大类资产占比可灵活调整的混合型基金
	股债平衡	基金合同载明或者合同本义是股票与债券配置比例均衡，又未标明"灵活配置"字样的混合型基金
	绝对收益	基金合同载明基金投资运作比较宽泛，没有明确的投资方向也无投资比例限制的混合型基金，通常约定的业绩基准为银行定期存款利率或定期存款利率加上某个固定值或者某个年化固定值
	行业偏股	基金合同载明或者合同本义是以某一特定股票行业或特定股票主题为主要投资方向的混合型基金，通常业绩比较基准中的股票指数是行业指数或主题指数
	其他混合	在上述分类中无法明确归属的混合型基金
QDII	股票	以权益类资产（包括股票和基金）为主要投资标的的 QDII 基金
	债券	以债券类资产为主要投资标的的 QDII 基金
	混合	投资权益类及债券类资产，但未明确约定主要投资方向的 QDII 基金
	其他	以大宗商品、REITs 等另类投资为主要投资标的的 QIDD 基金
货币市场	N/A	主要以货币市场工具为投资标的的基金
保本	N/A	基金名称中出现"保本"字样，基金合同载明基金管理人或者第三方承担保本保证责任的基金
FOF	N/A	将 80% 以上的基金资产投资于经中国证监会依法核准或注册的公开募集的基金份额的基金
商品	N/A	80% 以上的基金资产投资于大宗商品的基金

2. 根据投资方式分类

根据投资方式，可将基金分为主动投资型和被动投资型（即常见的指数基金），具体分类方式如下表所示。

分类	说明	简介
主动投资	—	基金的投资主要取决于基金经理的主观分析判断，各类资产的配置比例、选择标准，合同中没有严格约束

续表

分类	说明	简介
被动投资	常规指数	被动跟踪公开编制的、编制方法以市值、交易量等常规加权方法为主的指数
	Smart Beta	被动跟踪公开编制的、经市值、波动率等因子优化后的指数
	抬数增强	跟踪公开编制的指数，以获得超越该指数增强收益为目标

3. 根据运作方式分类

投资范围、投资方式是和基金投资有关的维度，而运作模式主要是和基金运作、申赎有关的维度，具体分类方式如下表所示。

分类	说明	简介
场外开放式	常规开放式	只能在银行、券商、三方等场外渠道进行申赎的基金
	ETF 联接	持有目标 ETF 基金的基金，且持有的市值不得低于该联接基金资产净值的 90%。投资于 ETF 份额的联接基金，本质是 FOF，但和跟踪指数的常规开放式基金区别不大
上市开放式（LOF）	常规 LOF	既可以在场外申赎，又可以在场内申赎，并且可以在场内进行交易
	分级母基金	分级基金的母份额，既可以在场外申赎，又可以在场内申赎，也可以上市交易或者其子份额可上市交易，其母子份额可以进行拆分与合并。基于资管新规，该类产品将于 2020 年底前完成转型
交易开放式（ETF）		既可以通过一揽子股票等实物资产在场内进行申购赎回，也可以直接在交易所进行交易，通常为指数基金。随着基金市场的发展，除了股票 ETF，又形成了货币 ETF 和债券 ETF，境外 ETF（现金代购）等类型
定期开放式	定开（上市）	基金发行成立以后不可每日进行申购赎回，而是定期开放申购赎回，或者定期开放申购不开放赎回。这类基金可以选择上市或不上市
	定开（不上市）	
封闭式	封闭（上市）	基金发行成立以后不接受申购赎回，中间不开放申赎，有明确到期日，到期清盘或转型。这类基金可以选择上市或不上市
	封闭（不上市）	
分级子份额	分级 A	分级母基金拆分后形成的子份额，在场内进行交易，或不交易（多为债券型）。根据基金风险属性，将分级子份额基金进一步分为分级 A 和分级 B 两种二级分类。其中，分级 A 指分级基金稳健份额，分级 B 指分级基金杠杆份额。基于资管新规，该类产品将于 2020 年底前完成转型
	分级 B	

基金经理相关的基础数据和衍生数据有哪些?

答:基金经理相关的基础数据包括基金经理性别、年龄、学历、简历等基本信息,以及基金经理所管理基金的信息。基于基金经理基础数据,结合基金基础数据,可以加工得到基金经理生涯净值曲线、生涯持仓等衍生数据,并可进一步加工得到基金经理的生涯业绩数据、生涯持仓特征(包括行业偏好、风格、擅长领域等)等基金经理衍生指标,以及基于基金经理衍生指标进一步加工的基金经理分类、基金经理标签、基金经理排名、基金经理评价、基金经理画像等信息。

基金公司相关的基础数据和衍生数据有哪些?

答:基金公司相关的基础数据包括基金公司成立时间、股东结构、注册地址等基本信息,以及基金公司所对应的基金经理和基金的信息。基于基金公司基础数据,结合基金经理、基金基础数据,可以加工得到基金公司标签、基金公司排名、基金公司评价、基金公司画像等信息。

公募基金的策略数据是指什么?

答:公募基金策略是指按照一定逻辑构建的公募基金组合,公募基金策略数据包含了构建组合的逻辑、构成组合的公募基金代码 / 权重、调仓记录,以及策略的回测 / 实盘信息等。

Regime-based 框架数据是指什么?

答:我们认为任何资产或者投资策略都有它的周期性。有的情况下,该类资产或者投资策略有好的表现,而其他情况下则表现不尽如人意。所以为了把握各类资产和投资策略的周期性特征,我们需要首先定义好什么是"周期"。周期性是对不同状态交替出现的规律进行总结。宏观上看,经济具有周期性,根据宏观经济指标进行周期划分,对大类资产配置有指导意义;而微观上看,单类资产、投资策略、单个因子也会有它们的周期,只是划分周期的维度有所不同。

投资策略一般来说会有"大小年"之分,没有一种策略是万能的或者任何时候都是好的。这种"大小年"就可以理解为投资策略的周期性。例如 CTA 的趋势追踪策略,在行情有持续上涨或下降时会有良好表现,而在震荡行情下表现得则常常不理想。因此,构建周期框架去划分不同的时间区间就有了非常重要的意义。

常规构建方法即是直接根据选取指标的数值大小划分。比如对指标的时间序列计算平均值和标准差,然后将时间序列进行分类,数值在平均值 ±0.5 个标准差范围内时属于状态"中",数值大于平均值 +0.5 个标准差时属于状态

"高"，数值小于平均值 –0.5 个标准差时属于状态"低"。例如下面展示的基于中证 500 截面波动率的指标的高低所构建的框架：

状态分布

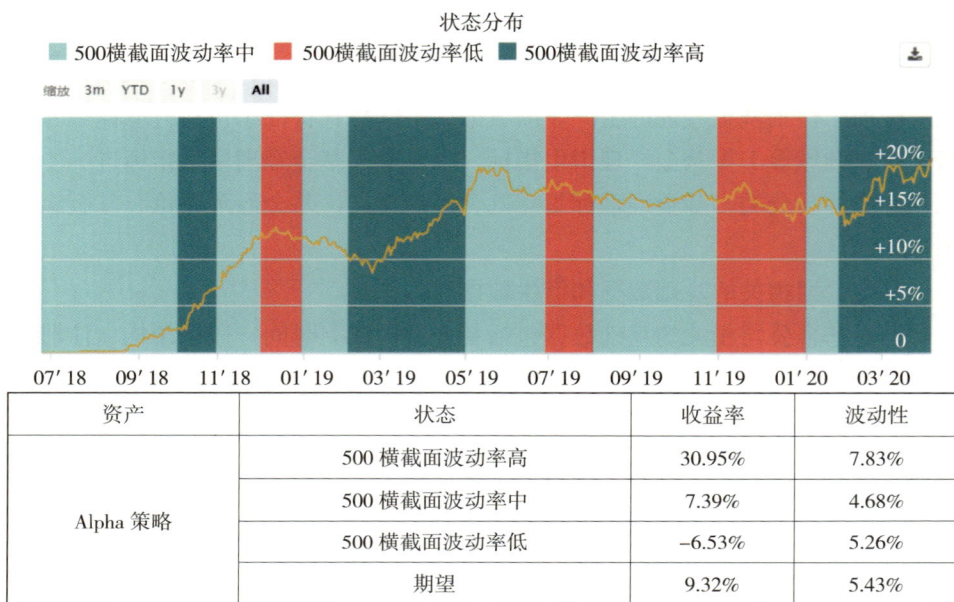

资产	状态	收益率	波动性
Alpha 策略	500 横截面波动率高	30.95%	7.83%
	500 横截面波动率中	7.39%	4.68%
	500 横截面波动率低	–6.53%	5.26%
	期望	9.32%	5.43%

对于一些特定策略（如量化 Alpha 策略），横截面波动率越高，量化选股策略越容易成功捕捉个股，收益也相应越高。横截面波动率框架恰好捕捉到了该特点，状态从"高"到"低"，策略收益率依次减小。因此，中证 500 横截面波动率框架适用于评价该类策略。而这种用于划分"高中低"或者其他不同类型周期的指标数据，也被我们称为 Regime-based 框架数据。

私募基金的基础数据和衍生数据有哪些？

答：私募基金的基础数据包括两部分：一是私募基金的要素信息，其中比较关键的在于开放日的安排、锁定期的设定、申赎费率的多少、业绩报酬的多少和提取方式、基金分红方式等。二是私募基金的披露信息，通常来说，私募基金很少会披露详细的持仓信息，因此披露信息主要是净值，频率常见为周频。

私募基金的衍生数据也包括两部分：一是基于净值的业绩指标信息，比如收益、风险、风险调整收益以及各类能力和风格评估指标等。二是基金策略相关的研究框架数据，用来评估私募基金的业绩表现的周期性是否符合某类策略的典型特征，该类衍生数据多用来投前进行策略验证以及投后进行业绩评估。

养老金产品的基础数据和衍生数据有哪些？

答：养老金产品的基础数据包括每日公开披露的净值信息以及季度报告信息。但需要注意的是，养老金产品的季度披露信息不一定是公开的，大部分情况会向年金投资机构客户进行披露。

【分析工具 10 问】

基于基金的净值，可以进行哪些分析？

答：基金净值是每份基金单位的净资产价值，基金净值数据是日频更新数据，基于基金净值我们可以进行基金业绩分析、基金风险分析、基金风险调整收益分析、基金基准相关分析以及基金情景分析。其中基金业绩分析主要观测统计区间内与收益率相关的指标，包括累计收益率、年化收益率、滚动年化收益率、超额收益率以及偏度等；基金风险分析关注基金风险相关的指标，主要包括波动率、下行风险、最大回撤、峰度、相关系数以及 Beta 等指标；基金风险调整收益分析是为了综合考查收益与风险，主要考查指标包括夏普比率、索提诺比率等；基金基准相关分析是为了考查基金相对于市场平均的表现，基金收益率指标中的超额收益其实就是一种基准相关指标，除此之外，基准相关分析计算并观察的指标还有相关系数、判定系数、贝塔值、跟踪误差和信息比率等，实践中还经常对比基金月度（周）收益分布频次与基准月度（周）收益频次，来考查基金相对于基准的收益率分布；基金情景分析是为了了解基金在特定情景中的净值表现，基金管理人在极端市场环境中的风险控制能力，关注的指标主要包括情景期间的收益率、波动性和最大回撤等。

基于基金的持仓，可以进行哪些分析？

答：公募基金持仓数据是定期编制并公开的，包括季度报告、半年报告和年度报告。基金持仓分析，也称基金估值表分析，就是对基金所持有的所有资产，包括股票、债券、现金以及另类投资等，作一个详细的、具体到个体资产的分解，进而分析基金管理人投资风格的过程。基金持仓分析可以划分为单期持仓分析和序列持仓分析。

基金单期持仓分析，以基金单期持仓或者单张估值表为分析对象，关注基金某个时点的持仓风格，分析的主要内容包括资产类型结构、股票持仓分析、债券持仓分析、基金持仓分析和期货持仓分析。其中，资产类型结构关注基金在各大类资产上的实际配置比例；股票持仓分析是针对基金所持股票类资产的分析，关注的内容主要包括股票投资风格、股票投资概念、股票投资行业偏好和前十大股票持仓等；债券持仓分析是针对基金所持债券类资产的分析，关注的主要内容包括债券期限分布、债券指标统计、债券评级、债券投资概念和债券发行主体行业分布等；基金持仓分析是针对基金（如 FOF 基金）持有基金类资产的分析，关注的内容主要包括持仓基金明细以及持仓基金类型统计；期货持仓分析是针对基金持有期货类资产的分析，包括期货品种分布以及期货持仓明细。

什么是基金投资风格，为什么要分析基金投资的风格？

答：基金投资风格，是指基金投资于一类具有共同收益特征或共同价格行为的股票的现象。首先在基金管理领域，投资风格发挥着重要的作用。机构投资者和个人投资者不仅需要决定如何配置大类资产，在股票投资中，也要决定将资金如何分配到成长型股票、价值型股票、小市值股票、大市值股票等不同风格的股票中；其次从基金营销的角度，由于不同的投资者具有不同的收益—风险目标，基金公司不得不对客户群体作出细分，明确旗下基金的投资风格，以专注特定的客户群体；最后从基金筛选的角度，FOF 基金管理人需要在投资前对可选择的基金的风格进行识别，并在投资过程中监控所投基金的风格变化。FOF 基金管理人应该聚焦那些风格持续不漂移、长期业绩优秀的基金作为投资对象。因为在短期内，由于受业绩考核压力、市场热点的诱惑，有些基金经理会偏离其事先宣称的风格，这不利于 FOF 基金管理人对 FOF 总体风险的管理。如果基金风格变化较大，FOF 基金管理人甚至需要考虑赎回投资份额。因此，如何识别基金的风格以及风格漂移变得至关重要。

基金投资风格分析的方法有哪些？

答：基金投资风格分析主要有两种方法：一种是基于收益率数据的回归法，另一种是基于持仓数据的打分法。前者回答的是在一段时间内平均意义上的基金投资风格，后者回答的是在给定时点上基金的准确投资风格。在实际中，根据取得数据的不同，采用不同的分析方法。大多数情况下，我们只有基金的净值数据，因此只能依靠基于收益率回归的方法大致判断基金的投资风格。如果可以得到基金的详细持仓数据，则可以通过打分的方法比较准确地判断基金的投资风格。

1. 基于收益率回归的投资风格分析

基于收益率回归的投资风格分析模型以 William F.Sharpe 的投资风格分析理论为基础。这种方法相对比较粗糙，只能大致判断基金收益来源于哪种投资风格，优点是对数据依赖性小，只需要得到基金的净值数据。其基本思路是：基金的收益率对各个风格指数的收益率作回归，如果各个指数收益率相互独立，则风格指数收益率对应的回归系数越大，基金属于这种投资风格的概率就越大。具体回归模型如下：

$$R_{Ft} = \sum_{j=1}^{n} b_j S_{jt} + \mu_t \quad St. \ b_j \geq 0, \ \sum_{j=1}^{n} b_j = 1$$

其中，R_{Ft} 为基金在 t 时刻的收益率，S_{jt} 为投资风格指数 j 在 t 时刻的收益率；b_j 为风格指数 j 的回归系数，可以解释为基金在该指数上的配置权重；μ_t 为残余收益，即没有被风格指数所解释的收益，主要源于选股和择时。通常情况下，我们会对回归系数施加两个约束：非负，并且和为 1。回归系数非负代表不允许卖空风格指数，适用于公募基金、养老金和大多数机构专户；回归系数和为 1 代表配置权重的和为 1，即满仓配置。回归模型可通过约束下的最小二乘法或者二次规范求解（例如 Matlab 的二次规划函数 quadprog）。

基于收益率回归的投资风格分析法的要点在于选择合适的风格指数，风格指数要求具备互斥性和完备性。互斥性要求风格指数不含有共同的成分股，以尽可能地降低风格指数间的多重共线性；完备性则要求风格指数覆盖基金的投资范围。需要注意的是，实际应用中，尽管我们选取了互斥的风格指数，各个风格指数之间的多重共线性依然不可避免，回归系数的估计结果不稳健造成基金风格误判的情况依然存在。

2. 基于持仓打分的投资风格分析

相比基于收益率回归的投资风格分析，采用个股基本面信息结合持仓数据进行打分的投资风格分析法对给定时点的基金投资风格判断更为准确。其基本逻辑是：首先识别投资组合中每只股票的投资风格，得到每只股票的风格打分，然后根据基金的股票持仓权重加总，进而判断基金的投资风格。这种方法对于数据的要求比较高，既要求给定时点的基金股票持仓数据，还要求个股相应风格的基本面数据。

基于持仓打分的投资风格分析法大致步骤如下：

（1）明确需要分析的风格维度，定义并定量描述股票风格；例如定义价值风格，并确定根据哪些基本面指标描述股票的价值风格；

（2）计算得到所有个股的风格，构建并维护股票风格因子库（包括风格因子的标准化，异常值处理等）；

（3）结合基金股票持仓数据，加权得到基金的风格打分；结合常用指数（如沪深 300、中证 500 等）的成分股权重，加权得到常用指数的风格打分；

（4）比较基金与同类基金以及常用指数的风格打分，给出基金的风格判断。

下图以价值风格为例，描述了基于持仓打分的投资风格分析法流程。

```
┌──────────────┐                    ┌──────────────┐
│   个股i  PE   │                    │   个股i  PB   │
└──────────────┘                    └──────────────┘
       │              0~100打分              │
       ▼                                     ▼
┌──────────────────────┐          ┌──────────────────────┐
│                PE_i-PE_min        │                PB_i-PB_min    │
│ 100-100 × ──────────── │          │ 100-100 × ──────────── │
│              PE_max-PE_min        │              PB_max-PB_min    │
└──────────────────────┘          └──────────────────────┘
```

$$100-100 \times \frac{PE_i-PE_{min}}{PE_{max}-PE_{min}}$$

$$100-100 \times \frac{PB_i-PB_{min}}{PB_{max}-PB_{min}}$$

50% ＼   ／ 50%

┌──────────────────────────┐
│   个股价值得分V_i │
└──────────────────────────┘

基金持仓权重

┌──────────────────────────┐
│   基金价值得分V_f │   基金池
└──────────────────────────┘

┌──────────────────────────┐
│ $\max V_f$ & $\min V_f$ │
└──────────────────────────┘

0~100打分

┌──────────────────────────────┐
│   基金价值标准分   │
│ $V_f-\min V_f$ │
│ $100-100 \times \frac{V_f-\min V_f}{\max V_f-\min V_f}$ │
└──────────────────────────────┘

$$100-100 \times \frac{V_f-\min V_f}{\max V_f-\min V_f}$$

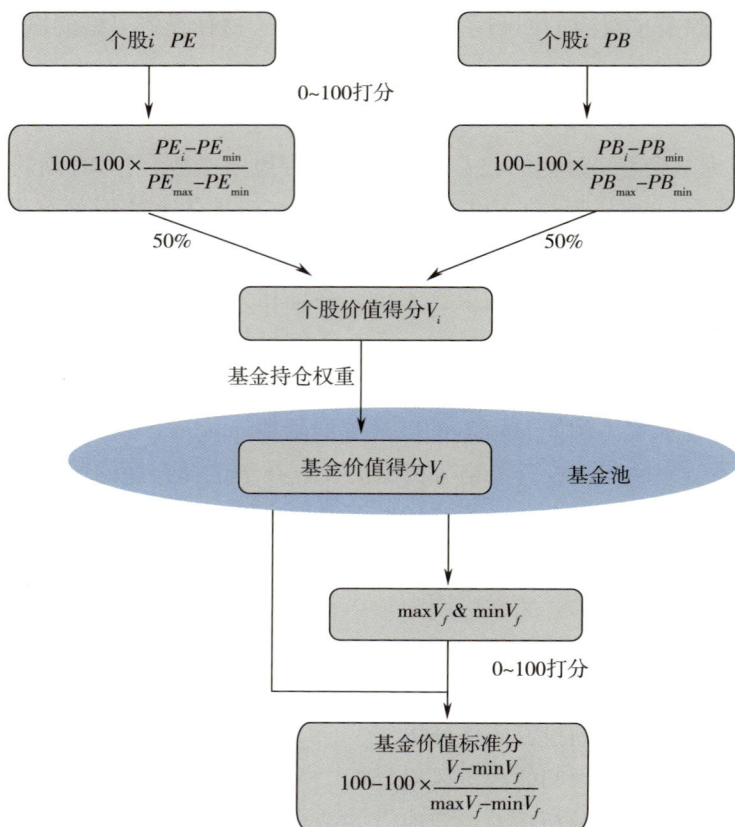

虽然基于持仓打分的风格分析法能够准确判断给定时点的基金投资风格，但是在大多数情况下，基金的持仓数据难以获得。以公募基金为例，我们只能获得第二、第四季度末的全部持仓数据和第一、第三季度末的部分持仓数据，结合公募基金的高换手率（偏股型基金的平均换手率高达 300%~400%），我们不能将给定时点的基金投资风格推广到一段时间。

什么是基金的业绩归因，为什么要对基金进行业绩归因？

答：基金业绩归因是确定基金业绩来源的方式，基于基准组合，对投资组合的收益表现给予解释，以挖掘超额收益的来源，并用它们来评价基金经理的主动管理决策。

业绩归因可以评价基金管理人的表现，了解收益来源能使资产管理过程中不同收益相关者之间更好地沟通，有助于及时发现表现不佳的基金以及就表现不佳的原因予以纠正，挖掘定价和交易错误。对于基金管理人而言，业绩归因可以评估每类资产的收益表现是否符合预期，并以此来判断是否需要调整某个风险敞口的大小，动态地评估驱动组合的风险因素，动态调整策略。

基金业绩归因的方法有哪些?

答：根据所得数据的不同，股票组合业绩归因主要有两种方法。第一种方法是利用多因子模型进行回归，需要的数据是基金的净值数据。回归法回答的是基金收益主要来自哪些风险因子，采用的模型可以是 CAPM 模型、Fama French 三因子模型、Carhart 四因子模型、Fama French 五因子模型等。第二种方法是 Brinson 模型，其基本思想是将基金收益与基准收益比较，将超额收益分解为资产配置贡献、择股能力贡献和交互贡献。这种方法需要在给定时刻基金的持仓数据（包括持有的证券及数目），如果能够得到的横截面持仓数据越多，数据越完备，则归因分析的结果越准确。Brinson 模型分为单期 Brinson 模型和多期 Brinson 模型，单期 Brinson 模型可以很好地展示模型的基本思想，但在实际操作中，由于基金存在调仓行为，多期 Brinson 模型应用更为广泛。

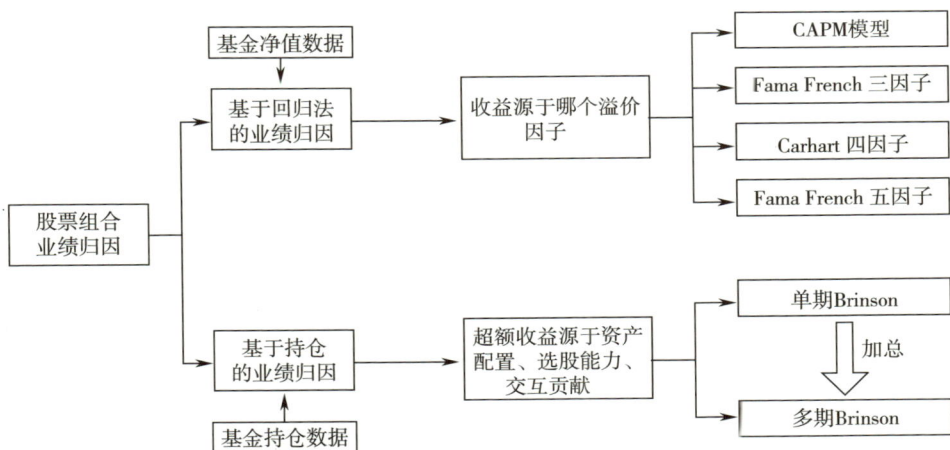

Brinson 模型采用基金的持仓数据作归因分析，与回归法相比，其包含的信息更全面、可以对超额收益进行更深入的分解。但在实际中，对于大多数私募基金而言，我们无法获取其持仓数据，只能利用回归法对其进行业绩归因；公募基金定期披露其持仓信息（一般每个季度披露一次持仓信息），Brinson 模型的信息优势在实践中被大大弱化；大多数机构专户则拥有较为完整的持仓数据，是最适合使用 Brinson 模型进行业绩归因的业务场景。

债券基金的投资决策流程和收益来源与股票基金有本质的不同：股票基金

的收益主要来自市场暴露、行业暴露和个券选择；而债券基金的收益则主要来源于利息收入、利息收入的再投资以及持有到期或者提前赎回/卖出时的资本利得三个方面。因此，股票基金的业绩归因方法（例如 Brinson 模型）并不适用于债券基金的业绩归因分析。Wager 和 Tito(1997) 提出了一种 Fama 类型的债券收益率分解方法，他们采用久期表示系统性风险。Breukelen(2000) 则结合了 Wager 和 Tito(1997) 的方法和 Brinson 模型，通过加权平均久期的配置分解债券组合的收益率。目前业界应用最广泛的是 Campisi(2000) 提出的 Campisi 模型：Campisi 模型将债券组合的收益分解为收入效应（Income Return）、国债效应 (Treasure Return) 和利差效应 (Credit Return)；收入效应又可以进一步分解为票息收益 (Coupon Return) 和价格收敛收益 (Convergence Return)，国债效应可以分解为久期管理收益和期限结构配置收益，利差收益则可以分解为券种配置收益和个券选择收益。下图为 Campisi 模型债券收益率分解示意图。

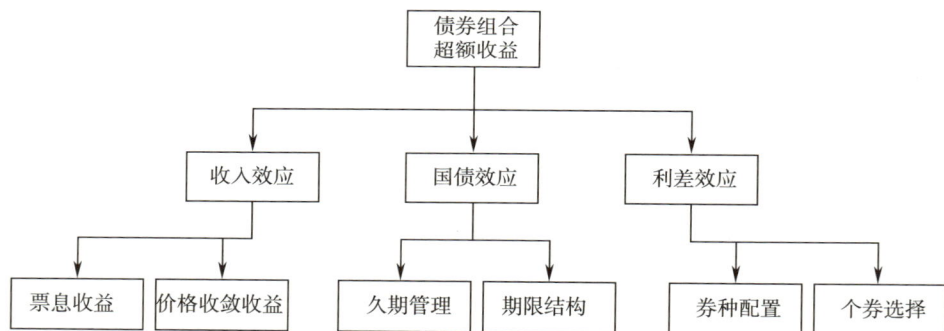

什么是压力测试、情景分析？

答：压力测试是指将资产组合置于某一特定的（或主观想象的）极端市场情况下，如假设利率骤升 100 个基点，某一货币突然贬值 30%，股价暴跌 20% 等异常的市场变化，然后测试该资产组合在这些关键市场变量突变的压力下的表现状况，看是否能经受得起这种市场的突变。

情景分析是进行压力测试的一种方法，即一组风险因子定义为某种情景，分析在个别情景下的压力损失，因此此类方法称为情景分析。情景分析的事件设计方法有两种：历史情景分析和假设性情景分析。

历史情景分析是利用某一种过去市场曾经发生的剧烈波动，评估其对资产组合会产生的影响。这种方法的优点是具有客观性，利用历史事件及其实际风险因子波动情形，在建立结构化的风险值计算上较有说服力，且风险因子间的相关变化情形也可以依历史数据作为依据，使模型假设性的情形降低许多。此外，这种模型较直观，重大历史事件的深刻印象将使风险值与历史事件紧密结合，管理者在设定风险限额时，便可依历史事件的意义进行评估，使决策更具说服力。但这种方法的缺点在于现今金融市场变动非常迅速，许多金融产品不断创新，因此历史事件无法涵盖此类产品，且某些产品的历史价格未出现极端情况，也无法利用此方法进行衡量。虽然过去发生过的情景未来不一定会再发生，但使用历史情景分析方法来对资产进行风险管理，至少可保证过去的压力事件，在事前预防下，未来不会重演。

假设性情景分析仅以历史情景分析进行压力测试，参考历史事件并另建立对于每个风险因子可能产生的极端事件，将使压力测试更具完整性，这就是假设性情景分析。这种分析方法可自行设计可能的各种价格、波动及相关系数等的情景，这些计算的设定主要来自经验及主观。

基金组合的投资风格怎么分析？

答：基金组合的投资风格分析方法可以参照单只基金的投资风格分析方法，区分为基于收益率回归的投资风格分析法以及基于持仓打分的投资风格分析方法。

其中基于收益率回归的分析方法，需要将基金组合的收益率对各风格因子的收益率作回归，这种方法仅需要用到基金净值组合，基金净值组合对于子基金的数据要求较低，仅仅需要子基金的净值数据，结合各子基金的资金分配比例或者设置其他相应权重，即可构建得到基金组合的净值。

而基于持仓打分的风格分析方法，需要用到基金的持仓组合，基金持仓组合需要将每一期各只子基金的持仓信息进行合并。随后根据合并完成的持仓组合信息进行各个维度的风格打分。

基金组合的业绩归因怎么处理？

答：基金组合的业绩归因同样可以参考单只基金的业绩归因方法，其中股票型基金组合可以利用多因子模型进行回归，需要的数据是股票型基金组合的净值数据。回归法回答的是基金组合收益主要来自哪些风险因子，采用的模型可以是 CAPM 模型、Fama French 三因子模型、Carhart 四因子模型、Fama French 五因子模型等。第二种方法是 Brinson 模型，其基本思想是将基金组合收益与基准收益比较，将基金组合超额收益分解为资产配置贡献、择股能力贡献和交互贡献。这种方法需要每一期基金组合的持仓数据，所以需要使用基金持仓组合。债券型基金组合需要使用基金持仓组合，利用 Campisi 模型将债券型基金组合的收益分解为收入效应（Income Return）、国债效应 (Treasure Return) 和利差效应 (Credit Return)。

基金评价体系如何构建？

答：基金评价体系的构建是为了综合看待和评价定量分析指标和定性分析结果，在构建过程中我们可以参考海外具有权威性的专业评价机构的评价方法，例如 Morningstar 晨星的五星级评价体系，其关于基金分类的处理，指标以及指标权重的选择对于自定义评价体系具有不错的借鉴意义。下图展示了基金评级的总体框架图：基金评级分为基金定量评级和基金定性评级两大部分。其中定量分析综合考查了收益、风险、风险调整收益以及基准相关 4 个维度，每个维度选择具有代表性的指标，除此之外我们还可以关注基金规模、机构偏好以及基金经理年限这些投资者比较关注的定量分析指标，基金定量评级的大致流程就是首先对基金的风险收益指标进行计算，然后确定该基金所属的类别，对指标进行标准化以及异常值处理，得到单一指标的基本评分，最后多指标加权，得到基金定量评级的综合得分。基金定性分析主要是采取尽职调查的方式，综合考量基金基本情况、客户服务、核心团队、投资理念、决策流程以及业绩表现等方面。

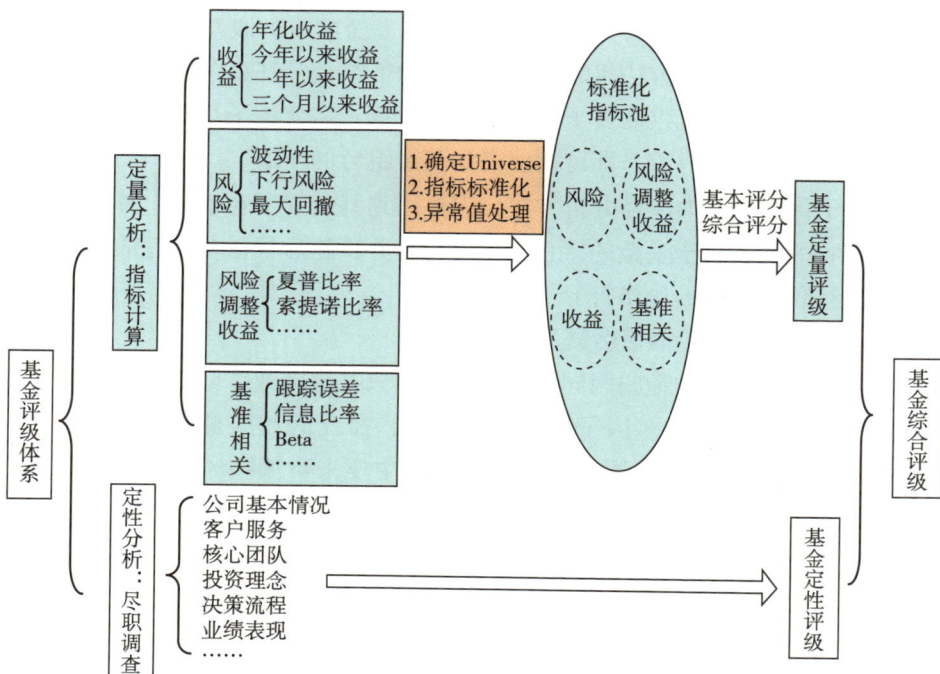

【公募基金 10 问】

什么是偏股型基金，如何定义偏股型基金，细分类别有哪些？

答：偏股型基金以投资股票为主，传统意义上是指混合型基金中股票配置比例占 50%~70%、债券配置比例占 20%~40% 的基金产品。从机构投资者的角度，我们将混合型和股票型中最近三年股票配置比例维持在 70% 以上的主动管理型基金定义为偏股型基金。细分类别主要包括股票型主动管理基金、股票型行业基金、偏股混合型基金、混合型行业偏股型基金等。

偏股型基金的投资风格、行业主题如何刻画？

答：在实践中，为满足机构投资者大类资产配置及精细化投资管理的需求，通常需要基于持仓股票的风格特征、持仓行业偏好等特征对偏股型基金进行刻画。

1. 投资风格

（1）明确需要分析的风格维度（成长、价值、盈利等），定义并定量描述股票风格；

（2）计算得到所有个股的风格，构建并维护股票风格因子库（包括风格因子的标准化，异常值处理等）；

（3）结合基金股票持仓数据，加权得到基金的风格打分；

（4）比较基金与同类基金以及常用指数的风格打分，给出基金的风格判断。

例如，基于成长、价值维度的打分结果，将基金划分为成长型、价值型、GARP 型和其他型；价值型——过去三年价值维度平均得分高于 70% 的同类基金；成长型——过去三年成长维度平均得分高于 70% 的同类基金；GARP型——过去三年价值平均得分高于 60% 的同类基金，且成长平均得分高于 60% 的同类基金；其他型——其他不属于上述类型的基金。

2. 行业主题

（1）以申万一级行业分类为依据，将 28 个行业划分为 6 个行业板块，包括消费、医药生物、TMT、大金融、周期、其他等；

板块	板块包含行业
周期板块	采掘、有色金属、钢铁、化工、公用事业、交通运输、建筑材料、建筑装饰、汽车机械设备
医药生物	医药生物

续表

板块	板块包含行业
大金融	银行、非银金融、房地产
消费	轻工制造、商业贸易、休闲服务、家用电器、纺织服装、食品饮料、农林牧渔
TMT	计算机、传媒、通信、电气设备、电子
其他	综合、国防军工

（2）根据基金年报及半年报披露的持仓股票，统计其各行业板块的持仓占比；

（3）根据基金近三年各行业板块平均持仓占比，给出基金的行业偏好判断。

例如，消费行业基金——过去三年消费板块平均持仓占比高于60%；TMT行业基金——过去三年TMT板块平均持仓占比高于60%；医药生物行业基金——过去三年医药生物板块平均持仓占比高于60%；周期行业基金——过去三年周期板块平均持仓占比高于60%；其他行业基金——过去三年其他行业平均持仓占比高于60%。

除了风险收益特征，筛选偏股型基金时还需要关注哪些指标？

答：在筛选偏股型基金时，还需要关注基本信息指标及持仓指标。

基本信息指标主要包括基金规模、基金存续期、最近基金经理任职年限等，根据资金属性也可以在费率、投资限额、开放期、杠杆水平、持有人结构等方面设置一些约束条件。

（1）基金规模

基金规模对于投资金额较大的机构投资者来说非常关键，通常情况下，规模较小的基金在面对大规模的申购和赎回时，组合流动性管理及基金净值的稳定均会承受较大压力。而且一般而言，基金规模若长期小于5000万元，还面临被清盘的风险。因此，通常情况下，我们要求基金规模不小于1亿元。

（2）基金存续期

基金存续期的筛选标准一般设定在3年以上。一方面是为了确保备选基金有足够长的净值序列及持仓数据可供分析，以精确定位其风格与特征；另一方面国内股票市场存在显著的周期性，在这种周期性的市场环境之下，合理地评估管理人的能力需要至少经历一轮周期的跟踪和考查。

（3）最近基金经理任职年限

考查最近基金经理任职年限是为了确保在分析期内，该基金产品始终由同一位基金经理管理，这是保持基金产品业绩和风格稳定的重要基础。一般情况下会要求最近基金经理任职年限大于 3 年，也可根据实际情况进行调整。

持仓指标主要包括持仓风格、持仓行业偏好，这也是对偏股型基金进行进一步细分的基础。即根据基金持仓风格特征及行业偏好，将备选基金池里具有某一类鲜明且稳定特征的基金贴上相应的标签，并归类到具体的风格池 / 行业池中。除此之外，根据投资策略的需要还可以关注换手率、个股集中度、前十大股票平均持有期等指标。

什么是偏债型基金，如何定义偏债型基金，细分类别有哪些？

答：偏债型基金以投资债券为主，传统意义上是指混合型基金中债券配置比例占 50%~70%，股票配置比例占 20%~40% 的基金产品。从机构投资者的角度，我们将混合型和债券型中最近三年债券配置比例维持在 80% 以上的基金产品定义为偏债型基金。细分类别主要包括：纯债基金、一级债基、二级债基、可投转债基金、可转债基金、短期理财基金、混合型偏债基金等。

偏债型基金的投资风格如何刻画？

答：与偏股型基金不同，针对偏债型基金，风格池的划分主要考查的是其风险暴露水平和券种配置情况。

1. 风险暴露水平

在偏债型基金持仓数据缺失的情况下，可以通过净值回归的方法得到其在各类因子水平上的暴露情况，进而推断其持仓特征及变化情况。存续期内的平均风险暴露及时间序列上的滚动风险暴露分析结果均可以作为基金筛选的重要参考。

2. 券种配置

在券种配置方面，可以根据债券基金披露信息计算持仓中债券仓位、信用债占比等指标，作为判断基金风格和风险暴露情况的辅助指标。

除此之外，我们还可以计算基金在存续期间或某一段时间的风险暴露及持仓券种的稳定性。

基于以上指标，通过对比同类基金各项指标的绝对水平及分位数排名，便可以将债券基金划分为多个风格池，一般来说，我们可以将其划分为短久期信用债基池、长久期信用债基池、长久期利率债基池、短久期利率债基池以及无稳定风格的债基池六类风格池。

除了风险收益特征，筛选偏债型基金时还需要关注哪些指标？

答：由于偏债型基金持仓信息有限，我们主要关注基本信息指标，包括基金二级分类、基金规模、基金存续期、最近基金经理任职年限等，根据资金属性也可以在费率、投资限额、开放期、杠杆水平、持有人结构等方面设置一些约束条件。

1. 基金二级分类

不同二级分类的债券基金的差异体现在其投资范围和投资比例限制上，需要根据客户需求、风险偏好和投资限制选择相匹配的产品类型，比如是否可以投资权益类资产、是否可以投资可转债等。

2. 基金规模

基金规模对于投资金额较大的机构投资者来说非常关键。通常情况下，债券资产相对于股票而言流动性较差，因此规模较小的债券基金在面对大规模的申购和赎回时，组合流动性管理及基金净值的稳定均会承受较大压力。而且一般而言，基金规模若长期小于 5000 万元，还面临被清盘的风险。

3. 基金存续期

一般将债券基金存续期的筛选标准设定在 3 年以上，一方面是为了确保备选基金有足够长的净值序列及持仓数据可供分析，以精确定位其风格与特征；另一方面无论是债券市场整体，还是利率债和信用债市场，都比较显著地受40 个月周期性因素的驱动，而在这种周期性的市场环境之下，合理地评估管理人的能力需要至少经历一轮周期的跟踪和考查。

4. 最近基金经理任职年限

考查最近基金经理任职年限是为了确保在分析期内，该基金产品始终由同一位基金经理管理，这是保持基金产品业绩和风格稳定的重要基础。

公募基金的业绩归因是否可靠？

答：根据所需数据的不同，基金组合业绩归因主要有两种方法：第一种是利用多因子模型进行回归，需要的数据是基金的净值数据；第二种方法是基于持仓数据进行归因，常用模型包括适用于股票基金的 Brinson 模型和适用于债券基金的 Campisi 模型。

基于净值的业绩归因将基金收益率对一系列因子收益进行时间序列回归，根据回归结果将基金收益或超额收益分为各个因子的贡献。净值分析仅需要基金的收益率序列，可在没有具体持仓的情况下对基金投资风格进行分析，适用范围广。但其局限性源于因子质量及各因子的相关性，若因子质量不高或相关性较高，容易导致分析结果失真。

基于持仓的业绩归因方法在公募基金领域的应用同样存在较大缺陷。主要是由于公募基金持仓信息缺失严重。国外市场通常以月度持仓数据为基础进行归因，能够比较合理地反映基金经理在资产配置和个券选择上的投资决策。但在国内，由于公募基金持仓信息披露频率较低且并不充分，很多调仓的信息不能被观测到，导致模型会对资产配置贡献、个券选择贡献产生错误的评价。因此，对于公募基金而言，基于持仓数据的业绩归因结果仅可作为同类基金横向比较的参考。但是对于专户等能够获得较详细持仓数据的产品，应用 Brinson/Campisi 模型进行归因是基金分析和评价中的重要组成部分。

被动投资与主动投资的对比与优劣？

答：被动投资一般采取复制或跟踪某些指数（如沪深 300、标普 500 等）的方式进行投资，以最小化与标的指数之间的跟踪误差、获取 β 收益为目标。被动投资注重资产配置而非个股、个券的选择。

优点：研究投入少、费率低、持仓透明、适合分散投资规避非系统性风险；

缺点：波动较大、与宏观经济形势，行业发展状况关系极其密切。

主动投资则需要基金经理通过宏观判断和市场分析进行择时，并通过深入调研各个企业和行业选择股票或者债券来构建投资组合，目的是战胜指数、获得超过市场收益率的超额回报。与被动投资相比，主动投资需要更多的研究投入、成本费用也相对较高。

优点：能够获得超越市场平均收益水平的超额收益；

缺点：费率较高、业绩表现与基金经理能力密切相关。

挑选指数基金与指数增强基金需要关注的指标有哪些？

答：挑选指数基金与指数增强基金需要关注的指标包括跟踪误差、信息比率、基金规模、基金费率等。

1. 跟踪误差与信息比率

对于完全复制指数的普通指数基金，其投资目标是追求对标的指数的紧密跟踪，因此最关键的评价指标为跟踪误差。跟踪误差反映了指数基金走势与其标的指数走势的偏差程度，跟踪误差越低，说明基金与标的指数之间的偏差越小。

对于寻求一定程度超额收益的增强型指数基金，由于在跟踪指数的同时增加了主动管理的成分，在评价时更为重要的指标为信息比率。信息比率 = 超额收益 / 跟踪误差，反映了基金每一个单位的跟踪误差所带来的相对于标的指数的超额收益的大小。

2. 基金规模

对于完全复制指数的普通指数基金，规模越大越好。一方面，规模大的指数基金流动性较高，在应对同样规模的申购赎回时，受到的冲击也会更小；另一方面，规模太小的基金面临清盘的风险。

对指数增强型基金来说，规模则要适中，既不能太大，也不能过小。规模太小有清盘风险，规模太大则会影响投资策略对组合收益的增厚。

3. 基金费率

指数基金的运作成本相对固定，应该尽可能选择费率低的基金。

QDII 基金的分类以及挑选要点有哪些？

答：1. QDII 的分类

按照投资类型、投资区域、币种、运作方式等维度可以对 QDII 基金进行如下分类：

分类方式	投资类型	投资区域	币种	运作方式	是否分级	上市类型	购买币种
类型	股票型	全球	美元	主动型	是	不上市	人民币
	债券型	美国	港元	普通指数型	否	ETF	人民币或美元
	混合型	德国	欧元	ETF 及联接	—	LOF	—
	房地产	中国香港	—	—	—	—	—
	黄金	—	—	—	—	—	—
	原油	—	—	—	—	—	—
	其他大宗商品	—	—	—	—	—	—

2. QDII 基金的挑选要点

（1）从资产配置出发，确定待选的 QDII 基金池

根据资产配置结果与 QDII 基金的主要投资对象作匹配，筛选出与资产配置结果相对应的 QDII 基金组合。在筛选过程中，先对每类资产对应的 QDII 基金做初步筛选，剔除掉一些成立年限较短、规模较小的产品，得到待选的 QDII 基金池。

（2）基于 QDII 基金特点，分类优选配置标的

对于主动管理型的 QDII 基金，在筛选时主要关注风险收益指标、持仓风

格与行业偏好、基金规模、管理费率、管理人 QDII 额度、产品成熟度等多个维度综合筛选出最终的投资标的。

对于被动管理型的 QDII 基金，在筛选时主要关注标的指数的差异，如指数编制方案、指数覆盖的区域、行业分布、个股权重差异等，在基金层面，还需要考虑跟踪误差、基金规模、费率等指标。

【私募＆养老金 10 问】

私募基金与公募基金的区别是什么？

答：私募基金与公募基金的区别可以体现在以下 6 个方面：

1. 投资门槛

私募基金的投资门槛更高，需要投资者符合专业投资者认定标准，有严格的合格投资者确认程序，对个人投资者的金融资产规模和年收入水平有相对较高要求，且首次投资单只私募基金的金额不低于 100 万元。

而公募基金的投资门槛比较低，普通投资者即可购买，且各类公募基金的投资门槛甚至可低至 10 元。

2. 募集方式

私募基金通过非公开方式募集资金。私募基金管理人、私募基金销售机构不得向合格投资者之外的单位和个人募集资金，不得通过报刊、电台、电视台、互联网等公众传播媒体或者讲座、报告会、分析会和布告、传单、手机短信、微信、博客和电子邮件等方式，向不特定对象宣传推介。

公募基金可以通过公开方式募集资金，也就是可以用公开方式向社会公众投资者募集资金。

3. 信息披露

公募基金的信息披露要求要大于私募基金。比如公募基金对于季度报告的披露信息的内容详细度和标准都要远高于私募基金。而净值方面，公募开放式基金需要每个开放日的次日通过公开渠道披露净值。私募基金不需要公开披露净值，而仅向其投资者披露，且频率方面，对于单只基金 5000 万元以上规模的，监管规定每月结束后 5 个工作日内向投资者披露净值信息，不足 5000 万元的则为季度。

4. 投资策略

私募基金的投资策略更为丰富多样，绝对收益类策略主要集中在私募基金领域。比如各种量化类策略等。而公募基金受到各类投资限制的要求等，比如最低仓位要求，因此主要以相对收益类策略为主。另外，一般公募基金的规模会比私募基金大很多，一些量化类策略受到策略容量的限制以及交易监管的要求，因此公募的投资策略多以主观基本面投资为主。

5. 业绩报酬

公募基金和私募基金都有申赎费用以及管理费等，但是最大的区别在于私募基金大多有业绩报酬的计提，也就是说私募基金会从给投资者创造的收益中提取一部分比例作为业绩报酬。因此需要注意的是，从净值角度计算的私募基金收益为费前收益，并不等于客户实际到手的费后收益，中间的差距就是业绩报酬的部分（不考虑申赎费用的情况）。

6. 流动性

私募基金的流动性相对比较低，在基金合同中会约定开放日的安排。只有在私募基金的开放日才可以进行申赎的操作。一般常见的开放日频率为每周开放、每月开放、每季度开放等。而公募基金的流动性相对较高，比如开放式公募基金基本每天都可以进行申赎操作。

为什么量化类策略大多是私募基金？

答：量化类策略主要涉及策略和交易两个环节：

从策略上来说，一些策略偏重中高频的量价类因子，换手率会比较高（比如年化换手 100 倍以上），此外可能会涉及一些偏小市值的股票上。另外就是交易标的，量化类私募可能会比较频繁地使用各类衍生工具（期货、期权、收益互换等）和融券策略进行风险对冲。

而在交易层面，也会通过算法交易系统，进行交易优化，有些还会叠加一些日内回转交易策略。

所以，不论从是策略层面还是从交易层面，都是受到严格监管和限制的大规模公募基金难以执行的。因此，我们常见的各类量化策略则多见于私募基金领域。

公募基金经理一定适合做私募基金吗？

答：不一定。公募基金经理以相对收益类策略见长，以基本面研究为主，适合管理和运作大资金体量。而私募基金由于对接的都是合格投资者，往往对业绩有更高的要求，加之私募基金管理人的策略对于仓位和集中度等往往没有特别严格的限制，因此从投资者角度来看，对私募基金经理也会提出创造绝对收益的要求。这些对于私募基金经理来说都是除了股票研究、策略研究以外的能力要求。

另外，公募基金具有非常好的研究支持，会有专门的研究团队以及外部卖方机构提供日常投研服务。这一资源优势在转为私募基金经理后，往往会有所减少。

私募基金的常见投资策略都有哪些类型？

答：我们从投资标的和收益来源两个维度来进行划分，对市场上的私募基金投资策略进行分类：

		收益来源维度		
		价格方向	波动率	相关性
投资标的维度	股票	股票多头策略	股票阿尔法策略（指数增强/市场中性）	股票多空策略
	商品	趋势 CTA 策略、主观商品策略	商品套利策略	商品套利策略
	期权	—	期权套利策略	期权套利策略
	债券	债券策略	—	—

除了以上策略以外，还有交易多资产的宏观对冲策略、组合基金策略（FOF）等。

私募基金的费用主要包含哪些内容？

答：私募基金的费用一般包括以下几部分：

1. 认购、申购、赎回费

一般支付给销售机构的费用，从客户认购、申购、赎回的金额中提取一定比例。

2. 管理费

支付给管理人的费用，一般按照基金资产净值的一定比例计提。

3. 托管费

支付给托管人的费用，按照基金资产净值的一定比例计提。

4. 运营服务费

支付给运营服务机构的费用，按照基金资产净值的一定比例计提。

5. 业绩报酬

支付给管理人的费用，通常按照两次业绩报酬计提基准日之间私募基金产生收益的一定比例提取给管理人。

私募基金的管理规模通常是多大？

答：私募基金管理人的管理规模分化较大，取决于私募管理人的策略容量、业绩、销售渠道等综合因素。通常国内证券类私募管理人可以按照以下阶段定义：100亿元以上为头部管理人，50亿~100亿元为成熟管理人，20亿~50亿元为成长期管理人，10亿~20亿元为新锐管理人，10亿元以下属于初创期管理人。以上分类比较适合以股票为投资标的的管理人。如果是投资于各类衍生品市场则规模会相对较小，比如CTA类管理人10亿元以上就可以算是头部管理人了。

私募基金产品从成立到投资运作需要经过哪些关键环节？

答：一般私募基金产品从成立到投资运作可能会经历以下几个环节：

1. 准备产品的要素表

与客户和托管人沟通，确定产品的要素信息，比如开放日、投资范围、费用等。

2. 合同定稿

在确认好要素信息的基础上，定稿基金合同。

3. 募集期客户认购打款

由于是新产品成立，募集期需要客户认购打款，这样才能确认产品成立有效。

4. 基金业协会备案

随后新成立的产品需要在基金业协会申请产品备案。

5. 开股卡。

6. 交易端开户。

7. 三方关联。

8. 投资运作。

养老金产品是什么？

答：养老金产品是由企业年金基金投资管理人发行的、面向企业年金基金定向销售的企业年金基金标准投资组合。养老金产品的类型包括股票型、混合型、固收型、货币型以及其他投资于各种成本计价类资产的类型等。

需要注意的是，普通个人是无法直接购买该类养老金产品的。

如何投资养老金产品？

答：作为我国养老第二支柱，企业年金和职业年金基金资产可以投资养老金产品。只要是建立了年金计划的企业的员工，其缴纳的年金资金都可能由年金管理人投资到养老金产品上。

养老金产品和公募基金产品有什么联系和区别？

答：联系主要体现在以下几点：

1. 养老金产品的管理人有很多公募系。目前企业年金基金投资管理人一共有 22 家，其中有 11 家投管人是公募基金管理人。

2. 养老金产品，尤其是股票型养老金产品的投资策略和公募基金有些类似，以相对收益为主。

3. 净值披露的频率类似。目前养老基金产品的净值也是每日进行公开披露，这一点和开放式公募基金相似。

区别主要体现在以下几点：

1. 养老金产品的季度披露大部分属于非公开，而公募基金则是公开披露。另外养老金产品的披露内容详细程度也不如公募基金要求高。

2. 养老金产品无法由普通个人投资者购买，而公募基金可以。

3. 养老金产品有许多产品类型投资于成本计价类资产，比如信托计划、基础设施债权计划等，而公募基金则基本不投资于该类资产。

【综合 & 其他 10 问】

分析基金还是分析基金经理、基金公司？

答：在我们对公募基金进行分析和研究的过程中，对基金、基金经理和基金公司的分析并非相互矛盾的对立面，而是紧密相关、逐层递进的关系，三者一同形成了多维度立体的公募基金研究体系。

首先，数据是定量研究的基础，我们进行风险与收益分析、投资风格分析、行业偏好分析等常用分析方法所使用的各种量化指标，追根溯源均基于基金所披露的净值和持仓等数据。因此，基金作为信息披露的主要载体，以及投资的最终标的，对基金的分析是公募基金研究体系中最核心的部分。

其次，基金经理作为基金的管理者，是由基金构成的第二层级。同一基金经理可能在不同时期任职于不同的基金公司，对基金经理的定量研究主要基于贯穿其职业生涯的生涯曲线，基于此可以分析其在不同阶段的业绩表现、风格漂移等。

最后，基金公司是由基金和基金经理所构成的第三层级。对基金公司的分析既可包括基于定量研究的公司整体重仓行业分析、持股风格分析、债券基金风险暴露分析等，也可包括基于定性研究的公司文化分析等。对基金公司的分析可使我们对基金公司的整体实力形成更为清楚的认知，同时也从相对宏观的视角掌握整个公募基金行业的格局与动向。

基金公司作为平台对基金经理的支持、限制有哪些方面？

答：一方面，基金公司作为平台，对基金经理提供了多方面的支持：（1）投研支持，基金公司的整体投研能力为基金经理的投资决策形成了直接而有力的支撑；（2）销售支持，基金公司在销售推广上的投入对于基金规模十分重要；（3）后台支持，基金运营所涉及的各项事务均有赖于基金公司的后台支持，同时在风控方面，基金公司也为基金的稳健运作提供了有力保障。

另一方面，不同基金公司决策权限的差异导致基金经理的决策空间不同，例如在某一资产类别、某一行业的投资比例等限制，基金经理可能因为此类限制而无法完全实践其个人的想法。

换个角度看待此问题，或许是我们实操中更常遇到的疑惑——一个业绩优异的基金经理更多的是因其个人能力强大还是平台支持强大？当基金经理更换平台后是否还能实现同样优异的业绩？我们倾向于认为，如果基金公司的整体实力极强且对基金经理的支持力度较大，那么基金经理越容易在跳槽后遭遇困境，反之则越能证明基金经理的个人能力在其业绩的决定因素中占据了重要地位。如何从量化的角度考查基金公司对基金经理的支持力度，也是我们正在探寻的、考查基金经理个人能力强弱与否的一大课题。

如何看待基金经理定性访谈？

答：随着公募基金的火热，我们越来越多地看到基金经理在公众视野内发声。这些访谈或直播的话题不一而足，对未来市场走向的看法、对某一行业的看法、基金经理的投资理念、投资教训甚至还会涉及生活中的兴趣爱好等。然而基金的披露机制以及基金经理的身份限制下，类似于上市公司对公众的披露，真正有"含金量"的重要观点往往不会公之于众，因此定量研究的结果仍然是我们评价基金经理最应倚重的部分。

盲目而毫无目标的基金经理访谈很容易沦为空谈，对于机构投资者而言，基于完善的定量研究，在访谈中有目的地对已知的客观数据结果进行证实或证伪，才是基金经理访谈的价值所在。

是否可以预估基金的实时净值？如何进行？

答：可以预估净值，甚至可以做到盘中实时估值。因为，公募基金的净值基本也是由其所投资的二级市场资产价格决定。因此，可以针对基金经理的披露持仓、基金经理的投资策略、风格等进行建模，从而估计其当下大体的资产配置甚至估计其所持有标的资产。在此基础上结合盘中各类资产的实时行情，就可以对基金进行实时估值。

如何平衡资产配置和主动基金筛选？

答：资产配置主要基于"自上而下"的逻辑，通过对各类别资产未来收益、风险和相关性的预测，得到投资组合在各类别资产的配置比例，以期获得长期稳定的投资回报。资产配置更多地看重基金的工具化属性，并不寻求基金的 *Alpha* 收益。与资产配置相反，主动基金筛选则是基于"自下而上"的逻辑，通过各种量化指标考查基金本身的优劣，其目的是在 *Beta* 收益的基础上获得 *Alpha* 收益。

在实际操作中，特别是在境内市场，仅仅坚持纯粹的资产配置可能会导致我们错过获得 α 收益的机会。资产配置与主动基金筛选不必顾此失彼，两者有机结合更胜一筹。

如何结合自上而下和自下而上构建基金组合？

答：对于境内机构投资者而言，况客"核心 + 卫星"策略是有机结合了自上而下资产配置和自下而上基金筛选的基金组合方法论体系。

资产配置方面，在明确投资目标、风险容忍度及投资范围后，基于长期资本市场假设，选择并运用资产配置量化模型，确定战略资产配置比例，并结合短期市场状况所得的战术资产配置观点，得出最终的目标资产配置比例。

基金筛选方面，将市场上的全部产品分为两类：一类是兼具 *Alpha* 和 *Beta* 收益的主动产品池，由初选后的长名单产品池通过评价模型评分所得，可根据不同指标形成行业池、风格池、灵活配置池等多个不同产品池。另一类则是工具化产品池，该池中的产品工具化属性强，因此需要具有稳定特征，如 ETF 或风格极为稳定的主动型基金。

主动基金组合是策略中的核心部分，多样化主动产品池的划分使我们能够从中择出主动基金组合，在达到初步 *Beta* 配置目标的同时精选具有 *Alpha* 收益的基金。然而，基金组合投资的方式注定了我们无法对组合中各类资产的配置比例得到百分之百的控制，只要我们试图获得基金的 *Alpha* 收益，便必须容许基金经理拥有一定的自主权。卫星部分工具化产品池的意义在于，在主动基金组合的配置比例发生偏离时，作为 *Beta* 补充配置使组合整体回归最终的目标资产配置比例，从而实现了 *Beta* 精确配置 +*Alpha* 精选的效果。

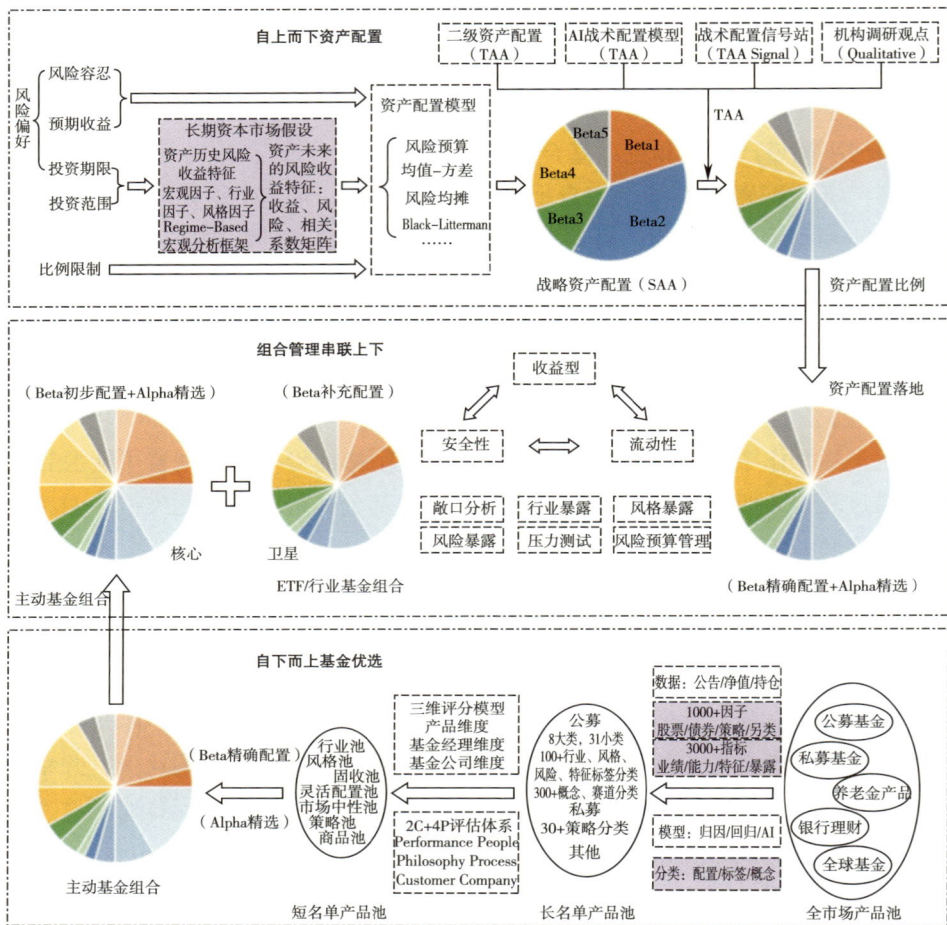

自上而下资产配置

二级资产配置（TAA）　AI战术配置模型（TAA）　战术配置信号站（TAA Signal）　机构调研观点（Qualitative）

风险偏好：风险容忍、预期收益、投资期限、投资范围

长期资本市场假设
资产历史风险收益特征
宏观因子、行业因子、风格因子
Regime-Based
宏观分析框架

资产未来的风险收益特征：收益、风险、相关系数矩阵

资产配置模型：风险预算、均值-方差、风险均摊、Black-Litterman ……

比例限制

Beta1　Beta2　Beta3　Beta4　Beta5

战略资产配置（SAA）

TAA

资产配置比例

组合管理串联上下

（Beta初步配置+Alpha精选）　（Beta补充配置）

收益型
安全性　流动性
敞口分析　行业暴露　风格暴露
风险暴露　压力测试　风险预算管理

核心　卫星
主动基金组合
ETF/行业基金组合

资产配置落地
（Beta精确配置+Alpha精选）

自下而上基金优选

（Beta精确配置）
行业池 风格池 固收池 灵活配置池 市场中性池 策略池 商品池
（Alpha精选）
主动基金组合

三维评分模型 产品维度 基金经理维度 基金公司维度

2C+4P评估体系
Performance People
Philosophy Process
Customer Company

公募
8大类,31小类
100+行业、风格、风险、特征标签分类
300+概念、赛道分类
私募
30+策略分类
其他

数据：公告/净值/持仓
1000+因子
股票/债券/策略/另类
3000+指标
业绩/能力/特征/暴露
模型：归因/回归/AI
分类：配置/标签/概念

公募基金 私募基金 养老金产品 银行理财 全球基金

短名单产品池　　长名单产品池　　全市场产品池

基金的业绩比较基准有哪些类型？

答：一共有三种类型：

1. 基金合同所约定的业绩比较基准

该业绩比较基准是基金合同中所约定的，每只基金可能都不一样，有的是单一指数，也有的是复合指数等。

2. 指数优化版业绩比较基准

由于基金合同中约定的指数不一定能够最客观反映业绩基准实际的收益状况。我们可以将股票指数改为全收益指数，债券指数改为财富指数等，来提升业绩比较基准的客观性。

3. 按基金分类的业绩比较基准

我们可以按照一定的规则，对基金进行分类。因此对同类基金可以赋予相同的一个业绩比较基准来代表该分类的主要风格。前两类业绩比较基准的问题在于，任何基于业绩比较基准所衍生出的指标都无法横向比较（每只基金的基准不同）。因此，为了可以横向比较不同基金的衍生指标，或者进行筛选排序，我们可以赋予同类产品同一业绩比较基准。

基金组合投资的方式有什么优势？有什么风险？

答：对于投资者特别是中小投资者来说，投资基金是比直接投资股票等资产更为明智的选择，由拥有专业投研能力和丰富投资经验的管理人对多种股票组合进行投资，能够有效分散风险。那么相对于投资单只基金，不难理解，基金组合投资的方式则实现了风险的二次分散。单只基金通常遵循其惯有的投资策略或投资风格，覆盖多只基金的基金组合可避免集中于单一风格、单一行业、单一基金经理等方面的风险。此外，基金组合也可以通过投资于不同类型的基金，满足投资者多样化的资产配置需求。

但值得注意的是，基金组合投资并非简单地将单只基金累加，这样不但无法实现分散风险的目的，反而可能由于组合中的基金都具有相似特征而导致风险的进一步集中。我们应当明确，基金组合投资需要在科学和系统的研究之后，这也是我们对公募基金进行研究的意义所在。

什么样的市场主体需要基金数据？

答：从基金数据价值链角度来看：

1. 基金的原始数据（包括披露信息、净值信息、基金经理、基金公司等），潜在客户为 FOF/MOM 管理机构、基金研究等资产管理机构，以及各类基金销售机构（用于产品信息展示等）。

2. 基金的加工数据，即有价值的"信息"（包括衍生数据、基金分类、标签、外部数据等），潜在客户为有委托投资管理需求的各类委外机构（资金端客户，比如保险、银行等），以及有基金评价需求的机构。

3. 针对基金的有商业价值的"结论"（比如基金画像、组合构建、策略、归因等），潜在客户为各类财富管理机构，比如基金销售公司、基金投顾机构、各类财富管理行业从业人员等。

未来个人养老可以选择的产品有哪些？

答：未来个人养老除了目前现行的第一支柱（国家统筹的基本养老）和第二支柱（企业统筹的年金计划）以外，最具发展潜力的是第三支柱，也就是由个人主导的用于养老保障的投资。第三支柱通常由个人自愿，国家通过各种政策予以激励和支持，比如税收优惠等。从第三支柱的可投资产品来看，目前有公募养老目标 FOF、商业养老保险以及养老理财等。当前第三支柱的产品谱系还相对比较缺乏，有非常广阔的发展空间。